ABC
du Dien Chan

ACADEMIE DIEN CHAN
6 Rue Michel Ange
75016 PARIS

Prof. Dr. *Bui Quoc Chau*

Collection ABC

Équilibre

ABC de l'Âyurveda, S. Verbois
ABC des Biorythmes, P. Debarbieux
ABC des Chakras, D. Lecroq
ABC de l'Énergie pyramidale, J. Warin
ABC du Feng Shui, P. Joly
ABC du Jeûne, C. Cândido
ABC du Magnétisme, J. Mandorla
ABC des Massages traditionnels thaïlandais, D. Lamboley
ABC de la Méditation, I. Clerc
ABC de la Micronutrition, V. Bales
ABC des Mudras, F. Desondes
ABC des Ondes électromagnétiques, G. Sitzia
ABC des Pierres énergétiques, D. Mantez, J.-M. et J. Paffenhoff
ABC du Qi Gong, L. Dong
ABC du Qi Gong des enfants, L. Cortadellas
ABC de la Réflexologie oculaire, C. Maréchal
ABC de la Réflexologie plantaire, D. Lamboley
ABC du Reiki, P. Wagner
ABC de la Relaxation, J. Choque
ABC de la Respiration, D. Lonchant
ABC de la Sophrologie, B. Dretz
ABC du Spa, S. von Saxenburg
ABC du Taï Chi Chuan, L. Wan der Heyoten
ABC du Taï-do, R. Cassol et S. Goffinon
ABC du T'Chi, J.-C. Sapin
ABC de la Voix, C. Guedj
ABC du Yoga, M.-F. Lemoine

Psychologie

ABC de l'Analyse transactionnelle, G. Garibal
ABC de l'Au-Delà, G. Osorio
ABC de l'EMDR, S. Madoun et D. Dumonteil
ABC de l'Ennéagramme, E. Salmon
ABC de la Généalogie, V. Gautier
ABC de la Généalogie analytique, A. Camus
ABC de la Graphologie, M. Moracchini
ABC de l'Hypnose éricksonienne, D. Garibal-Bénichou
ABC de l'Intelligence, G. Montlahuc
ABC du Management, J. Glâtre
ABC de la Morphochirologie, M. Bouillon et P. Rouillier
ABC de la Morphopsychologie, C. Binet
ABC de la Mythologie grecque, P. de Louvigny
ABC de la Pensée créatrice, Y. Le Cam
ABC de la PNL, M. Durand
ABC de la Psychologie de l'enfant, C. Morel
ABC de la Psychologie jungienne, C. Sédillot
ABC de la Psychologie et de la psychanalyse, C. Morel
ABC de la Psychologie transgénérationnelle, J. Allais
ABC des Psychothérapies, C. Morel
ABC des Rêves, C. Genest
ABC de la Sexualité, J. M. Fitremann
ABC du Symbole, C. Sédillot et E. Zana
ABC de la Symbolique dans les rêves, C. Morel
ABC du Tarot analytique, S. Lamour
ABC du Tarot psychologique, C. Morel
ABC de la Victimologie, S. Madoun et G. Lopez

Santé

ABC de l'Apithérapie, R. Fournier
ABC de l'Argile, J.-C. Charrié
ABC de la Chromathérapie, J.J. Quénet
ABC de la Diététique chinoise, Dr R. Allard
ABC de la Digitopuncture, Dr J.-C. Trokiner
ABC des Douleurs articulaires, P. Wolf
ABC des Élixirs floraux, E. et C. Maizière
ABC de l'Homéopathie, Dr M. Gardénal
ABC de l'Homéopathie animale, B. Sauvan
ABC des Huiles essentielles, Dr Telphon
ABC de l'Iridologie, P. Kandza
ABC des Médecines douces, P. Manoury
ABC de la Naturopathie, A. Heratchian
ABC de la Numérologie médicale, Dr M. Rubin et M. Piétri-Vignat
ABC des Oligoéléments, N. Bles
ABC de la Phytothérapie, Drs Duraffourd, Lapraz et Valnet
ABC des Tisanes, Dr Telphon

Spiritualité/Religion

ABC de l'Angéologie, J.-M. Paffenhoff
ABC du Bouddhisme, F. Midal
ABC de la Franc-maçonnerie, G. Garibal
ABC de l'Islam, M. Arkoun
ABC du Judaïsme, J. Eisenberg
ABC de la Kabbale, D. Souffir
ABC de la Kabbale chrétienne, J.-L. de Biasi
ABC des Prières merveilleuses, M. Decreuse
ABC du Soufisme, H. et A. Sharifi
ABC de la Spiritualité maçonnique, J.-L. de Biasi
ABC du Zen, A. Saliba et P. Wagner

Recevez notre catalogue sur simple demande

Professeur Bùi Quôc Châu

ABC
du Dien Chan

Éditeur: Michel Grancher

GRANCHER

ISBN : 978-2-7339-1082-5
ISSN : 0761-019X

98, rue de Vaugirard – 75006 Paris
Tél. : 01 42 22 64 80 | Fax : 01 45 48 25 03
www.grancher.com - grancher@abc-dienchan.fr

Mise en pages et graphisme iconographique : Patryck Aguilar Cassarà
Photo de couverture : le Pr Châu traitant Anna Roca avec un détecteur.

Préface

En 1992 lors d'un voyage au Vietnam à l'occasion du mariage d'un ami j'ai fait la rencontre du professeur Bùi Quôc Châu. En tant qu'anthropologue j'étais intéressé par son approche des médecines traditionnelles. J'avais entendu parler du Dien Chan, une réflexologie faciale. J'ai pu vérifier l'efficacité de son approche thérapeutique sur moi-même et la femme de mon ami qui souffrait de migraines depuis des années. Une seule séance suffit pour gommer définitivement sa douleur chronique. J'étais convaincu et décidé à faire connaître cette méthode.

En Occident, on recourt déjà à ces techniques réflexes: iridologie, réflexologie plantaire, endo-nasale, vertébrale et l'auriculothérapie, une application moderne et très particulière de l'acupuncture. Elle a été mise au point par un médecin français, le docteur Nogier. Ses premières découvertes datent de 1951, lorsqu'il a commencé à dessiner la cartographie du pavillon de l'oreille avec les points d'acupuncture qui renvoient chacun à des organes bien définis. L'oreille serait donc le résumé du corps tout entier. Curieusement, les différents points s'organisent selon un schéma qui fait apparaître l'oreille comme un embryon *in utero*, la tête en bas. Les travaux du Docteur Nogier ont tendu à démontrer que les courants d'énergie qui se déplaçaient le long de notre corps pouvaient donc être mis en évidence au niveau du pavillon de l'oreille. Il est d'ailleurs à noter que les Chinois utilisaient des points d'acupuncture de l'oreille pour désintoxiquer leurs opiomanes. Auriculothérapie et acupuncture visent à rétablir un

équilibre neurovégétatif rompu par la toxicomanie et à procurer un bien-être respiratoire. Le professeur Bùi Quôc Châu s'est inspiré de cette découverte et lui aussi a traité les opiomanes au Vietnam.
Si l'être humain représente le microcosme de l'Univers, chacune de ses parties l'est aussi pour lui-même : c'est la conception holographique. Notre visage, en tant que partie de nous-mêmes, nous symbolise et nous représente donc tout entier. Tout ce que nous sommes est ainsi représenté sur notre visage et en particulier notre état physiologique, psychologique et même pathologique. D'où cet effet « miroir » à la base de toute réflexologie, laquelle met en œuvre la relation subtile entre l'organe et sa zone de correspondance, ici un point du visage.
C'est en 1980 que Bùi Quôc Châu découvre les bases d'une étonnante technique qu'il a appelé le Dien Cham puisqu'il la pratiquait avec des aiguilles d'acupuncture. À partir de 1982 il a commencé à utiliser le mot Dien Chan, car il a abandonné les aiguilles d'acupuncture. Afin d'aider les gens, il souhaite que les patients puissent se traiter eux-mêmes et il a mis au point des outils, tels que par exemple, le détecteur, la roulette (petite ou grande), le marteau de caoutchouc, etc., soit environ 90 outils à ce jour. Il est à noter que les doigts peuvent être un outil efficace également : on peut masser avec l'articulation du pouce replié ou les autres doigts, il suffit de masser, tapoter ou frictionner selon les régions atteintes.
Les fondements de base de sa méthode sont la philosophie orientale (bouddhisme, confucianisme et taoïsme) et la culture vietnamienne. S'appuyant, au départ, sur cette hypothèse tirée du Yi-King et du principe d'analogie selon laquelle les choses de même forme présentent certaines correspondances, Bùi Quôc Châu réalise que « dès lors que la courbure du nez évoque la courbure de la colonne vertébrale, elle doit lui correspondre et permettre de la traiter ». Examinant un patient souffrant de maux de dos, il découvre un point non-douloureux sur l'arête du nez de ce dernier qu'il pique avec une aiguille… et la dorsalgie disparaît instantanément ! Il renouvelle cette expérience à diverses reprises : chaque fois, les résultats sont excellents. C'est ainsi que fut déterminé le point numéro 1, le premier d'une longue série de plus de cinq cents points réflexes. Ensuite il dessine une centaine de schémas de réflexion sur tout le corps humain. Les différentes parties

du corps entrent en correspondance avec les parties du visage : le front représente la partie médiane du front, la racine du nez, les cervicales, les épaules contournent la ligne des sourcils et se prolongent par les bras et les mains, représentés sur les tempes. Les poumons s'étendent des sourcils aux pommettes, l'intestin grêle s'étale sur le pourtour des lèvres, les reins et les surrénales sont de chaque côté de la bouche...
Le professeur prolonge ses recherches et découvre vingt-deux systèmes de projections du corps au niveau du seul visage stimulés par plus de cinq cents points-réflexes. C'est ainsi qu'il met au point avec son équipe une nouvelle réflexologie, qu'il appelle la Facythérapie, qui englobe deux termes : le Facio-diagnostic et la Cybernetic therapy.
Le Facio-diagnostic détermine les points douloureux combinés avec l'observation des signes anormaux tels que boutons, taches, couleur de la peau, rides profondes, température, etc., ce qui permet d'établir un diagnostic.
La Cybernétique représente une science moderne fort complexe dans laquelle se mêlent mécanique et électronique. Le visage n'est il pas analogue à un tableau de commande ou un clavier d'ordinateur : il suffit d'appuyer sur un bouton pour obtenir une réponse à distance d'un organe, la régulation d'une fonction organique ou le soulagement d'une douleur !
On peut ainsi définir la Facythérapie comme une forme de synthèse de la réflexologie, du massage et de l'acupuncture.
Au niveau thérapeutique, le professeur Bùi Quôc Châu associe le Dien Chan en complément des théories et techniques de médecine orientale et occidentale ainsi que des techniques de massages et réflexologie.
Le grand attrait que présente le Dien Chan, c'est d'être en mesure de prévenir et de soulager nombre de ces petits maux quotidiens qui empoisonnent l'existence et contre lesquels la médecine officielle reste inopérante si ce n'est avec le recours de médicaments de plus en plus puissants avec effets secondaires à la clef.
Pratiquement tout type de douleur, se trouve soulagée en quelques instants grâce à quelques coups de crayon ! Une céphalée s'efface quasi magiquement. Il en est de même d'un mal de dos, d'un début de rhume que l'on peut ainsi stopper dès l'origine.

Dans cet ouvrage, vous trouverez une liste exhaustive de soins thérapeutiques pour les pathologies les plus courantes : douleurs articulaires, musculaires, tendineuses, problèmes sexuels, génitaux, hormonaux, cutanés, digestifs, nerveux, circulatoires, respiratoires, etc.
Il est intéressant de noter qu'à partir d'une trentaine de points de base, chacun d'entre nous peut soigner son prochain de façon très simple. Le visage se trouvant toujours aisément accessible, tous les points peuvent être facilement stimulés en n'importe quelle circonstance. Il suffit d'avoir le réflexe d'appliquer la méthode lorsqu'on ressent une douleur, un symptôme quelconque et les résultats de la stimulation peuvent être immédiatement constatés.
Comme toute médecine naturelle ou énergétique, cette méthode est avant tout une médecine de terrain, d'où la nécessité de prendre en considération qu'il existe d'autres facteurs susceptibles d'interférer sur notre santé et notamment de prendre soin de son alimentation, sa respiration, de l'environnement et des pollutions de toutes sortes.
On peut observer systématiquement que toutes les maladies, quelles qu'elles soient, prennent leur source dans un épuisement du système nerveux : manque de sommeil, surmenage, stress répétitifs, activité physique insuffisante, tristesse, dépression, chocs psychiques, solitude morale ou affective, tous ces aspects psychosomatiques courants font le lit de la maladie en affaiblissant nos défenses immunitaires. Lorsque ces défenses chutent, l'énergie faiblit, le corps n'est plus en mesure de faire barrière aux diverses agressions (virus, bactéries, stress, environnement pollué), c'est alors que la maladie s'installe généralement au niveau du site le plus faible. C'est pourquoi le principe de base est de commencer par obtenir une détente.
Autre aspect d'ordre énergétique : la maladie survient lors d'une stagnation de l'énergie (notion bien connue en médecine chinoise). Dans tous les cas, on comprend l'importance du maintien d'un bon niveau d'énergie dans le corps, qui est fondamentale pour une meilleure prévention.
Quand l'organisme s'est ainsi affaibli, le schéma est pratiquement toujours le même : d'abord on commence par « attraper » un rhume ou des courbatures que l'on attribue au froid, ce qui prouve que l'énergie du corps est bloquée.

À partir de cette constatation, le remède est simple à appliquer sans attendre que la situation ne s'aggrave : il suffit de stimuler les points de détente puis de tonification correspondant aux organes ou fonctions perturbées. Une fois le système nerveux détendu, l'énergie se remet aussitôt à mieux circuler, les organes se renforcent et le corps redevient capable de s'auto guérir, tandis qu'on assiste à la disparition des malaises et de la douleur.

Cette notion est bien connue en médecine chinoise qui souligne que la souffrance est due à un blocage des énergies et qu'il suffit de la libérer pour que toute douleur disparaisse.

Dans certains cas, il est logique que la douleur revienne, que vos problèmes résistent, quelque soit le traitement choisi. La méthode miracle qui vous mettrait à l'abri de la maladie n'existe pas, si vous ne tenez aucun compte de ces facteurs psychologiques, diététiques et environnementaux.

À la fois curative et préventive, cette méthode entretient la santé en dynamisant les fonctions essentielles du corps. Elle renforce ainsi les défenses immunitaires et permet à l'organisme de s'auto-guérir. Par ailleurs, cette stimulation pratiquée régulièrement détend le visage, améliore la circulation locale et permet ainsi de prévenir ou d'atténuer les rides et de rajeunir le visage : c'est un véritable lifting naturel !

Soulignons l'aspect économique de cette thérapie facilement accessible que ce soit pour vous-même ou pour vos proches.

Si le Dien Chan est bien implanté aux États-Unis, en Russie, en Chine, à Cuba et depuis peu en Occident, cette méthode devrait connaître son heure de gloire dans les pays du Tiers Monde qui ne disposent pas de médicaments. Les volontaires de mon association « Les Médecins aux Pieds nus » appliquent cette technique sur les cinq continents du monde avec un certain bonheur.

Considérant l'ensemble de ses découvertes on doit admettre que le professeur Bùi Quôc Châu est un thérapeute génial et un bienfaiteur de l'humanité.

Dr Jean-Pierre Willem
Chirurgien et anthropologue

Terminologie et définitions

À la naissance d'une invention ou d'une découverte, l'emploi de néologismes est indispensable. Ils sont nécessaires dans un souci de communication et pour recueillir de nouveaux concepts. À mes débuts, en 1980, je lui donne le nom de *Dien Cham*[1], car j'utilisais encore les aiguilles d'acupuncture, or *Cham* signifie « piquer avec une aiguille » en vietnamien.

En 1981, le nom *Dien Chan*, qui signifie « soins et diagnostic facial », apparaît dans le journal *Saigon Giaiphong*. Il est à noter que le terme est accolé au nom *Dien Cham* (*Dien Chan-Dien Cham*).

En 1982, le nom *Diên Chan Diêu Khiên Liêu Phap* apparaît dans le journal *Tuoi Tre* et signifie « soins, diagnostic facial et thérapie cybernétique ». C'est à partir de ce moment que le terme *Dien Chan* commence à être utilisé dans le langage courant.

En 1985, le nom *Face Diagnosis and Cybernetic Therapy* apparaît dans le *Journal d'Acupuncture Américain*.

En 1988, la technique arrive à Cuba et elle est appelée *Terapia Cibernética* par les médecins cubains.

En 1992, le nom de *Facythérapie* (issu de *Face diagnosis and Cybernetic Therapy*) apparaît dans le magazine français *Énergie-Santé*.

En 2001, lors des premiers cours de Dien Chan en Espagne avec Patryck Aguilar-Cassarà, les termes espagnols de *Terapia facial cibernética* et *Reflexología facial* étaient utilisés. Maintenant, la divulga-

1 Le Dien Cham a été repris par Marie-France Muller et Nhuan le Quang dans leur ouvrage *Le Dien'Cham, une étonnante méthode vietnamienne de réflexologie faciale*, Éditions Jouvence, janvier 2001.

tion de la méthode est assurée par le CLUBQC[1] sous la dénomination *Facioterapia-Dien Chan, multirreflexología BQC©*.
En Allemagne, c'est l'appellation *Vinamassage* (massages vietnamiens) qui est fréquemment rencontrée.
En 2005, en France, Van Que Nguyen parle de « Réflexologie Bùi Quôc Châu », d'autres de « Réflexologie faciale ».
En 2006, apparaît le terme « Dien Chan » ou « Multiréflexologie », pour devenir en 2007 le « Dien Chan, méthode multiréflexologique ».
À présent, on appelle cette méthode vietnamienne, le « Dien Chan, multiréflexologie BQC© » en référence à son fondateur.

Définition des termes utilisés

Afin d'aider le lecteur à bien comprendre les termes qui sont utilisées tout au long de l'ouvrage, voici quelques définitions.

Les points BQC

Ce sont les points fixes sur le visage dont j'ai découvert la position et avec lesquels j'ai établi une carte prenant comme repère les reliefs du visage. La carte des « points BQC » propose des lignes verticales et horizontales qui donnent des coordonnées précises.
Ces « points BQC » sont utilisés dans de nombreuses formules de traitement. Ils sont maintenant numérotés par ordre chronologique, en fonction de leur découverte. En commençant mes recherches je leur donnai un nom en vietnamien ayant une relation avec les effets que le point produisait, mais la grande quantité de points découverts s'avéra difficile à nommer.
Je décidai alors de les numéroter, obtenant ainsi une nomenclature beaucoup plus internationale.
Certains numéros n'existent pas car ils correspondent à des points ayant moins d'importance et furent remplacés par d'autre beaucoup

1 Le CLUBQC est le groupement de formateurs certifiés par le Pr Châu et de leurs élèves. Ce club européen organise des formations suivant le programme pédagogique et chronologique établi par le professeur Châu ainsi que des rencontres avec les élèves thérapeutes des différentes provinces du Vietnam du Nord et le centre de soin Vietydao du Vietnam du Sud.

plus effectifs. La carte complète de tous les «points BQC» est à la page 138 ainsi que la liste des effets, indications et contre-indications d'un grand nombre d'entre eux (voir page 183). Chacune de ces lignes s'appuie sur l'anatomie commune à tous les visages. Par exemple, les lignes verticales «G» passent par le centre des pupilles, comme les lignes verticales «B» qui passent par le centre de l'orifice de la narine indépendamment de la taille du nez. Les lignes «H» et «E» sont les tangeantes verticales extérieure et intérieure de l'iris. Les lignes verticales «D» et «K» s'appuient sur les commissures des yeux comme la ligne horizontale «5». La ligne horizontale «2» partage le front en deux parties et les lignes horizontales «1» et «3» divisent à leur tour ces moitiés en deux quarts. La ligne horizontale «6» passe par le sommet de l'os du nez (point BQC 189) ainsi que la ligne horizontale «7» qui s'appuie sur le point BQC n°1. La ligne horizontale «9» passe par le point BQC 63, qui se situe au centre du filtrum. La ligne horizontale «11» passe légèrement au-dessus du point BQC 127 qui se situe au centre de la petite ride du menton quand la ligne horizontale «12» partage en deux le relief du menton en passant par le point BQC 87.
L'apprentissage de la lecture de la carte des points BQC est importante afin de pouvoir appliquer correctement les différentes formules de soins proposées. Le débutant doit se guider à l'aide de la carte et projeter les coordonnées sur le visage en s'appuyant sur les reliefs repères de chaque ligne. Les lignes horizontales doivent s'imaginer comme la surface de l'eau dans laquelle serait submergée la tête du patient; elles s'adaptent au relief du visage. Sauf la ligne horizontale «0» qui suit la racine des cheveux.

Les points vivants

Ce sont les points sensibles trouvés à l'aide du détecteur ou d'autres outils, tels que le petit marteau, le moxa BQC ou même les glaçons. Ces «points vivants» peuvent se trouver sur l'ensemble du corps et du visage. Parfois ces points peuvent être confondus avec les «points BQC». La stimulation de ces points vivants nous permet de traiter car ils sont souvent associés à un schéma de réflexion et activent l'autorégulation de l'organe correspondant.

La diagnose faciale

C'est une méthode d'identification de signes sur le visage en utilisant différentes techniques d'observation. Nous pouvons chercher un point ou une zone douloureuse à l'aide d'un détecteur[1], toucher la peau afin d'en apprécier la texture et observer des signes, marques ou taches qui permettent de diagnostiquer les origines ou causes de l'affection. D'après mes expériences cliniques, les pathologies dont nous souffrons ou avons souffert peuvent s'exprimer sur le visage. C'est en détectant les points vivants et projetant les différents schémas de réflexion du Dien Chan que nous pouvons avancer une hypothèse sur les causes de l'affection et planifier un traitement.

Les formules de traitement

Ce sont des suites de points BQC établies sur la base de recherches et d'expériences cliniques. Grâce aux connaissances en médecine orientale et occidentale, chacun pourra alors construire ses propres formules.

Par exemple, la formule de points composée par le 19 et 37 qui régule l'hyperactivité de la vessie s'explique de la façon suivante : le point 19 correspond au système sympathique et le point 37 correspond à la rate. Ce dernier représente l'élément terre en médecine orientale, or la terre absorbe l'eau et peut donc réduire l'activité de la vessie. Toutes les formules de points sont spécifiques à une affection en particulier.

Les schémas de réflexion

Ce sont des représentations systématisées et précises de l'anatomie du corps, reflétées sur le visage et sur les différentes parties du corps. Le Dien Chan est multiréflexologique car il propose un grand nombre de schémas et non pas un seul, comme les autres techniques de réflexologie connues jusqu'à aujourd'hui. Cette multitude de schémas nous permet alors de chercher la stimulation la plus appropriée afin de traiter le trouble.

---

1 Il existe différents modèles de détecteurs créés par le Pr Châu. L'important étant de ne pas abîmer la peau en utilisant un outil stimulant à bout rond de ± 2 mm de diamètre. Les différents outils du Dien Chan sont décrits page 59.

Introduction

Afin de découvrir la méthode originale multiréflexologique du Professeur Docteur Bùi Quôc Châu, il est important de comprendre certains raisonnements qui peuvent paraître complexes au départ. C'est pour cette raison que je vais vous donner en premier lieu un aperçu global du Dien Chan avant d'entrer dans les détails de la théorie et de la pratique de cette méthode. Certaines notions peuvent sembler naïves ou même répétitives, prenez le temps d'en apprécier leur réelle subtilité.

L'importance du visage pour l'humanité

Les civilisations ayant une longue tradition médicinale ont toujours donné une place importante à l'étude du visage. Le visage, partie de l'être la plus facilement visible, bénéficie d'une certaine suprématie par rapport au reste du corps. On peut voir s'y refléter les sentiments, les comportements psychologiques et physiologiques ainsi que des affections du corps. Les sens tels que la vue, l'ouïe, l'odorat et le goût y siègent. De même, le toucher y est particulièrement développé. On a découvert que le visage est parcouru par des réseaux de circulation sanguine, de fibres nerveuses et de méridiens d'acupuncture[1], dont la densité n'a d'équivalent dans aucune autre partie du corps.

1 L' énergie vitale du corps (Le Qi en chinois mandarin) circule à travers le corps par des canaux spécifiques, appelés méridiens. Chaque méridien est une ligne longitudinale sur laquelle se situent les points d'acupuncture. Les 12 principaux méridiens sont reliés soit à un organe soit à une viscère.

C'est donc la partie la plus sensible et la plus représentative de la globalité de l'être.

La médecine orientale attribue au visage une grande concentration du caractère yang[1]. En effet, c'est la seule partie du corps qui résiste au froid et on y localise l'extrémité de nombreux méridiens yang. L'ancienne acupuncture situait déjà sur le visage un grand nombre de points propres au traitement de certaines affections. Dans certains documents chinois, on montre le développement d'une acupuncture faciale dans laquelle on utilisait vingt-quatre points qui, combinés à d'autres points, servaient à anesthésier les différentes parties du corps. En revanche, personne n'utilisait des points du visage pour soigner.

De multiples schémas de réflexion

Le Dien Chan a un fondement différent de l'acupuncture classique puisqu'il ne prend pas en compte les méridiens définis par cette dernière mais utilise un réseau de multiréflexologie constitué par une centaine de schémas de réflexion, parmi lesquels une vingtaine se situe sur le visage. En effet, aussi bien la médecine ancestrale que la médecine moderne découvrent des connexions très fortes entre les différentes parties du visage et celles du corps.

Ceci se traduit par diverses images schématiques de tout le corps réfléchies sur le visage. On a pu identifier des signes qui permettent de faire un diagnostic des affections et donc de systématiser ces informations. Le diagnostic en multiréflexologie se construit d'après l'observation de l'ensemble des schémas de réflexion et notre capacité à les projeter sur le visage.

Une vision globale de la vie

Le Dien Chan ne se limite pas seulement à l'aspect thérapeutique, il apporte un art de vivre global. En effet, le Dien Chan est composé de multiples aspects qui amènent le patient et le thérapeute à un

---

1 Le yin et le yang n'existent pas l'un sans l'autre, mais toujours l'un dans l'autre. Toute chose et tout être sont constitués d'une partie de yin et d'une partie de yang, qui se trouvent normalement en équilibre. Lorsque cet équilibre est perdu, la chose ou l'être est menacé. Le caractère yang englobera toute chose présentant une caractéristique de chaleur, de lumière et d'activité ; le yin au contraire se rapportera aux éléments froids, obscurs, passifs.

bien-être total sur le plan physique et psychologique. Le dialogue permanent avec notre patient nous permet de le conseiller et d'apprendre à mieux connaître les causes de sa pathologie.
D'un point de vue technique, le Dien Chan utilisera des modes d'action et des principes d'apparence similaires à ceux des réflexologies comme l'acupression, la digitopuncture, le shiatsu, la massothérapie, la manupuncture, le Qi-gong, le reiki et l'ensemble des techniques thérapeutiques holistiques modernes.
D'un point de vue philosophique, le Dien Chan est fondé sur la pratique quotidienne de la philosophie orientale, de la culture et des traditions vietnamiennes, éclairée par les connaissances contemporaines. La philosophie prend sa source dans l'observation de la réalité, comme les notions de yin et de yang qui reflètent les oppositions dans la nature. Le chaud et le froid font aussi partie des observations importantes pour le diagnostic et le traitement. La philosophie occidentale, comme celle d'Aristote ou celle de Descartes, ne correspond pas du tout à la démarche du Dien Chan. En revanche, les connaissances de la médecine occidentale et les modes d'expérimentations cliniques ont beaucoup contribué à la conception du Dien Chan.
D'un point de vue théorique, le Dien Chan est fondé essentiellement sur le monisme[1] et le relativisme dynamique, ainsi que sur le *Tuy*[2] et utilise la pensée globale.

La peau, le relais du cerveau

En Dien Chan, on n'utilise ni aiguille ni médicament car j'ai observé que l'organisme réagissait à de simples stimulations tactiles de la peau. Je considère donc la peau comme le relais du cerveau : elle reçoit des informations, analyse et donne des ordres répercutés sur l'ensemble du corps. C'est en fait après avoir observé le langage du corps que le thérapeute en Dien Chan stimule la surface de la peau qui envoie les signaux à notre cerveau pour activer le processus d'auto-guérison.

---

1 Le monisme est un système philosophique. Il prétend que, en dernier recours, il n'existe qu'une seule substance primaire dans l'univers ; ainsi, pour le monisme matérialiste, la substance primaire de l'univers serait la matière et, au contraire, pour les idéalistes ce serait l'esprit.

2 La philosophie du *Tuy* du Pr Bùi Quôc Châu : mot vietnamien signifiant « cela dépend ».

Des outils spécifiques au Dien Chan

Les stimulations de la peau se font grâce à des instruments spécifiques conçus pour le Dien Chan. Ces nombreux outils sont divisés en deux catégories, les yin et les yang, selon leur forme et le matériau utilisé (corne de buffle, composite polymère, inox, bronze, laiton, argent et or). J'ai constaté que ces outils de stimulation me permettent d'obtenir des résultats plus rapides que de simples massages avec les doigts. Les différents embouts des outils du Dien Chan ainsi que leurs actions sont détaillés dans cet ouvrage (voir page 59).

Le thérapeute choisira l'outil qui lui semblera le plus adapté au traitement et à la situation et qui sera le plus agréable pour le patient.

Des schémas et des points vivants

Le Dien Chan offre principalement de nombreux schémas de réflexion sur le visage. Mais il en existe aussi sur tout le corps. Cela se transforme en une multitude de possibilités qui nous permettent de nous adapter à la personne, à l'évolution de la maladie et aux circonstances du moment. C'est pour cela que le Dien Chan est « multiréflexologique » et non pas une simple technique de réflexologie utilisant un seul schéma et une seule méthode de stimulation.

En Dien Chan, une zone ou un point sur le visage correspond ainsi à plusieurs organes ou zones du corps. Seul l'organe ciblé réagira à la stimulation car nous redirigeons le Qi vers la partie affaiblie.

En travaillant sur les schémas de réflexion nous découvrons des points vivants qui provoquent une douleur précise lors de leur stimulation et qui ne sont pas fixes comme les points BQC énumérés sur la carte de la page 138. Nous stimulons ces points vivants de la même manière que les points BQC, avec un détecteur, le petit marteau ou un autre outil. Ces points vivants nous révèlent un zone sensible appartenant à un schéma de réflexion et ils peuvent disparaître ou changer de localisation avec le temps et la stimulation.

Les schémas, leurs points vivants et les points BQC doivent être considérés avec autant d'importance que les sciences de la physiologie, de l'anatomie et de la pathologie pour la médecine occidentale. Ils constituent les fondements de la pratique du Dien Chan et les séparer serait amputer sa dimension multiréflexologique à la méthode.

Les points fixes BQC

La grande majorité des points fixes sont les points que j'ai découverts il y a près de trente ans. Ils sont différents des points d'acupuncture chinoise et des zones de réflexologie. Même si parfois ils ont la même localisation, ils ne sont pas utilisés de la même manière car on tient compte à la fois de leurs effets et de leurs indications, à la différence de l'acupuncture et de la réflexologie où l'on ne tient compte que des indications et non des effets constatés.
Après de nombreuses expérimentations, j'ai découvert que la stimulation de certains points BQC, combinés entre eux dans un ordre précis, pouvait se révéler extrêmement efficace. Ainsi, selon l'affection de la personne, on pourra appliquer une formule de traitement bien spécifique, dans un ordre concret. La description détaillée de sa douleur par le patient, les sensations de chaud et de froid intérieure et extérieure perçues, nous aideront à réordonner de façon yin (de haut en bas) ou yang (de bas en haut) la formule de points BQC appliquée sur le visage.

Les formules de traitements

Les formules de traitements sont des suggestions de traitements fréquemment utilisées par moi-même et mes élèves. La liste des traitements par formules de points BQC (voir page 235) n'est pas exhaustive, car on découvre chaque jour de nouvelles combinaisons et elles suivent, elles aussi, la théorie du relativisme dynamique.
Beaucoup pensent que les points BQC sont la partie la plus importante du Dien Chan et délaissent les schémas de réflexion face à l'efficacité étonnante des formules. Chaque formule de soin doit être expliquée, chaque point BQC qui la compose a un sens et une raison d'être. Elles combinent souvent des connaissances en médecine traditionnelle chinoise et occidentale avec les effets et indications de chaque point BQC et leur situation sur un ou plusieurs schémas de réflexion. C'est le suivi de formations et la pratique qui permettront à l´élève en Dien Chan de créer par la suite ses propres formules de soin, ou variantes, adaptées à chaque patient et à chaque pathologie.
J'ai constaté malheureusement que certains de mes élèves sont tentés par une simplification excessive de la méthode. Mais se concentrer

uniquement sur certains points et certaines zones choisies parmi les schémas réduit le Dien Chan à une simple technique réflexologique et l'ampute de sa dimension multidirectionnelle. La connaissance des schémas offre un très large éventail de possibilités de soins et s'adaptent à l'évolution de l'état de santé de la personne.

Une multitude de possibilités de traitements

Lors de la stimulation de zones, on peut découvrir des points vivants actifs. Ce sont des indicateurs et non pas des points BQC, car ils réagissent à la stimulation uniquement lorsque l'organe est affecté.
En connaissant les schémas, les formules de points BQC et en cherchant les points vivants, on peut facilement traiter diverses maladies.
De même, le choix de l'outil de stimulation a un rôle important et c'est pourquoi il est intéressant d'essayer différents outils jusqu'à l'obtention de résultats. C'est l'observation de la réalité qui nous donnera le chemin de traitement à suivre.
Dès le premier traitement, on observe une diminution immédiate des symptômes. Pour que les résultats soient durables, on doit répéter les stimulations dans le temps et prendre en compte conjointement les principes de médecine orientale et occidentale. Il est important d'observer les résultats d'expériences cliniques, la nutrition, et éventuellement envisager un changement de mode de vie pour obtenir l'équilibre et le bien-être de la personne.
On pourra également observer des améliorations dans le domaine esthétique : diminution des rides, repousse de cheveux, diminution de la cellulite, etc.

Premiers pas en Dien Chan

Pour faire ses premiers pas en Dien Chan, le lecteur doit mettre de côté la plupart de ses connaissances antérieures, se libérer des préjugés et se laisser complètement imprégner des techniques et théories présentées. Lao Tseu disait : « Le bol ne peut contenir que s'il est vide. » À travers le Dien Chan, j'applique l'esprit de l'ensemble des paroles et des écrits de Bouddha, de Lao Tseu et de Confucius.
Ne soyez pas effrayé par la complexité du Dien Chan : il est à la fois facile et difficile, simple et complexe. Il s'adapte à tous les niveaux de

la société, du simple ouvrier au grand savant, car il se nourrit de nos propres connaissances et expériences.

Le Dien Chan une méthode pour tous

Au Vietnam, des millions de personnes ont appris cette méthode pour traiter un grand nombre de maladies, que ce soit pour soigner des troubles plutôt simples jusqu'à traiter des pathologies graves et chroniques. La plupart d'entre elles ne sont pas thérapeutes, mais de simples personnes qui sont venues se faire soigner et ont voulu apprendre la technique pour se traiter elles-mêmes.

Mon objectif et ma motivation sont d'offrir une technique simple de soin aux personnes qui n'ont pas accès à la médecine conventionnelle.

Pour pouvoir juger et mieux comprendre, je vous recommande d'essayer et d'expérimenter cette méthode vietnamienne originale. Ses subtilités et ses contrastes en font une méthode unique qui attire des millions de personnes.

Après la lecture de ce livre, si vous décidez d'appliquer le Dien Chan sur vous ou sur quelqu'un d'autre, il est important que vous restiez extrêmement attentif à tous les signes du corps de la personne qui reçoit le traitement.

Le dialogue permanent avec le patient est extrêmement important afin de contrôler ce qu'il ressent et ainsi adapter le traitement.

Le Dien Chan est à la portée de tous, se sont vos connaissances et votre sens de l'observation qui alimenteront vos traitements multiréflexologiques.

Toutes les formules de ce livre sont des suggestions de traitements dans le cadre de soins complémentaires. Ces propositions de soins vous aideront à parfaire votre culture générale et vos connaissances thérapeutiques.

Face à tout problème de santé, il est important de consulter un médecin ou un spécialiste approprié. Le Dien Chan est complémentaire et peut vous aider à soulager rapidement des douleurs et même à en soigner la cause car il offre de nombreuses possibilités de soins.

La multitude de chemins pour atteindre la cause sans jamais troubler l'équilibre énergétique du corps en fait sa grande force et sa flexibilité.

Le Dien Chan,
entre tradition vietnamienne et médecines contemporaines

L'histoire de la médecine mondiale nous enseigne qu'il existe déjà un certain nombre de thérapies s'appuyant sur le principe de réflexion. Nous connaissons déjà le diagnostic par l'observation de la médecine orientale traditionnelle, l'iriscopie de Ignas Peczly (1880), la réflexothérapie endonasale de Bonnier (1930) et de Assuero (1931), la faciopuncture et la nasopuncture de la médecine chinoise. Chacune de ces thérapies comporte des schémas de points correspondant aux différentes parties et zones du corps qui servent au diagnostic et à la thérapeutique. Cependant, ces méthodes utilisent en général la projection dans une seule direction et sur une surface plane unique. Le Dien Chan peut donc être considéré comme une sorte de réflexologie multidirectionnelle et multisystème, différente de la réflexologie classique qui est unidirectionnelle.

Tradition et modernité du Dien Chan

Ses origines dans la tradition vietnamienne

J'ai découvert les fondements de la multiréflexologie au début des années 1980 à Saïgon (actuellement Hô Chi Minh Ville). J'ai établi ses fondements en puisant dans la culture et la philosophie orientales, d'une part, et dans les acquis de la tradition populaire vietnamienne, notamment la linguistique et le folklore vietnamiens, d'autre part. Depuis mon enfance, j'observe et constate les effets de la médecine traditionnelle. Je me souviens par exemple que coller deux tranches de gingembre sur les tempes d'un patient soulage ses maux de tête ; qu'il faut coller le bout d'une feuille de bétel entre les sourcils d'un enfant pour arrêter sa crise de hoquet ; qu'en tirant la mèche de cheveux située sur les tempes de quelqu'un le fait revenir de son évanouissement. J'observe qu'en faisant un massage avec une cuillère ou une pièce de monnaie sur le dos on arrive à « chasser » un rhume, etc.

Adolescent, j'entendais des dictons, des proverbes ou des expressions populaires comme « le visage reflète l'intérieur » ou encore des associations plus vulgaires entre les organes génitaux féminins et le visage qui me suggérèrent plus tard le dessin des schémas de réflexion. Ces observations a priori naïves me donnèrent beaucoup de pistes à suivre dans mes recherches.

Les traditions populaires m'ont enseigné qu'il suffit de regarder un grain de beauté ou une éphélide (habituellement appelée tache de rousseur) sur le visage de quelqu'un pour être sûr qu'un autre grain de beauté ou une autre tache de rousseur se trouve sur une autre partie de son corps. Par ailleurs, quelqu'un qui est physionomiste serait, paraît-il, capable de deviner l'imminence d'une maladie et même, en scrutant les traits de son visage, son avenir. En Orient, le physionomiste traditionnel serait aussi capable de supputer l'état de la progéniture de quelqu'un en examinant les poches sous ses yeux. Cette expérience populaire m'a beaucoup aidé dans l'élaboration des schémas de l'ovaire.

Pour moi, ces acquis de la tradition populaire sont très précieux. Il s'agit là de la « matière grise » du peuple que nos ancêtres nous ont léguée de génération en génération et dont je me sens l'héritier.

Confrontation avec les médecines ancestrales et contemporaines

J'ai ensuite complété mes recherches en m'intéressant à la médecine occidentale qui m'a apporté d'autres concepts conformes aux expériences populaires traditionnelles. Le travail du célèbre savant français Alexis Carrel a guidé mes réflexions dans son ouvrage, *L'Homme, cet inconnu*, grâce à des phrases telles que : « La figure est un résumé du corps et de l'âme. » L'étude du visage n'est-elle pas un domaine où l'Occident et l'Orient se rejoignent ?

Ces remarques m'ont amené à réfléchir profondément sur l'importance du visage ainsi qu'aux liens qui existent entre le visage et le corps humain.

Grâce aux connaissances puisées dans la médecine orientale et dans l'acupuncture, notamment dans les ouvrages des grands médecins vietnamiens traditionnels comme Tue Tinh, Hai Thuong, Lan Ong, Nguyen Dai Nang, et grâce aussi aux acquis de la médecine occidentale, j'ai pu prendre conscience de façon de plus en plus claire, de plus en plus réelle, des relations indéniables qui existent entre le visage et le corps humain.

Sur ces entrefaites, j'ai pris connaissance du schéma du fœtus inversé[1] sur le pavillon de l'oreille. Ce schéma important de l'auriculothérapie du Dr Pierre Nogier m'a inspiré et a orienté mes recherches vers des schémas équivalents projetés sur le visage. Je suis particulièrement reconnaissant envers le Dr Nogier.

En combinant la projection du pavillon de l'oreille sur le visage avec le schéma de réflexion du corps entier sur le profil (voir page 83), je découvre les liens qui existent entre ces différentes parties du corps. Cela me confirme alors l'importance des « ponts » qui existent entre organes et zones du corps ; cela prend donc une dimension multi-réflexologique.

C'est ensuite avec conviction et volonté que j'ai profité d'un milieu très propice à mes recherches qui était le Centre de Guérison des Toxicomanes de Binh Trieu[2] (Hô Chí Minh ville) avec ses milliers de pensionnaires. J'ai observé leurs visages et pratiqué l'acupuncture faciale afin d'établir des relations entre des points et des zones du visage et différentes parties du corps.

Ainsi, j'ai commencé à vérifier mes hypothèses et à découvrir un certain nombre des mystères du visage. En me concentrant sur le

1 Réflexothérapie qui utilise le pavillon de l'oreille comme zone réflexe. La découverte revient au Docteur Paul Nogier qui émet la première hypothèse et dessine la première véritable carte de localisation des points réflexes publiée en 1956.

2 Devenu depuis l'École pour la promotion du travail de la jeunesse nouvelle.

visage, mes découvertes ont pris une autre direction que celles de mes prédécesseurs qui pratiquent l'auriculothérapie, la manupuncture, la podopuncture ou la craniopuncture.

Élaboration des premiers principes

Les principes qui m'ont permis de découvrir les points fixes et les schémas de réflexion prennent source dans des paroles simples des anciens savants et philosophes ainsi que dans la linguistique orientales. J'ai étudié les similitudes sonores qui existent entre les mots qui décrivent les différentes parties anatomiques du corps et ainsi j'ai cherché les connexions qui peuvent exister entre elles. J'ai nourri mes hypothèses de réflexions philosophiques telles que : « Le un est tout et le tout est un. »

La théorie des points non-douloureux

La théorie du point non-douloureux que j'utilise pour trouver les points sur le visage fut inspirée par l'adage « dans le yang il y a du yin et dans le yin il y a du yang » qui est inscrit dans le *Yi-King*[1] et dans le *Nôi Ching*. J'ai interprété cette phrase de façon thérapeutique afin d'émettre l'hypothèse que « dans le point douloureux il y a un point non-douloureux ». Je décide alors de vérifier cette hypothèse auprès de nombreux patients qui présentent des pathologies similaires. Je commence par chercher un point douloureux sur le visage, grâce à mes théories réflexologiques, puis cherche dans son centre, avec une aiguille, le point qui ne provoque aucune douleur et plante alors l'aiguille. Plus tard, j'ai demandé aussi à mes collaborateurs de réaliser d'autres vérifications et ceux-ci arrivèrent aux mêmes bons résultats.

---

1 Le *Yi-King*, *I Chin* ou *Yijing* (en chinois traditionnel : 易經 ; en chinois simplifié : 易经 ; en pinyin : *yì jīng*) est un livre oracle chinois dont les premiers textes ont probablement été écrits autour de 2400 av. JC.. *I Ching* signifie Livre des Mutations. Le texte fut complété durant la dynastie Chou et plus tard par des commentateurs de l'école de Confucius. On l'interprète comme la description de la situation présente de celui qui le consulte et la prédiction de la manière future dont le problème sera résolu à condition d'adopter l'attitude correcte. C'est un livre divinatoire et aussi un livre moral. Sa structure et sa symbolique en font une œuvre philosophique et cosmogonique.

L'ORIGINE DU PRINCIPE DE SIMILITUDE DE FORME

La phrase du *Yi-King* « qui se ressemble s'assemble » est complétée par : « les choses qui s'habillent de la même façon se ressemblent et sont en correspondance. » Cette constatation a nourri ma réflexion et mon travail de recherches. Les similitudes linguistiques que l'on trouve dans la langue vietnamienne ont aussi contribué à mettre en évidence des associations a priori non soupçonnées entre les organes ou des éléments. Par exemple, on dit en vietnamien *cô tay* (« cou-main ») pour désigner le poignet, *cô chân* (« cou-pied ») pour désigner la cheville et *cô hong* (« cou-gorge ») pour désigner la gorge. Ceci n'est pas courant dans d'autres langues telles que le français, l'espagnol, l'anglais ou même le chinois. Chaque culture possède des phrases et des dictons qui peuvent nous aider à découvrir de nouveaux schémas de réflexion. Ces associations linguistiques et l'étude approfondie des expériences thérapeutiques populaires, m'ont mis sur la piste que des relations réflexologiques pouvaient exister entre les différentes parties du corps, qui, de plus, ont souvent une similitude de forme anatomique. De même, dans la pharmacopée de la médecine populaire vietnamienne, on retrouve souvent le principe de similitude de formes entre un organe et la plante utilisée pour soigner cet organe. Par exemple, on utilise le cœur de porc cuit au bain-marie avec de la coriandre[1] pour réguler les battements du cœur, ou l'estomac de porc farci de grains de poivre et cuit au bain-marie pour guérir les maux d'estomac. Ces constatations ont été renforcées par le monisme de la philosophie orientale, qui se reflète dans des expressions comme « tous les êtres et toutes les choses sont de la même nature » ou « le corps humain est un microcosme à l'intérieur du macrocosme », et aussi « le ciel et l'homme ne font qu'un ».

Bien que ces réflexions soient d'une apparente simplicité, les principes qui en découlent ont été vérifiés cliniquement avec objectivité et impartialité. Les traitements s'y rattachant mènent systématiquement à des améliorations immédiates.

---

1 La coriandre (*coriandrum sativum*) appartient à la famille de la carotte, et est originaire de la région méditerranéenne. C'est l'herbe médicinale la plus utilisée dans le monde. Au-delà de son usage culinaire, dans nombre de cultures elle est utilisée comme médicament ou remède domestique ; on lui attribue des propriétés stimulantes, antispasmodiques et stomacales.

Le premier schéma du Dien Chan

Le principe de similitude de formes m'inspira la première hypothèse dans la construction des schémas réflexes du Dien Chan. J'émis alors l'hypothèse que la courbe du nez devrait correspondre à la colonne vertébrale.

À partir de cette première hypothèse, confirmée ensuite par l'expérience clinique, je parvins à situer la projection du corps yang sur le visage. Au milieu on trouve le nez qui correspond à la colonne vertébrale, les sourcils aux bras, la région des lèvres aux jambes et le menton aux pieds.

Découverte du point numéro 1

En combinant la théorie de la similitude de forme à celle du point non-douloureux, je découvris au sommet du cornet inférieur du nez[1] le point numéro 1 à l'aide d'une micro-aiguille. La vérification et la confirmation de mon hypothèse eut lieu le 26 mars 1980 sur un malade toxicomane, nommé T. Sau, qui se plaignait de douleurs en un point précis de la colonne vertébrale. Je détectai alors un point plus réactif en cherchant sur la courbe du nez. D'après le principe d'acupuncture appliqué au point non-douloureux, je le piquai d'une aiguille dans le point non-douloureux sur la zone douloureuse et vérifie le concept qu'il y a du yin dans le yang. Le patient me confirma l'absence de douleur sur ce point et constata immédiatement que son mal au dos avait diminué. Les douleurs dans cette région ont ensuite diminué considérablement jusqu'à disparaître complètement.

D'autres schémas et principes élémentaires

Ainsi, j'élaborai et vérifiai par expérimentation divers schémas de réflexion sur le visage, puis sur toutes les parties du corps humain.

Je découvris alors le réseau de réflexions qui agit très rapidement sur tous les autres réseaux de circulation sanguine, de circulation nerveuse et celui des méridiens acupunctures.

1 À cette époque le Professeur Bùi Quôc Châu ne numérotait pas ses points mais leur donnait un nom en vietnamien. Ce fut beaucoup plus tard, lorsque la précision de chaque point entraînait des confusions, qu'il décida de les numéroter dans l'ordre chronologique de leur découverte

Le réseau de circulation de l'influx nerveux ainsi que celui des méridiens d'acupuncture peuvent être comparés à un réseau de téléphonie classique (l'information passe par un réseau de câbles), alors que les connexions du Dien Chan seraient plutôt comparables à la téléphonie mobile (l'information transmise très rapidement par onde est captée par un relais général, puis renvoyée au destinataire). Cela signifie que lorsque nous stimulons un point BQC, ou une zone réflexe sur un des schémas de réflexion, nous envoyons une information directement au cerveau. C'est le cerveau qui se charge d'auto-réguler la zone affectée ou le système fonctionnel déséquilibré.

Poursuivant mes recherches, j'introduisis alors d'autres principes fondamentaux, comme « l'interconnexion par symétrie », « le flux d'énergie vitale vers les dépressions », « l'effet renversé » et « les vases communicants ».

Les mêmes principes dans d'autres sciences

En Dien Chan, chaque organe du corps humain reflète la totalité de celui-ci. C'est le même principe mathématique qui a été à la base de la découverte de l'holographie qui distribue l'information d'une image sur tous les points d'une autre image, appelée hologramme. La découverte de l'auto-holographie du corps humain a été constatée partiellement par diverses techniques ou thérapies basées sur des organes particuliers comme l'oreille, la plante des pieds, l'iris de l'œil, etc.

Un autre modèle mathématique naturel est celui de l'auto-homothétie, qui a donné lieu à la théorie des Fractals[1], grâce à laquelle on génère et on analyse des objets qui contiennent une relation d'auto-similitude dans toutes leurs parties. Les découvertes mathématiques ainsi que les techniques thérapeutiques modernes inspirées des médecines

1 Un fractal est une forme composée de parties dont chacune, amplifiée, ressemble à l'ensemble. Chacune des parties a la même propriété vis-à-vis de ses propres parties, et ainsi jusqu'à l'infini. C'est, peut être, la façon la plus simple de créer de la complexité : en répétant ainsi une forme un certain nombre de fois, de taille chaque fois plus petite. Comme exemples de fractals on peut citer les éclairs, les fougères, la plupart des arbres, des minéraux... Les plantes semblent être des fractals vers l'extérieur et les animaux des fractals vers l'intérieur : le système nerveux, le système circulatoire, le système respiratoire... Les fractals sont une bonne façon d'accéder à un grand nombre de points dans l'espace avec une certaine continuité. Ils furent baptisés, étudiés et popularisés par Benoît Mandelbrot en 1974 et aujourd'hui sont très présents dans le monde de la créativité humaine.

traditionnelles orientales nous montrent que ces modèles holistiques d'auto-similitude et d'auto-organisation semblent être très répandus.

Les bases philosophiques du Dien Chan

Le Dien Chan se base sur la philosophie orientale, et plus précisément, sur les principes du monisme (opposé au dualisme) associés à ceux du relativisme dynamique.

Le monisme

Le Dien Chan interprète thérapeutiquement la philosophie orientale du monisme de façon flexible et créative. L'observation permet d'arriver aux raisonnements suivants :

> Le yin est le yang et le yang est le yin, le bas est le haut et le haut est le bas, l'intérieur est l'extérieur et l'extérieur est l'intérieur, devant est derrière et derrière est devant, la droite est la gauche et la gauche est la droite, ce qui est loin est près et ce qui est près est loin, la complexité est simple et la simplicité est complexe...

Bien que ces affirmations semblent contradictoires, elles ne le sont pas du point de vue des relativistes qui en parlent en utilisant les mots vietnamiens *Tuy* (« ça dépend »), le mot *Thoi* (« le temps »), le mot *Vi* (« lieu » ou « espace »). C'est-à-dire que si nous changeons le temps et/ou l'espace, une chose devient différente, parfois contradictoire, comme le yin devient le yang et vice-versa.
Cela revient à replacer les choses dans un système multidirectionnel, opposé au système plan classique. Le monisme nous montre que « le tout est un » et que « un est tout ».
En Dien Chan, cette phrase peut être illustrée par l'exemple suivant : « Si un doigt représente le corps entier, on retrouve le doigt dans tous les schémas représentant le corps. »

- *Yin/yang et yang/yin :* comme le yin et le yang sont inséparables, ensemble ils forment le tout (c'est le *tai Qi*), ainsi on trouvera du yin dans le yang et du yang dans le yin. Lorsqu'on agira sur le yin, on aura des répercussions sur le yang et inversement.

- *En bas/en haut et en haut/en bas:* le pied se rapporte à la tête donc quand on a mal à la tête on traite au niveau des pieds.
- *Intérieur/extérieur:* les affections internes se reflètent sur l'extérieur du corps. Les douleurs externes peuvent nous renseigner sur nos troubles internes.
- *Devant/derrière et derrière/devant:* une douleur sur le ventre pourra se traiter sur le dos et inversement.
- *Droite/gauche:* un problème sur la main droite pourra se traiter sur la main gauche au même endroit et inversement.
- *Loin/près et près/loin:* on ne soignera pas forcément dans une zone proche de l'affection, ainsi, le dos pourra se traiter loin, sur le nez.

À l'inverse de la vision d'Aristote qui différencie A de B de C de D, la vision moniste rassemble toutes choses en prenant compte de leur substance primaire; ainsi A = B = C = D, avec toutes les correspondances que cela implique.

Prenons un exemple:
Si A = le sourcil, B = le bras, C = la trompe de Fallope, D = la colonne vertébrale, lors d'un traitement en Dien Chan, une stimulation au sourcil aura un effet sur le bras, ou sur la trompe de Fallope ou sur la colonne vertébrale. Donc A = B ou A = C ou A = D selon les schémas de réflexion et le trouble du moment. Le Dien Chan garde une vision globale et unifiée du corps, ce qui diffère de la médecine occidentale, qui sépare et différencie chaque organe et chaque membre.
Le Dien Chan prend en compte les multiples correspondances dans le corps et se replace toujours dans un système multidimensionnel. Nos stimulations s'adressent au cerveau qui redirige le Qi vers la partie du corps en déséquilibre. Nous devons apprendre à conserver une vision globale du problème pour ainsi être capable de créer ce type de connexions multiréflexologiques propre au Dien chan.

Ceci est très important afin de ne pas se perdre et ne pas considérer cette méthode comme irréaliste. C'est comme si on essayait de comparer la géométrie Euclidienne avec la géométrie dans l'espace de Lobachevky[1]. Autrement dit, nous devons utiliser la pensée globale au lieu de la pensée unidimensionnelle et apprendre à replacer les choses dans un contexte multidimensionnel, au lieu de les laisser dans le système linéaire classique. C'est aussi être capable de prendre en compte les multiples aspects d'une seule chose selon les repères temps et espace dans lequel elle se situe. Nous devons apprendre à observer le relativisme dynamique qui régit toute chose.

Le relativisme dynamique

En médecine, tout est relatif, comme dans l'univers. Déjà le *Yi-King* mettait en avant ce caractère relatif à travers la description de l'univers et son changement perpétuel où toute chose suit les lois de mutation universelle.

Le mot *Tuy* exprime à lui seul, de manière simple et courte, la théorie du relativisme dynamique du Dien Chan. On peut traduire ce mot par « ça dépend », « selon les cas », ce qui nous incite donc à une perpétuelle adaptation. Pour cette raison, il n'existe pas d'outils parfaits en Dien Chan. Il n'existe que des outils qui s'adaptent le mieux à la situation présente. Ainsi, toutes les formules de traitement, tous les schémas ou points sont non-déterministes et non-permanentes. De la même façon, aucune méthode thérapeutique n'est parfaite ni une panacée. Il n'y a pas d'absolu mais seulement des adaptations possibles pour chaque cas, à chaque stade de la maladie et selon l'état de santé de la personne.

Le thérapeute en Dien Chan doit se baser sur cette théorie pour choisir le traitement et les outils qui seront adaptés à chaque cas. Ceci donne une multitude de possibilités de traitements, telles les multiples facettes d'un kaléidoscope qui sont les reflets de chacune d'entre elle et dans lequel un changement en entraîne un autre.

La raison et la vérité ne sont jamais figées et évoluent constamment dans le temps et l'espace. C'est pourquoi il faut se libérer complète-

1 La théorie de la géométrie non-euclidienne a été inventée par le mathématicien russe Lobachevky, né le 23 octobre 1793.

ment de toute obstination, d'habitudes et de préjugés qui nous empêchent d'atteindre de bons résultats.

De la même façon que l'énonce le proverbe « tous les chemins mènent à Rome », il existe beaucoup de solutions pour résoudre un même problème, de nombreuses formules pour traiter une personne. La valeur d'une chose dépend de ses interrelations avec son environnement. Ainsi, l'image, qui explique qu'une heure passée en compagnie de son amoureux est tellement plus courte qu'une minute assis sur un brasier, illustre bien la théorie de la relativité d'Einstein. Un outil adapté à une personne n'est pas forcément bon pour une autre. Ce même outil peut effectivement être bon le jour même et ne pas convenir le jour suivant. C'est également valable pour les points et les schémas de réflexion dont l'efficacité peut changer d'un jour à l'autre.

Tous ces principes m'ont aidé à corroborer la méthode qui a donc pu bénéficier des trois courants médicaux principaux : la médecine traditionnelle, la médecine moderne et la médecine populaire, tout en maintenant que le point de départ est dans les sciences humaines, c'est-à-dire la philosophie, la littérature, la linguistique et la physionomie. En un mot, le Dien Chan est le fruit de la civilisation vietnamienne avec son caractère de synthèse, d'éclectisme et d'équilibre.

Les bases théoriques du Dien Chan

Comme toutes les thérapies appelées « douces » et qui ne font pas usage de médicaments, le Dien Chan obtient ses meilleurs résultats dans le domaine des affections du système nerveux, de la circulation sanguine, et des sécrétions internes. Nous avons pu aussi observer des effets notables sur les difficultés articulaires et musculaires ainsi que pour les inflammations et infections récentes, et même pour certaines affections anciennes. Les pathologies les plus sérieuses et les états terminaux des affections mortelles ne correspondent pas aux indications du Dien Chan.

Principe de fonctionnement du Dien Chan

Le nom complet de cette méthode est « diagnostic facial et thérapie cybernétique », ce qui signifie que le visage est le centre d'information et de contrôle du fonctionnement du corps. Chaque point réflexe est un émetteur-récepteur vers l'organe qui lui correspond et il intervient aussi bien dans le traitement que dans la régulation. C'est important de comprendre que chaque schéma de réflexion, ou point BQC, n'a pas une liaison directe avec la zone physique, mais avec sa correspondance dans le cerveau. La stimulation de la zone réflexe active le processus d'autorégulation de l'organe correspondant dans le cerveau qui guide notre énergie vitale, le Qi, vers la zone affectée correspondante. C'est pourquoi nous pouvons trouver des zones sensibles sur les

schémas de réflexion même si l'organe ou le membre n'existe plus à cause d'une amputation et donc soulager les douleurs fantômes.
Les théories du diagnostic facial s'appliquent aussi au traitement. Nous pourrions penser que la multiréflexologie BQC ne fait que soulager les douleurs ; au début nous cherchons toujours une réponse positive pour vérifier que nous utilisons la technique correcte dans la zone correspondante et avec l'outil correct. Les douleurs anciennes ou celles provoquées par des dérangements chroniques reviennent en général au bout de quelques heures après le premier traitement. Le Dien Chan peut traiter beaucoup de troubles au moyen de sessions quotidiennes ou simplement lorsque les douleurs réapparaissent. Il faut cependant ajouter quelques concepts supplémentaires pour comprendre mieux la méthode.

Les points douloureux synchrones

Lorsqu'une affection survient dans un organe, on peut observer des sensations de douleur localisée sur l'organe lui-même et, simultanément, différents points de douleur peuvent apparaître dans des zones de réflexion.
L'intensité de la douleur, de l'engourdissement, du pincement, et autres manifestations, est généralement proportionnelle au degré de gravité de l'affection. Dans ces cas-là, lorsque l'intensité du trouble diminue, la douleur sur les points réflexes diminue également. Ce phénomène s'observe surtout dans le cas de maladies récentes ou émergeantes. En réalité, la sensation de douleur sur les points synchrones est une des indications de l'affection, car la maladie pourra être observée à d'autres niveaux. Tous les signes ont donc une importance dans le diagnostic et le traitement spécifique à mettre en place.

Les points non-douloureux

En cas d'affection, le point réflexe peut devenir totalement insensible. Le traitement de ces points BQC donne encore plus de résultats que celui des points douloureux. Le principe de la proportionnalité s'applique, c'est-à-dire que le nombre de points insensibles est proportionnel à la gravité de la situation. Le débutant en Dien Chan ne doit pas être troublé par ce concept car il ne saura pas faire la différence

entre une erreur dans les coordonnées d'un point BQC précis et un point non-douloureux. C'est avec l'expérience et avec des stimulations répétées d'un même point BQC sur plusieurs patients que le thérapeute peut acquérir la certitude de stimuler le point désiré.
Il est possible que, à cause d'un stress, un patient soit insensible à la stimulation pour tous les points. Une stimulation douce de tout le visage pendant quelques secondes avec un outil yang (mini double boules yang n° 307, par exemple) soit nécessaire pour redonner la sensibilité au patient. Si au contraire le patient semble être trop sensible et tous les points sont douloureux, nous pourrons le tranquilliser en roulant sur son visage un outil yin (mini double cylindre yin n° 308, par exemple).

Le yin et le yang, le Taiji ou Tai Qi

En pratiquant le Dien Chan et la théorie de la réflexion, je me suis rendu compte que le visage reflète aussi la carte du *Taiji*[1] ou *Thai cuc do*[2] en vietnamien.

Dans le Dien Chan, on peut voir que :

- la droite du visage appartient au yang ;
- la gauche du visage appartient au yin. Mais la projection du *Taiji* dans le dos nous donne l'inverse. La droite du dos appartient au yin et la gauche du dos appartient au yang ;
- le haut appartient au yang, le bas au yin ;
- un mouvement descendant appartient au yin ;
- un mouvement ascendant appartient au yang ;
- un mouvement de gauche à droite appartient au yang ;
- un mouvement de droite à gauche appartient au yin ;

1 D'après le *Yi-King* et le *Tao-Te-Ching*, le *Taiji* ou *Tai Qi* (faîte suprême) donne naissance à deux aspects (yin et yang), qui donnent eux-mêmes naissance à quatre figures (jeune yin ou yin naissant, vieux yin ou yin mutant, jeune yang ou yang naissant, vieux yang ou yang mutant).

2 ☯ C'est en cartographiant les différents éléments, l'univers, le ciel, la terre, que les chinois ont dessiné le *Thai cuc do* ou carte du *Taiji* qui aboutit au symbole très connu avec un côté yang (clair), un côté yin (sombre) la limite entre les deux est courbe en S comme la trajectoire des ondes.

- le mouvement de l'intérieur vers l'extérieur appartient au yin ;
- le mouvement de l'extérieur vers l'intérieur appartient au yang ;
- la verticalité appartient au yang ;
- l'horizontalité appartient au yin ;
- yin et yang sont symétriques par rapport à un axe ou un centre neutre ;
- yin et yang sont complémentaires et en même temps opposés ;
- yin et yang sont toujours en coexistence ;
- yin contient yang et vice-versa ;
- la transformation yin-yang évolue avec le temps et l'espace ;
- la concentration du yang dissipe le yin et vice-versa ;
- l'isolement du yang le rend stérile, ainsi que celui du yin.

L'effet renversé

D'après l'état clinique du patient, nous constatons que la durée et l'intensité du traitement de chaque point réflexe et de chacunes des zones travaillées devra varier. Si les limites sont dépassées, l'efficacité peut être neutralisée. Une stimulation excessive peut nous ramener au point de départ et le patient notera que sa douleur, son blocage ou sa tension musculaire réapparaît. Il faudra alors immédiatement arrêter le traitement et attendre au moins une heure avant de traiter à nouveau.

Le même principe s'applique en acupuncture où la durée de l'implantation des aiguilles est déterminante, le point peut alors être altéré.

De la même manière, on peut ne pas obtenir de résultat si le temps est inférieur à la limite nécessaire.

C'est la même chose pour la fréquence du traitement. Il est important de comprendre que l'excès est à éviter dans la pratique du Dien Chan et que la sur-stimulation des points BQC peut provoquer l'annulation de l'amélioration atteinte jusqu'à ce moment. Il faut savoir arrêter à temps et c'est pour cette raison que le dialogue avec le patient est primordial. Des questions constantes sur l'état du patient sont nécessaires durant toute la durée du traitement. Il est donc recommandé d'arrêter la séance de soins quand on obtient une amélioration de 80 %

selon le patient. Ne cherchons pas à obtenir 100 % sur le moment, soit une disparition totale du problème, car les effets des stimulations perdurent sur le processus d'auto-régulation. N'oublions pas que trop de concentration de yang devient yin et vice versa.

Principes des symétries

Quelques « points réflexes » sont symétriques dans l'espace. Il y a trois axes importants de symétrie sur le visage : l'axe vertical O, l'axe horizontal V et l'axe horizontal IV (consulter la carte des points BQC sur le visage, voir page 138).
Il existe aussi deux points de symétrie : le point 26 et le point 19. Les points réflexes symétriques par rapport à ces axes, ou ces centres, ont un caractère soit synergique, soit opposé. Tous les points BQC n'ont pas la même numérotation de part et d'autre de l'axe 26/19. Les points BQC avec des nombres différents correspondent à des organes précis qui n'existent pas non plus des deux côtés du corps. En lisant les schémas de réflexion des organes internes sur le visage nous pouvons constater que le point 50, qui représente le foie, a comme symétrique le 70 qui est la zone réflexe de l'estomac.

Principe des vases communicants

Entre le thérapeute et le patient s'établit une relation de « vases communicants ». Ceci est plus fréquent en médecine alternative que dans les thérapies basées sur l'utilisation de médicaments. Si le thérapeute se trouve dans un état énergétique inférieur à celui du patient, il peut acquérir la même affection. On a pu l'observer en particulier dans des cas de migraine ou de douleur au bras. C'est pour cette raison qu'en Dien Chan on obtiendra de meilleurs résultats si le thérapeute est en pleine forme.

Principe du flux d'énergie vitale vers les dépressions

Le traitement de chaque point BQC n'a d'effet que sur les organes souffrants et n'atteint pas les organes sains. Ceci s'explique par le fait que le réseau réflexologique est activé par le trouble. Le patient ressent un effet dans l'organe souffrant ou dans la zone affectée quand le thérapeute stimule le point réflexe actif. La stimulation des points BQC ou des zones réflexes agit sur le cerveau du patient et réveille sa capacité d'auto-régulation et d'auto-guérison. Nous ne devons pas craindre d'affecter d'autres organes car le cerveau connaît son rôle mieux que le thérapeute. Si le cerveau ne détecte pas d'anomalie sur un organe, les points stimulés ne seront pas interprétés.

Affinité et hostilité

Les termes « affinité » et « hostilité » font référence aux points réflexes actifs entre eux ou bien entre un point donné et une affection. Par exemple les points 26 et 6 sont hostiles, c'est pour cette raison que l'on n'utilisera qu'un seul d'entre eux, sous peine de neutraliser leur action. Au contraire, les points 34 et 124 ont une affinité, les stimuler simultanément accentue leur efficacité.

En ce qui concerne les points relatifs à une affection, on peut remarquer que le point 127 est contraire au traitement d'une diarrhée qui serait provoquée par un rhume. De la même manière on évitera de lutter contre l'ébriété à l'aide du point 26 connu pour son effet hypotenseur.

Nous avons constaté et enregistré, avec mon équipe de thérapeutes, tous ces effets et indications de plusieurs points grâce aux milliers de cas cliniques. C'est l'application de ces concepts qui pourra nous donner les clefs pour une meilleure compréhension et un usage plus adéquat du Dien Chan.

Les limites du Dien Chan

Le Dien Chan est une méthode de traitement facile et fiable et s'avère complémentaire aux méthodes modernes ou traditionnelles grâce à son caractère immédiat et synthétique. Beaucoup de thérapeutes combinent le Dien Chan avec d'autres techniques et utilisent leurs connaissances des schémas de réflexion dans d'autres disciplines. Par exemple, un patient peut sentir une douleur localisée dans la zone de l'omoplate et nous pouvons donc traiter les zones réflexes de cet organe pour réduire la douleur. Cependant, grâce à un examen complet de la colonne vertébrale avec l'aide du détecteur, en suivant les schémas de réflexion, nous pourrons découvrir la cause de la douleur. Le fait de ne pouvoir éliminer que 50 % de la douleur nous pousse à en déduire qu'il s'agit en fait d'un problème d'ordre structurel. C'est pourquoi, dans ce type de cas, il sera souhaitable de recourir à l'ostéopathie pour résoudre le pincement. Dans cet exemple le Dien Chan peut relaxer la zone tendue, mais ne peut pas restructurer le squelette du patient. Comme il arrive dans toutes les thérapies, le Dien Chan ne doit pas être considéré comme une panacée. Bien que la plupart de ses applications ne nécessitent pas de médicaments, on pourra recourir à un complément médicamenteux, ou à l'acupuncture, lors de crises aiguës ou d'affections particulièrement tenaces, anciennes ou chroniques. C'est parfois le cas avec des consultants très âgés ou extrêmement affaiblis.

Les apports nutritionnels, le jeûne, l'exercice physique, la kinésithérapie, le changement d'air, le repos, etc., sont à prescrire selon les cas, de façon à obtenir un résultat optimum. Ce résultat dépendra aussi de l'état d'esprit et de coopération entre le patient et le thérapeute.

En aucun cas, le Dien Chan ne peut se substituer au diagnostic et au traitement préconisé par un médecin.

La diagnose faciale

La diagnose faciale est basée sur l'observation et l'identification de signes concrets sur le visage. Ces signes, taches, rides ou marques nous permettent de diagnostiquer les affections et de systématiser ces groupes de signes. Les grains de beauté ainsi que les cicatrices nous parlent de faiblesses passées ou présentes. Nous devons apprendre à projeter mentalement les différents schémas de réflexion sur le visage du patient afin d'essayer de deviner plus précisément l'origine de son trouble. La pratique du Dien Chan nous permet d'acquérir un sens multiréflexologique de l'observation.
Les théories présentées dans ce chapitre servent à diriger la réflexion du thérapeute en Dien Chan sur le type d'affection, sa cause, et la manière de la traiter. Le point de départ sera le questionnement du patient sur ses douleurs, ses antécédents, ses différentes sensations et celles qu'il ressent lors des stimulations Dien Chan.

Les théories de la diagnose faciale

Théorie de la réflexion

L'univers, la société et l'homme ne forment qu'une seule et même unité, car toute chose est constituée de la même matière. L'homme est le microcosme dans le macrocosme de l'univers. De même, dans le corps de l'homme, chaque partie comme le visage, l'oreille, le pied, la main, l'œil ou le nez, reflète le corps entier. Le visage est la partie

symbolique qui représente l'homme, ainsi que tous ses états psychologique, physiologique et pathologique.
Comme un miroir, il reflète une image dynamique de l'état dans lequel on se trouve.

Théorie des apparitions

Dans notre corps, ce qui est à l'intérieur (organes internes) apparaît à l'extérieur (épiderme) et les signes de la partie inférieure se manifestent sur la partie supérieure (la cheville renverra au poignet et les yeux aux genoux).
Dans le temps, les événements à venir sont décelables par des signes précurseurs, les événements passés laissent des traces, les événements en cours se réfléchissent en temps réel.

Théorie des apparitions inversées

Il arrive que chez certains patients l'ensemble des réseaux de réflexion soit insensible, comme « obstrué » ; ou chez d'autres qu'un nombre excessif de points de réflexes soient sensibles. Les signes détectés ne pourront pas être pris en compte car ils présentent des apparitions inversées. Dans ce cas, nous devrons au préalable essayer de rétablir un certain équilibre énergétique en stimulant la totalité du visage à l'aide d'une roulette yin ou yang selon le patient.

Théorie des informations croisées

En règle générale, la réflexion n'est pas croisée. Une douleur au bras droit se réfléchira sur l'arcade sourcilière droite. Cependant, les cas de croisement existent et traduisent le plus souvent une aggravation du trouble. Ceci concerne plus particulièrement les yeux, les membres, les ovaires et les fesses.

Théorie de la proportionnalité

La gravité d'un mal peut être évaluée en proportion de l'impact sur le nombre de points réflexes actifs, sur le nombre de schémas de réflexion qui répondent et sur l'intensité de la sensibilité des points. Exceptionnellement, les signes précurseurs peuvent se limiter à un petit nombre de points du visage ou du corps.

Théorie de l'évolution

Les points réflexes actifs ne sont pas immuables. Ils changent en fonction du temps écoulé, de la gravité de la maladie et de son évolution. Si le trouble s'aggrave, les taches de rousseur situées sur les points correspondants (si elles existent) s'assombrissent et deviennent plus brillantes. A contrario, lors d'une amélioration, ces taches peuvent s'estomper jusqu'à disparaître. De même, les traces laissées par la stimulation à l'aide d'outils du Dien Chan (détecteur ou roulettes) s'estompent plus ou moins rapidement et peuvent nous donner des indications sur la gravité du trouble. Souvent, si les traces de la stimulation perdurent, cela nous indique que le déséquilibre est assez profond et que les douleurs ressurgiront prochainement. Nous devrons alors renouveler le traitement dès réapparition des premiers symptômes.

Théorie de l'effet local

Le type de sensation observé sur la zone de l'affection peut nous renseigner sur le caractère du patient. Nous devons adapter nos stimulations au patient afin que le traitement ne soit pas trop désagréable. La douleur provoquée par la stimulation de points BQC doit être supportable. Il ne s'agit surtout pas de faire mal et d'endommager la peau.

Théorie de la similitude de forme

Au-delà des schémas de réflexion qui sont basés sur les similitudes de formes, une zone réflexe peut présenter une forme anormale similaire à celle de l'affection : bosse ou creux. Les similitudes de forme entre les différentes parties de l'anatomie du corps humain nous donnent une multitude de pistes à suivre afin de trouver la zone réflexe la plus réceptive et effective pour traiter une pathologie concrète.
La pratique du Dien Chan stimule notre sens de l'observation ainsi que notre sensibilité thérapeutique envers le patient.

Similitude synergique ou antagoniste des points vivants

Certains points sont dotés de caractères similaires. Ils sont étroitement liés, ils s'attirent et agissent conjointement ou au contraire peuvent se neutraliser. C'est le cas des points 106 et 8, qui sont synergiques, ou des points 19 et 26 qui sont antagonistes.

Les signes à observer lors de la diagnose faciale

On distingue les signes visibles et les signes qui ne sont révélés que par des moyens mécaniques, thermiques, électriques ou magnétiques. On peut s'attacher aussi à la forme générale du visage ainsi qu'aux mimiques du patient. Certains signes visibles apparaissent durant le traitement. La stimulation avec le détecteur ou un autre outil peut provoquer des rougeurs sur la peau. Parfois, certaines petites rides sur des endroits précis du visage, deviennent plus faciles à discerner pendant la stimulation d'une zone ou d'un point douloureux. Il faudra toujours rester très attentif à ces nouvelles informations et apprendre à projeter, tout en observant le patient, les schémas du Dien Chan.

Les signes visibles

- *La forme:* le support osseux, les tissus de l'épiderme, la fermeté des chairs, leur élasticité, leur tonicité, les tumeurs sous-cutanées, osseuses ou graisseuses, l'aspect des vaisseaux sanguins, la texture de la peau, la forme de chaque partie du visage.
- *Les rides:* les rides longues, courtes, larges ou fines. Les coupures courtes ou longues.
- *Les couleurs:* couleur de la peau, rayonnante ou assombrie, grise, pourpre, brune, verte, tachetée de jaune.
- *Les traces:* boutons, taches de rousseur, mélanomes divers.

Les signes non visibles

- *Les signes annoncés par la sensibilité du patient:* douleur, insensibilité, fourmillements, étirements, picotements, fatigue, rugosité, dureté, chaleur, brûlure, démangeaisons.
- *Les signes annoncés par la température locale ou le point réflexe.*
- *Les signes détectés par l'action de l'électricité.*
- *Les signes détectés par des manifestations électriques.*

Les limites de la diagnose faciale

La diagnose faciale présente les avantages d'être rapide, précise et facile à mettre en œuvre. En effet, elle s'effectue par simple observation du visage avec l'aide des outils du Dien Chan comme le râteau, les rouleaux, les cylindres et boules, le détecteur, les marteaux ou le bâton de moxa BQC. Elle permet d'identifier immédiatement les causes des affections fonctionnelles, les organes touchés, ou le lieu exact du trouble.
Cependant, elle ne permet pas de quantifier l'étendue de l'affection. Il est indispensable, en cas de pathologie grave, d'avoir recours aux méthodes d'imagerie, d'analyse et autres technologies de pointe utilisées dans la médecine occidentale contemporaine, comme la radiographie au rayons X, le scanner, l'IRM ou l'analyse biochimique.

Principes de stimulation et modes opératoires

La médecine orientale considère que la douleur provient d'un blocage et que si rien n'est bloqué il n'y a pas de douleur. Acceptant cette théorie, j'utilise les mains ou les outils du Dien Chan pour activer les zones selon les 8 règles de la page 52.
Il n'est pas nécessaire de toutes les appliquer dans un même traitement, ni dans un ordre précis, mais plutôt de façon complémentaire jusqu'à l'obtention du soulagement ou de la guérison. C'est le résultat immédiat constaté par le patient qui confirmera le bon choix de l'outil et de la règle d'activation.
En Dien Chan, il n'existe pas une règle d'activation meilleure qu'une autre, ni un instrument meilleur qu'un autre, mais de multiples possibilités de traitement afin que nous puissions trouver ce qui convient le mieux à la personne à l'instant où on la traite.
Si on a choisi l'activation adaptée et l'outil adéquat, on doit avoir des résultats très rapides sur une affection récente. Le Dien Chan diffère aussi des autres techniques par l'observation de résultats immédiats. Si on constate une amélioration[1] de 30 % à 50 % après trente secondes de stimulation on continuera avec la même technique, sinon on changera de règle d'activation. Pour une affection chronique ou plus grave, les résultats apparaîtront après trois jours de traitements.

1 En considérant l'état initial du patient comme le zéro, nous quantifions l'amélioration en demandant au patient s'il se sent mieux, si sa douleur diminue. On note son amélioration sur 10, considérant 10 comme la note maximale, soit la disparition totale de la douleur.

Les 8 règles d'activation en Dien Chan

Nous illustrerons les 8 règles d'activation du Dien Chan en proposant quelques techniques d'utilisation de certains outils sur une affection concrète : la douleur au poignet droit. Une fois de plus, la constante communication avec le patient tout le long du traitement est primordiale, elle nous guidera vers l'une ou l'autre des règles d'activation et nous signalera la fin du traitement quand l'objectif des 80 % d'amélioration sera atteint.

Activation locale

Bien que le Dien Chan se concentre surtout sur une action réflexologique, on peut aussi agir à l'endroit où se situe la douleur avec les différents outils du Dien Chan. Un simple massage, l'usage du moxa BQC, d'un rouleau ou du petit marteau peut donner d'excellents résultats. Si la douleur est très intense ou si on ne peut pas traiter localement nous passerons au principe suivant.

> Exemple de traitement d'une douleur au poignet droit : rouler 30 secondes un outil yang[1] sur le poignet lui-même (mini double boule yang n° 307 ou boule yang simple n° 432) ou le marteler doucement trente fois avec le petit marteau (outil n° 128).

Activation près de la douleur

Cette règle nous offre la possibilité de travailler autour du point douloureux, il est très efficace dans le cas de douleurs très aiguës ou de plaie ne permettant pas la stimulation locale.

> Dans notre exemple d'une douleur au poignet droit, nous traiterons les zones périphériques comme l'avant-bras et la main, en roulant trente secondes un outil yang (mini double boule yang ou mini double cylindre n° 336) si le patient parle d'une douleur sourde ou un outil yin (mini double cylindre yin n° 308) dans le cas où la douleur est précise, très localisée et concentrée.

1 Les outils décrits dans ces exemples portent des numéros de références appartenant au catalogue général des outils du Dien Chan que nous décrivons page 69.

Activation par symétrie horizontale

Cette règle nous permet de traiter le point symétrique horizontalement en intégrant les deux premiers principes. Nous considérons la colonne vertébrale comme l'axe vertical de symétrie de tout le corps. Nous pouvons donc ainsi traiter localement ou près de la douleur mais de manière symétrique. Ce qui est à droite se traite à gauche et vice versa.

> Pour notre exemple, nous traitons le poignet gauche en utilisant les mêmes techniques que dans les règles antérieures.

Activation par symétrie verticale

Cette règle utilise comme axe principal la ligne horizontale passant par le nombril. Cet axe horizontal nous indique l'endroit où chercher, mais le principe de similitude de forme qu'il y a entre le poignet et la cheville et la détection de points vivants nous guideront afin de trouver sur la cheville la zone précise sur laquelle appliquer le traitement.

> Nous traiterons donc sur la cheville droite pour soigner notre poignet droit.

Activation croisée

Dans ce cas, pour projeter les symétries, nous utilisons les deux axes diagonaux qui se croisent sur le nombril. Les résultats obtenus à l'aide de cette règle traduisent, en général, une hypersensibilité de la zone réflexe impliquée. Ce phénomène concerne surtout les yeux, les extrémités, les ovaires et les fesses.

Nous pouvons aussi appliquer ce principe à un membre isolé et définir le centre de croisement des axes sur une articulation. Par exemple, pour traiter une douleur de la cuisse on peut réaliser un massage sur le mollet. Dans ce cas on utilise le genou comme point de croisement des axes.

> Pour notre poignet droit, nous traitons la cheville gauche sans abandonner le principe de similitude de forme qui nous aidera à trouver sur la cheville gauche la zone la plus précise à traiter.

Activation opposée : devant/derrière et haut/bas

Cette règle prend comme axe de symétrie l'axe transversal passant par le point douloureux lui-même. Une douleur de l'abdomen se traite dans la zone lombaire. Une douleur sur la paume de la main se traite sur le dos de la même main.

> Pour le poignet droit, il faudra traiter le côté du poignet opposé à la douleur. Le fait de ne pas traiter directement la zone affectée nous permet d'utiliser des outils qui ne peuvent être supportés à l'endroit même de la douleur.

Activation selon la similitude de forme

La ressemblance entre certaines parties du corps et des zones du visage s'accompagne d'une relation de reflet. Il faut faire travailler l'imagination pour appliquer cette règle qui, de façon étonnante, fournit d'excellents résultats dans un très grand nombre de troubles.

- Le poing fermé nous rappelle la tête et l'avant-bras, le tronc. Alors le poignet sera le cou et le coude, le coccyx. C'est pourquoi un trouble de la gorge pourra être traité en chauffant la partie intérieure du poignet.
- Les ailes du nez évoquent la forme des fesses et quand apparaît une douleur sciatique, on trouve un point douloureux dans cette zone. En général nous pouvons trouver la réponse sur le même côté du corps.

> En ce qui concerne le poignet droit, nous stimulerons des points douloureux dans des zones similaires de la cheville et sur les articulations des phalanges des doigts de la main qui ressemblent à des poignets.

Activation sur les schémas de réflexion

La huitième et dernière règle applique toutes les précédentes, mais en s'appuyant sur les schémas de réflexion du Dien Chan. Les principes d'activation décrits plus haut peuvent nous paraître assez simples pris séparément, mais leur application combinée sur les différents schémas de réflexion nous offre une multitude de possibilité de traitement.

Pour cette raison, il est important d'apprendre à projeter les nombreux schémas de réflexion du Dien Chan sur n'importe quel visage. Plus nous connaissons de schémas, meilleurs seront nos traitements. Nous comprendrons donc qu'une activation locale (première règle d'activation) combiné à un schéma de réflexion (huitième règle d'activation) nous invite à stimuler directement le reflet du problème sur le visage. Nous utiliserons soit un détecteur (n° 101) afin de chercher des points douloureux sur la zone reflet, soit nous la stimulerons à l'aide d'un autre outil tel que le double cylindre yin (n° 308), les mini double boules yang (n° 307) ou le petit marteau (n° 128).

> Dans notre exemple concernant une douleur au poignet droit, nous stimulerons l'extrémité du sourcil droit qui correspond au poignet sur le schéma des extrémités sur le visage (schéma n° 1, corps yin-yang, voir page 80).

> De même, et dans le cas où nous souhaiterions utiliser le principe d'activation croisée en le combinant au schéma de réflexion n° 2 (corps, visage et cou, voir page 81), nous stimulerons les points douloureux situés à la racine du sourcil gauche au sommet du nez du patient.

Tout au long du traitement, il est important de bien demander au patient si le massage pratiqué est agréable ou si la douleur provoquée par la stimulation des points est supportable. Dans le cas contraire, nous changerons immédiatement de technique de stimulation, d'outil ou de schéma. Après chaque stimulation, demandons au patient de tester sa douleur afin de pouvoir l'évaluer et ainsi nous confirmer le traitement choisi. Si nous n'obtenons aucune amélioration supérieure à 20 %, nous changerons de combinaison entre outil et schéma.
Toutes les règles d'activation sont essentielles pour le bon usage des schémas de réflexion, des outils de stimulation et des points BQC. Une fois chacune d'entre elles comprise, le Dien Chan nous invite à les combiner et à obtenir, de manière exponentielle, un grand nombre de possibilités de soins multiréflexologiques.

Les modes opératoires des techniques du Dien Chan

Afin d'obtenir les meilleurs résultats, il faut choisir l'un de ces neufs modes opératoires propres au Dien Chan et apprendre à le combiner avec d'autres selon le cas.

1. Traiter suivant les 8 règles d'activation du Dien Chan.
2. Traiter suivant les schémas de réflexion et les points vivants.
3. Traiter suivant les formules de traitement.
4. Traiter selon la technique kaléidoscope.
5. Traiter suivant le caractère (effets et indications) de chaque point BQC.
6. Traiter suivant les théories de la médecine orientale (yin yang, froid/chaud, 5 éléments, etc.).
7. Traiter suivant les théories de la médecine occidentale (anatomie, physiologie, pathologie, etc.).
8. Traiter suivant l'expérience et l'intuition du thérapeute.
9. Traiter en détectant tous les points vivants sur le visage ou sur le corps.

Pour le débutant en Dien Chan, la manière de procéder la plus facile sera de chercher les points vivants à l'aide du détecteur selon les projections des schémas de réflexions ; mode opératoire n° 2.

> Prenons comme exemple une douleur au pied droit. Chercher les points vivants sur le visage au niveau du menton (schéma n° 1 du corps yin yang sur le visage, voir page 80). Stimuler environ 30 secondes le point vivant trouvé et demander au patient s'il ressent une amélioration. Laisser le patient tester la mobilité de son pied en le faisant se lever et faire quelques pas. Si celui-ci remarque une amélioration, lui demander de la quantifier en lui appliquant une note ou un pourcentage d'amélioration. Si l'augmentation est supérieure ou égale à 30 %, il faut continuer

à stimuler le même point vivant 30 secondes encore. Lui demander à nouveau s'il ressent une amélioration. Si l'amélioration est inférieure à 30 %, vous devrez chercher un autre point vivant sur un autre schéma de projection du pied sur le visage ou sur le corps et le stimuler pendant 30 secondes :

- au début du sourcil sur le schéma n° 2 du corps et du cou sur le visage (schéma de Penfield, voir page 81) ;
- sur le lobe de l'oreille en se référant au schéma n° 1A (oreilles sur le visage, voir page 93) ;
- sur le bord de la paume de la main, schéma n° 1B (mains sur le visage, voir page 94).

Demander à nouveau au patient s'il ressent une amélioration et lui demander de la noter en lui appliquant un pourcentage. Arrêter la stimulation lorsqu'on obtient 80 % d'amélioration.

Pour les thérapeutes confirmés et les professionnels de la santé, l'utilisation des modes opératoires 6, 7, et 8 permettent de traiter plus globalement, plus précisément et ainsi d'éviter d'éventuelles réminiscences de l'affection. Car toutes connaissances et pratiques médicales complémentaires permettent au praticien Dien Chan de mieux cerner l'affection et sa cause. Nous devons enrichir notre diagnostic de toutes les informations apportées par le patient et par son médecin.
La pratique et l'observation constante des mimiques du patient ainsi que les marques et taches que peut présenter sa peau nous permettront d'approfondir et d'enrichir notre traitement. Il est important d'apprendre à réaliser des connexions entre les différents schémas de réflexion du Dien Chan. Par exemple, si pour traiter un patient souffrant de douleurs dorsales nous acceptons que le nez du patient soit la représentation réflexologique de son dos, nous devrons aussi penser à traiter le dos d'un patient ayant un trouble nasal. Nous avons souvent tendance à utiliser les schémas de réflexion en sens unique et cela serait limiter les possibilités de traitement.
Ce genre de raisonnement multidirectionel doit devenir systématique chez le praticien Dien Chan.

Les outils du Dien Chan

Du point de vue médical, les outils du Dien Chan ont une action purement mécanique sur l'épiderme. Ils régulent le système circulatoire et le système nerveux périphérique et stimulent la sécrétion du liquide lymphatique de façon à renforcer les défenses immunitaires.

Des outils conçus par le Professeur Châu

J'ai créé les outils utilisés en Dien Chan au cours de toutes ces années de traitement. Au début, j'appliquais mes théories avec des aiguilles et des micro-aiguilles d'acupuncture. Je remarquais alors que je pouvais obtenir des résultats très concluants avec de simples stimulations par pression des points que j'avais découverts. Je conçus alors un détecteur en acier inoxydable avec un bout rond qui permet une stimulation précise et facile. La stimulation par balayage de zones réflexes des schémas étant laborieuse avec le simple détecteur et pas toujours concluante avec les outils traditionnels chinois, je redessinai et rajoutai des pointes et des piquants sur les boules et les rouleaux déjà existants. Les résultats furent surprenants tout d'abord en applications locales et plus tard sur le visage avec des modèles miniaturisés.
Tous les outils du Dien Chan ont suivi un processus évolutif et ont été optimisés d'après les expériences cliniques acquises. Je me suis rendu compte qu'il ne fallait pas se limiter à une seule technique ni à un seul

outil; tout dépendait du patient, de la pathologie et de l'état d'esprit du thérapeute. La diversité enrichit le traitement et permet de nous adapter au patient de la meilleure des façons. Chacun peut appliquer le traitement sans effort et choisir l'outil le plus adéquat pour chaque situation. Sans être un thérapeute expérimenté, l'étude des schémas de réflexion et l'utilisation des outils du Dien Chan vous permettront de soigner de nombreux maux.

Les outils du Dien Chan sont classés en deux groupes: les outils yang et les outils yin. Le thérapeute choisira l'outil qui lui semblera le plus adapté au traitement et à la situation et demandera au patient celui qui lui semble le plus agréable.

Les véritables outils du Dien Chan sont faits d'acier inoxydable et de corne de buffle usinée ou de plastique de haute qualité et sont estampillés «Dien Chan-Bùi Quôc Châu». On trouve sur le marché des contrefaçons de ces outils, mais de moindre qualité.

Le choix des instruments

Avant de commencer un traitement, il faut interroger le patient et ainsi obtenir suffisamment de renseignements qui nous aideront à choisir un outil yin ou un outil yang. Les commentaires du patient sur les sensations que lui provoque le trouble peuvent nous indiquer s'il s'agit d'une pathologie yin ou yang. Si le consultant ressent de la chaleur à l'intérieur du corps, nous pourrons opter pour un outil yin. De même, si la douleur perçue et très concentrée et précise, nous utiliserons un outil yin pour la disperser.

Au contraire, un patient qui se plaint de douleurs sourdes, ou de froid intérieur, nous indique que nous devons essayer en premier un outil yang. Dans le cas où nous n'obtenons pas la réponse attendue, nous devons être flexibles et opter pour un autre outil thérapeutique.

Ce qui est réellement important est de rester à l'écoute du patient, de l'interroger sur ses sensations entre chaque stimulation et de combiner de façon souple l'ensemble des principes, des outils et des techniques de stimulation que nous propose le Dien Chan.

Les thérapeutes qui ont des connaissances en médecine traditionnelle chinoise ne doivent pas toujours se laisser influencer par les théories du yin et du yang classiques. Ils doivent essayer de les appliquer au trouble en particulier, il faut être capable de déterminer si le patient subit un trouble plutôt yin pour utiliser un outil yang ou vice versa. L'objectif étant la recherche de l'équilibre.

Les outils yang

Nous considérons yang les outils qui ont tendance à chauffer et qui sont munis de piquants. Tous les outils du Dien Chan qui sont composés de boules à pointes en corne de buffle ou en plastique sont yang. Il en est de même pour les marteaux aux pointes en caoutchouc. Pour donner plus d'emphase aux outils yang, nous les utiliserons sur un trajet allant de l'extérieur vers le centre du corps.

Les outils yin

Nous considérons yin tous les outils composés de cylindres à petits clous en acier inoxydable et les outils en laiton. Les outils yin en laiton rafraîchissent, alors que les rouleaux à clous ou cylindres d'aiguilles dispersent. Pour donner plus d'emphase aux outils yin, nous les utiliserons sur un trajet allant du corps vers l'extérieur.

L'utilisation du détecteur peut être yang ou yin selon le type de stimulation utilisé. Si on « balaye » légèrement une zone, il s'agit d'un usage yin ; si, au contraire, on « raye », c'est-à-dire si on effectue un balayage soutenu avec une certaine pression, il s'agira d'un usage yang.
Quand on utilise un détecteur pour exercer une pression précise sur un point BQC situé sur le côté droit du visage, il s'agit d'un usage yang. Si le point BQC se trouve à gauche, la stimulation est yin.

Les consommables

De nombreux traitements Dien Chan se servent de la chaleur provoquée par la stimulation des outils yang. Cependant, on utilise aussi des bâtons de moxa BQC[1] pour chauffer et stimuler les zones de réflexion et les points BQC sur le visage, ainsi que des timbres et des crèmes chauffantes, à base de camphre et menthol.

---

1 Les bâtons de moxa qu'utilise le professeur Châu atteignent 700 °C et sont rigides. Ils ne dégagent pas autant de fumée que les moxas traditionnels en papier et leur odeur est agréable.

Techniques de stimulation

Les techniques de traitement en Dien Chan peuvent s'appliquer sur un point fixe ou un point vivant comme sur une zone de réflexion.

1. Exercer une pression sur un point vivant ou point BQC avec le détecteur pendant 30 secondes environ.
2. Piquer un point avec le détecteur.
3. Balayer une zone avec le détecteur.
4. Rayer la peau avec le détecteur pour stimuler une zone.
5. Marteler avec le petit marteau, le grand marteau ou avec le détecteur.
6. Masser localement avec le pilon de massage.
7. Rouler pour stimuler une zone avec différents outils comme les roulettes ou cylindres simples ou doubles, en laiton ou corne de buffle ou plastique.
8. Peigner avec les râteaux grands ou petits.
9. Chauffer avec le bâton de moxa BQC un point ou une zone.
10. Coller les timbres chauffants sur un point.
11. Masser une zone avec la crème chauffante.
12. Chauffer une zone avec un sèche-cheveux électrique.
13. Utiliser des huiles essentielles.
14. Appuyer légèrement avec le bout des doigts.
15. Utiliser un détecteur électrique vibrant sur un point.
16. Masser avec la petite sphère en corne de buffle.
17. Donner des pichenettes avec le majeur ou l'index.
18. Masser avec les mains.
19. Appliquer des glaçons, soit localement, soit sur les points vivants.
20. Presser avec les coudes et les genoux.

Stimulations avec le détecteur

Appuyer

Il est indispensable d'apprendre à détecter les points douloureux. Malgré la précision des coordonnées des points BQC, un écart de l'ordre d'un millimètre est possible, surtout sur le front, le nez et le menton, zones les plus denses en points BQC.
Poser le détecteur perpendiculairement à la surface de la peau, en le tenant avec flexibilité et exercer une pression moyenne, à la limite de la douleur. Parfois la douleur peut provoquer quelques larmes. Les points les plus reconnaissables sont soit très mous, soit très durs. Certains, souvent sur le nez, provoquent une douleur similaire à celle que produit une aiguille. Il faut surveiller que ce n'est pas la pression du détecteur sur l'épiderme qui cause la douleur, mais bien le point stimulé. Pensez aussi à l'élégance de vos gestes, à ne pas envahir l'espace vital du patient en lui tenant la tête.
Déplacer lentement, à pression constante, le détecteur pour chercher le point douloureux avec la collaboration consciente ou involontaire du patient (parole, grimaces, mouvements réflexes, clignements des yeux, etc.). Quand on croit avoir trouvé un point douloureux, il faut écarter le détecteur et revenir dessus précisément pour vérifier le diagnostic. Maintenir à nouveau le détecteur perpendiculairement à la peau et exercer une pression modérée pendant 30 secondes pour que le patient identifie de façon claire quelque possible modification de l'intensité de la douleur sur le point BQC, ou sur la zone affectée.
Nous obtenons des effets yin ou yang avec le détecteur selon le côté du visage sur lequel se trouve le point BQC stimulé. Une pression précise sur un point situé sur le côté droit du visage aura un effet yang, la stimulation d'un point à gauche sera yin. La constatation des effets produits par les stimulations à gauche ou à droite du visage m'a permis de dessiner le schéma du *Taiji* sur le visage de façon esthétique, la division étant en réalité verticale (voir page 89).
Les détecteurs ayant une section supérieure à deux millimètres ou munis d'un ressort entre le manche et la pointe, ne permettent pas d'apprécier correctement la pression exercée, c'est elle qui nous indique exactement le degré de sensibilité du point BQC stimulé.

Vibrer

Une fois le point douloureux trouvé, appliquer le détecteur et effectuer un mouvement vibratoire qui fera bouger légèrement l'épiderme sans que le détecteur griffe. Ceci équivaut à provoquer une excitation dynamique au lieu de la pression simple, qui ne provoquerait qu'une excitation passive. Le sens de la vibration ou de la rotation n'a aucune importance. La stimulation dure environ 30 secondes.

Gratter

Déplacer le détecteur sur la peau, perpendiculairement, en exerçant une pression moyenne et en suivant les contours anatomiques des zones à traiter (ailes du nez, rides qui commencent à l'extérieur du nez vers les commissures des lèvres, contour supérieur du menton au-dessous de la bouche, sourcils, etc.). Repasser plusieurs fois sur les endroits douloureux. Le patient sentira très vivement ces douleurs mais elles s'évanouiront rapidement. Cette technique est très efficace dans le cas où les deux techniques précédentes ne le sont pas. La stimulation par grattage peut durer une minute par zone.

Stimulations avec les autres outils

Rouler

Attraper délicatement l'outil par son manche et respecter un angle de 45° avec la surface à traiter. Réaliser un mouvement de va-et-vient en appuyant modérément. En général, il vaut mieux augmenter progressivement la pression jusqu'à la disparition de la douleur. On choisira la taille et le modèle de boule ou cylindre en fonction de la surface de la zone à traiter. Les boules à pointes en corne de buffle ou en plastique sont yang, les cylindres à piquants en acier inoxydable et les rouleaux en laiton sont yin.

Marteler

Les marteaux se différencient par leur taille et leur surface de contact. Les surfaces sont constituées par un ou plusieurs cônes en caoutchouc qui forment le côté yang. Le côté yin est formé par un groupe de sept pointes en acier (petit marteau n° 128), ou par une ventouse en caoutchouc (grand marteau n° 430). Le petit marteau avec un cône en caoutchouc unique sert à stimuler les points réflexes actifs. On utilisera la flexibilité du manche pour marteler la peau perpendiculairement en exerçant de petits rebonds.

Afin d'éviter des tuméfactions si on tape fort, on devra interrompre le martellement quelques instants, tous les cinq coups. En revanche, si on martèle délicatement, on pourra exercer une trentaine de coups successifs. Même si le contact est très léger, la précision du geste sur le point BQC laissera le patient sentir la douleur de façon précise. Si les coups ne sont pas précis nous n'obtiendrons pas un bon résultat. Le côté des pointes en acier inoxydable s'utilise doucement sur des zones moins sensibles, comme le cuir chevelu. L'action des piquants favorise la respiration de la peau et dissipe la douleur.

Le grand marteau avec des cônes multiples sert à marteler le dos, les épaules, les fesses, les hanches, les cuisses et les grandes articulations. Le côté muni d'une ventouse sert à marteler les zones charnues et à activer la circulation. Il adoucit aussi les chaires et donne de l'élasticité aux tendons.

Ratisser

Maintenir fermement le râteau avec les dents perpendiculaires à la peau. Imprimer des mouvements verticaux ou horizontaux, ou même croisés, selon le confort du geste. Maintenir une pression régulière en insistant légèrement sur les endroits sensibles.

On peut ratisser aussi efficacement les zones recouvertes ou non de poils en veillant à maintenir les dents du râteau perpendiculaires au crâne. Il existe deux modèles de râteaux (aussi appelés peignes) et tous les deux sont considérés comme des outils yin.

Entretien des outils

Même si la corne de buffle présente des particularités antiseptiques, nous maintiendrons propres les outils en les lavant avec de l'eau et du savon ou avec de l'alcool. Avec le temps les outils en laiton perdent leur brillant naturel, on peut le leur rendre en les nettoyant avec quelques gouttes de jus de citron diluées dans de l'eau non calcaire.

Application des timbres chauffants et des essences

Découper les timbres chauffants[1] en carrés de 4 millimètres de côté. Les coller sur les points BQC actifs que le détecteur a identifiés. On peut tenir compte de l'esthétique en les plaçant sous forme de losanges. On ne doit pas laisser les timbres chauffants plus de 3 heures pendant la journée, ou toute la nuit si on les place le soir. On les utilisera plus systématiquement tous les jours dans le cas d'affections chroniques et anciennes.

Dans le cas d'affections récentes, leur efficacité doit se remarquer après trois applications dans une même journée ; chaque application durera 3 heures avec un intervalle de repos d'au moins 3 heures.

Du point de vue du Dien Chan, il vaut mieux utiliser des essences qui ne soient pas liquides car les solutions aqueuses refroidissent la peau en s'évaporant. Appliquer la substance plusieurs fois pour maintenir la chaleur sur le point réflexe actif ou bien exercer un massage doux sur la zone avec la sphère lisse en corne de buffle enduite de crème. L'utilisation de crèmes à base de camphre et de menthol provoque de la chaleur et permet d'obtenir des résultats plus rapides.

Ne pas prendre de douches dans les deux heures qui suivent le traitement avec des timbres chauffants ou des essences pour éviter d'attraper un rhume. Cette technique n'est pas recommandée pour les personnes fiévreuses, car elle pourrait leur provoquer de la constipation, des démangeaisons, ou sécher la peau.

Application de la chaleur

La moxibustion à l'aide de bâtons de moxa BQC est utilisée par des thérapeutes plus expérimentés et donne de bons résultats. La chaleur agit comme une aiguille d'acupuncture sur les points vivants et atteint la zone réflexe de façon plus précise et en profondeur.

Maintenir le moxa entre le pouce, l'index et le majeur, l'auriculaire constitue un appui sur la peau et maintient ainsi une distance optimale d'environ un centimètre. Déplacer le moxa très lentement, en faisant attention aux réactions du patient, puisque certains points vont lui causer des sensations de brûlure plus intenses que d'autres.

1 Nous utilisons la marque Salonpas™ qui nous a donné de bien meilleurs résultats jusqu'à présent, grâce à leur action thermique qui dure beaucoup plus longtemps que d'autre.

Ne jamais arrêter le mouvement. Quand on a une réaction du patient, écarter rapidement le moxa pendant quelques secondes. Reprendre l'action sur le même endroit encore deux fois. Si cela est nécessaire, appliquer ensuite une crème pour atténuer la sensation de brûlure. Il faut tenir compte du fait que dans les pays de climat tempéré les personnes sont plus sensibles à la chaleur.
L'action de chauffer est particulièrement recommandée dans le cas d'affections sensibles au froid, comme la grippe, les rhumatismes, les inflammations de la zone ORL ou la sinusite, les tuméfactions, les hématomes. Le moxa BQC ne sera pas employé après l'utilisation d'un baume chauffant, et maximum une fois par jour, à cause des brûlures qui peuvent être causées.

APPLICATION DU FROID

Appliquer des glaçons sur la peau et frotter l'endroit le plus sensible au froid selon les indications du patient. On arrêtera l'application aussitôt qu'une amélioration sera perçue et on recherchera un autre point sensible pour renouveler l'opération. Éviter l'application prolongée sur le front car il y a un risque de provoquer des maux de tête.
L'application du froid est particulièrement adaptée dans le cas d'affections mettant en jeu la chaleur, comme la fièvre, les coups de soleil et les diarrhées subites.

Toutes ces techniques d'utilisation des outils de Dien Chan ont chacune un effet spécifique selon l'outil et la pathologie que l'on traite. Il est toujours très important de demander au patient si la sensation qu'il ressent est agréable et changer d'outil dans le cas contraire. En ce qui concerne le détecteur, la stimulation du point BQC provoque en général une légère douleur supportable. Veillez à ce que ce ne soit pas la pression exercée qui soit douloureuse mais bien le point stimulé en le cherchant grâce à une pression constante sur la peau. Bien maintenir le détecteur perpendiculaire à la surface traitée. Cependant, si vous n'avez pas de détecteur sous la main, vous pouvez stimuler la zone avec le bout des doigts ou un objet courant à bout rond et lisse, et de petite section, sans jamais endommager la peau du patient.

Quelques exemples et conseils pour l'utilisation des outils du Dien Chan

Tous les outils de Dien Chan dessinés et fabriqués au Vietnam combinent divers éléments; d'après le type de troubles à traiter, le thérapeute considérera les uns plus indispensables que d'autres, tout dépend de son usage et de ses habitudes.

Il s'agit de commencer par quelques outils adaptés aux connaissances personnelles. Bien qu'il existe un grand nombre d'outils, nous nous limiterons aux éléments de base qui les composent: boules de piquants et boules de pointes, rouleaux et cylindres, détecteurs, râteaux et peignes, bâtons de massage et ventouses. Les numéros entre parenthèses sont les références de certains autres outils qui comportent aussi les mêmes éléments de base. La référence soulignée est le numéro de l'outil représenté sur la figure.

DÉTECTEURS (N° 101; 103; 104; 111; 119; 123; 126; 140)

C'est l'outil de base du Dien Chan, il sert à détecter et stimuler les points BQC. Le gros détecteur permet la stimulation sur des consultants ayant la peau fragile, ou trop sensibles à la douleur qui pourrait être causée par le détecteur fin. On l'utilisera aussi pour masser en appliquant une pression directement sur la zone endolorie. Il existe plusieurs sortes de

détecteurs combinés avec un autre outil dans l'autre extrémité. Chacun choisira celui qui paraîtra le plus complet, par exemple le nº 103, pour l'avoir toujours sur soi. Les détecteurs avec un ressort que l'on peut trouver dans le commerce ne sont pas recommandés parce qu'ils empêchent d'apprécier avec précision la pression exercée sur le point BQC. Le détecteur électrique est un détecteur vibrant ; il fonctionne avec des piles et n'envoie aucune décharge ; il est utile pour travailler les zones réflexes des mains ou pour exercer un balayage doux sur le visage.

PETITES BOULES DE PIQUANTS (Nº 103 ; 205 ; 206 ; 307 ; 336)

Ces petites boules yang s'utilisent en général pour traiter la rigidité de la nuque, la fatigue et les douleurs articulaires. Elles servent aussi au massage facial pour éliminer les petits boutons de la peau et la rendre douce et lisse. Elles atténuent les rides et les lignes d'expression du visage.

La mini-boule yang est un stimulant et peut aussi être utilisée pour les migraines causées par le stress et les pensées dispersées. Dans le cas où l'on n'obtient pas de bons résultats avec les rouleaux yin on peut aussi utiliser les boules yang contre l'insomnie, la tension nerveuse, l'hypertension, les états grippaux, les rhumes, et les inflammations de la gorge. Les boules yang et les cylindres yang activent la circulation sanguine.

GRANDES BOULES DE PIQUANTS (Nº 408 ; 410 ; 432 ; 434 ; 438)

Elles favorisent l'élimination de la graisse abdominale et traitent la rétention des liquides. Elles sont très utiles dans le cas de règles douloureuses, en faisant un massage sur la face intérieure de l'avant-bras gauche, près de la pliure du coude. On traite

ainsi l'engourdissement des membres, les problèmes circulatoires et la fatigue musculaire. On l'utilisera aussi dans le cas d'inflammation du foie, de constipation et/ou de diarrhées. Les boules à pointes traitent aussi le mal au dos, la fatigue des membres et la rigidité du cou, l'arthrose des vertèbres, l'insomnie, les mictions nocturnes et la sensation de froid aux pieds. À cause de sa grande taille cet outil est très pratique pour les massages de la nuque, des épaules, et des bras. Les grandes boules yang et les grands cylindres yang stimulent et relaxent en même temps.

PETITS ROULEAUX D'AIGUILLES (N° 104 ; 206 ; 217 ; 308)

Les outils munis de mini rouleaux yin sont utilisés pour le traitement de la migraine et de l'insomnie, dans le cas où le patient sent de la chaleur interne. On peut aussi traiter la tension nerveuse, l'hypertension, les états grippaux accompagnés de chaleur et/ou de fièvre. Ils servent à réguler la transpiration excessive des mains, des pieds et du visage. Ils donnent de bons résultats pour traiter les douleurs articulaires très localisées. Tous les rouleaux yin aident aussi à donner de la consistance à la peau du visage et à éliminer les boutons provoqués par le « feu interne » de l'adolescence.

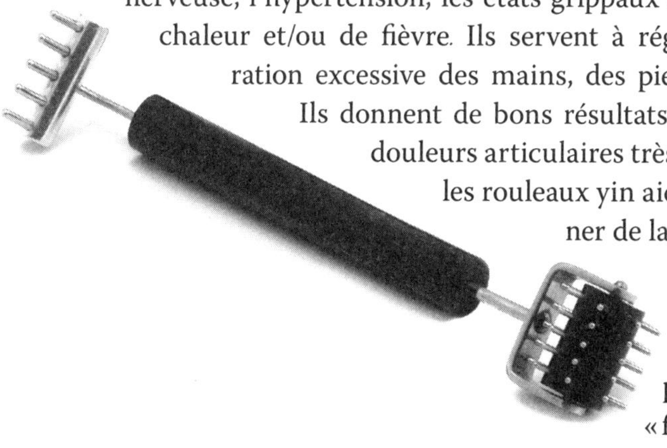

GRANDS ROULEAUX D'AIGUILLES (N° 409 ; 411 ; 433 ; 437)

Les grands rouleaux yin et les boules yin donnent de bons résultats dans le traitement des douleurs du dos, les brûlures d'estomac, les inflammations du foie et la constipation. Puisqu'il s'agit d'un outil yin, il relaxe et fait baisser la température du corps. Il est efficace pour disperser une douleur concentrée, et, grâce à sa taille, il est utile dans les zones larges comme le dos et les jambes. Cet outil s'avère efficace pour faire des massages doux le long des méridiens, en les rééquilibrant s'il y a un trouble yang. Ils sont aussi très efficaces chaque fois que le besoin de calmer, de dissiper ou de disperser se fait sentir. Ils apaisent les douleurs de la menstruation dans le cas d'une patiente qui perçoit une chaleur interne.

OUTILS DE MASSAGE DIRECT (N° 101 ; 119 ; 418 ; 424 ; 446)

On utilise le pilon de massage dans le traitement de la nuque, du cou, et pour faire des massages afin de défaire des nœuds et des tensions du dos. La demi-lune apparaît très commode pour les traitements sur la nuque et le cou. Elle donne aussi de bons résultats en cas d'hypertension. Le tube ou étui à moxa BQC est idéal pour conserver, transporter et éteindre le gros bâton de moxa BQC. On peut aussi l'utiliser comme outil de massage sur les zones larges du dos.

La petite sphère lisse du détecteur n° 101 sert à détecter des zones flexibles et à réaliser des petits massages avec de la vaseline ou de la crème chauffante sur le visage.

CYLINDRES EN LAITON (N.° 111 ; 205 ; 312 ; 412 ; 413 ; 414 ; 415)

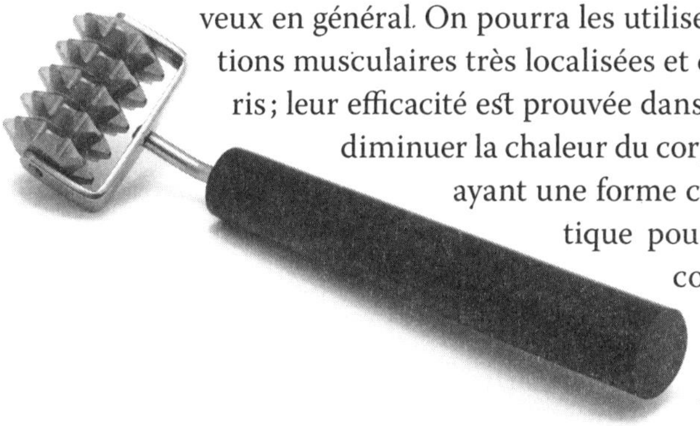

Les rouleaux en laiton sont des outils yin qui extraient la chaleur et aident à faire baisser la température du corps et à le relaxer. Ils sont utiles pour traiter des pathologies de type plutôt yang comme la fièvre, les cauchemars, et pour calmer le système nerveux en général. On pourra les utiliser en cas de contractions musculaires très localisées et de membres endoloris ; leur efficacité est prouvée dans les cas où on désire diminuer la chaleur du corps. Le rouleau n° 413, ayant une forme concave, est très pratique pour masser des zones courbes ou cylindriques comme les doigts, les chevilles et les parties latérales des pieds.

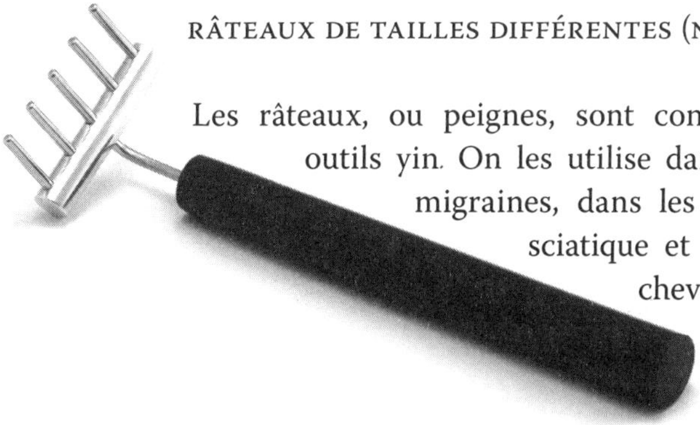

RÂTEAUX DE TAILLES DIFFÉRENTES (N° 105 ; 217 ; 416)

Les râteaux, ou peignes, sont considérés comme des outils yin. On les utilise dans le traitement des migraines, dans les insomnies, pour la sciatique et en cas de chute de cheveux. Le grand râteau yin est un activateur de la circulation du sang dans les zones du visage et du crâne. Le petit râteau combat et calme la migraine grâce à des massages doux vers le bas dans la zone des tempes. C'est très utile de ratisser tout le cuir chevelu en cas de grande tension nerveuse ; on atteint ainsi rapidement une sensation de tranquillité. Souvent, avant le traitement sur le visage, et afin d'établir le dialogue avec le patient, nous le « coiffons » quelques minutes, à l'aide du grand rateau yin depuis la racine des cheveux, en haut du front, jusqu'à la nuque. Ainsi, nous le tranquillisons et notre traitement postérieur sera plus efficace. Le grand râteau yin s'utilise aussi pour combattre les cauchemars. Nous exerçons, dans ce cas, un massage doux, environ cinquante fois, sur la partie gauche du front (partie yin, schéma du *Tai-Chi*, voir page 89).

PETIT MARTEAU (N° 128)

C'est un stimulateur des points BQC qui nous permet un travail complémentaire à celui du détecteur. Il possède un côté yin muni de petits clous en acier inoxydable et un côté yang en caoutchouc. Parfois, nous obtenons de meilleurs résultats en stimulant avec le petit marteau plutôt qu'avec le détecteur. Il est particulièrement indiqué pour le traitement des fourmillements dans les extrémités supérieures et les inflammations de la gorge et autres dérangements de type ORL. Il est idéal pour relaxer le système nerveux, les trapèzes et les épaules, en agissant sur la zone réflexe entre les sourcils. Le petit marteau est aussi très pratique pour taper doucement sur le front ou sur le crâne, sur des zones de réflexion. On traite ainsi aisément les migraines et autres maux de tête tout en martelant doucement sur les tempes avec le côté yin muni de petits clous.

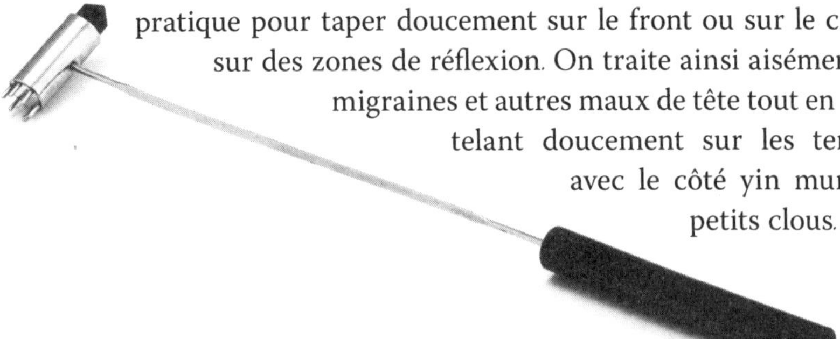

GRAND MARTEAU (N° 430)

Il est muni d'un côté yin en forme de ventouse et d'un côté yang avec des pointes en caoutchouc, on l'utilise dans le traitement des affections des articulations, du nerf sciatique, dans le cas de fatigue dorsale et musculaire. De plus, il permet de traiter les douleurs aux pieds, aux mains, aux épaules et aux cuisses ; il est aussi très efficace en cas de « dos chargé » grâce à des martèlements légers pendant 3 minutes sur la zone douloureuse. Nous pouvons utiliser aussi le grand marteau sur les schémas de réflexion du visage et du crâne. Par exemple, afin de traiter des douleurs lombaires, nous martellerons légèrement, avec le côté muni de pointes caoutchouc, la partie haute de la tête, reflet du bas du dos sur le schéma de réflexion n° 3 du corps sur le crâne, voir page 82.

LES BÂTONS DE MOXA BQC (N° 641 ; 642 DANS SON ÉTUI N° 446)

Les moxas BQC sont des bâtons rigides et plus denses que ceux que l'on trouve souvent dans le commerce. Ils n'ont pas d'odeur soutenue et ils peuvent atteindre les 700 °C. Ils sont très utiles pour stimuler les points BQC sur le visage : il est nécessaire d'avoir une bonne connaissance des techniques du Dien Chan pour les appliquer. Ils sont très utiles dans les traitements de l'oreille, des douleurs de gorge, etc. Nous utilisons la chaleur du moxa BQC comme une aiguille ou un détecteur, sans jamais brûler la peau. Nous stimulons 3 fois le point le plus réceptif à la chaleur diffusée comme si il sagissait d'un détecteur mais sans toucher la surface de la peau.

LES TIMBRES CHAUFFANTS (N° 644)

Il s'agit d'adhésifs à base de camphre et menthol qui fournissent et maintiennent la chaleur sur le point BQC. On les utilise surtout dans le cas d'affections anciennes ou chroniques. On doit les préférer aux essences liquides car les solutions aqueuses refroidissent la peau en s'évaporant, et on peut perdre l'effet désiré. Il existe plusieurs marques, et différentes tailles, mais nous considérons, après de multiples essais, ceux de la marque Salonpas™ comme les plus efficaces. Il faut couper des petits carrés d'environ 4 millimètres de côté et les appliquer sur les points BQC du schéma correspondant. On laissera les timbres chauffants 3 heures pendant le jour ou toute la nuit, si on les applique le soir.

Tous ces instruments et accessoires permettent le traitement d'un grand nombre d'affections, de façon simple par des personnes qui ne connaissent pas le Dien Chan. Du point de vue de la médecine occidentale, l'action de ces instruments sert à réguler le système circulatoire et le système nerveux périphérique. Ils stimulent la sécrétion du liquide lymphatique de façon à renforcer les défenses immunitaires.

Les schémas de réflexion

Lors de l'apprentissage du Dien Chan, les schémas de réflexion sont les premiers éléments à comprendre et à étudier. C'est la bonne connaissance des schémas de réflexion qui permettra aux néophytes de mémoriser et comprendre facilement les points BQC. L'élève doit acquérir de bonnes connaissances théoriques à l'aide des documents écrits ou visuels, mais il ne devra pas négliger l'apport essentiel des classes pratiques et théoriques. C'est grâce au constat avec les patients et à l'observation du travail des thérapeutes confirmés qu'il pourra atteindre la compréhension de la complexité de la méthode multirélexologique.

Observer comment le professeur docteur Bùi Quôc Châu, le docteur Bùi Minh Tâm, Bùi Minh Trí ou Bùi Minh Luan et d'autres thérapeutes et formateurs Dien Chan qui ont de l'expérience, combinent les techniques, les schémas et les outils, ouvre l'esprit de l'élève et le libère de certaines idées préconçues au moment du traitement.

Complexité et relativité

Les schémas de réflexion sont les graphiques qui représentent les zones de réflexion sur le visage ou sur le reste du corps. Leur multiplicité semble compliquée, car souvent ils se superposent, mais ils conservent une relation étroite et une articulation entre eux.

Les schémas de réflexion constituent la base sur laquelle s'appuient les théories particulières du Dien Chan. Le Dien Chan est une technique multiréflexologique complexe, mais elle n'est pas compliquée.

En revanche, nous parlerons de formules de traitement ou de diagrammes de soins, lorsque l'on fait référence aux cartes de points BQC sur lesquelles leur localisation est représentée (voir page 143).
Les formules de traitement qui apparaissent dans ce livre, ou dans d'autres publications et qui font référence au Dien Chan, ne sont jamais impératives ou uniques elles peuvent varier légèrement ou complètement selon :

- la gravité du trouble ;
- la réceptivité du patient, qui peut parfois avoir des schémas de réflexion bloqués, ou présenter des variations dans l'emplacement des points BQC ;
- l'expérience du thérapeute, sa compréhension personnelle de la théorie et des schémas peuvent l'inciter à générer de nouvelles formules de traitement.

En premier lieu, le débutant devra se concentrer sur l'apprentissage de la projection des schémas de réflexion sur le visage et de l'utilisation agile des outils du Dien Chan.
Ensuite il devra apprendre à localiser sur la carte générale (voir page 138) et à stimuler correctement les points BQC. Durant cette étape, l'étudiant en Dien Chan se contentera d'appliquer les formules qui lui sont données en essayant de réordonner les points de bas en haut s'il considère que la pathologie traitée est yin, et de haut en bas s'il pense qu'elle est plutôt yang. C'est une bonne façon d'étudier et de toujours comprendre comment la formule est construite. Les points BQC qui la composent ont toujours un sens. Il ne s'agit pas d'appliquer des suites numérologiques sans savoir pourquoi. Si vous obtenez de bons résultats avec une formule en particulier, étudiez-la ensuite en détaillant la raison de chaque point BQC. Les schémas de réflexions nous donnent souvent la réponse, mais dans de nombreux cas nous devrons alors consulter le tableau d'effets et indications du point BQC utilisé (voir page 183) afin de comprendre ce qui n'est pas évident sur les schémas.
Ensuite, grâce à l'expérience et à ses connaissances antérieures dans d'autre disciplines, le thérapeute pourra construire ses propres formules de soin, totalement adaptées au patient. Ces formules personnalisées ont des effets beaucoup plus profonds et durables.

Des schémas représentant des projections

J'ai dessiné les schémas de réflexion pour représenter le corps humain sur le visage, mais en incorporant toujours des concepts symboliques et esthétiques. Par exemple, le schéma n° 1 des extrémités sur le visage (voir page 80) représente le corps yang avec un homme gris foncé sur le ventre et le corps yin comme une femme gris clair sur le dos. Leur position est symbolique et illustre le fait que le yin englobe le yang. Cette première planche nous offre en fait deux schémas de réflexion combinés et supperposés. Nous les utiliserons séparément en ce qui concerne les zones non communes comme la tête, les yeux, le nez, la bouche, les poignets et les mains. Les genoux et les pieds du schéma yin (la femme gris clair) sont une prolongation vers la mâchoire du patient de ceux du schéma yang représentant un homme gris foncé.

Nous ne devons pas tenir compte du sexe pour nos traitements, nous devons tout simplement chercher sur l'une ou l'autre des représentations. Dans le cas du schéma de réflexion du corps de profil que nous appelons Rodin[1] (voir page 82), le personnage gris clair n'est pas nécessairement une représentation yin du corps humain. Dans ce cas la planche présente trois schémas de réflexion distincts avec tout de même des zones de réflexion des mains pratiquement superposées. À l'époque où j'utilisais des aiguilles d'acupuncture, la position exacte des points BQC était importante et cela m'a permis de déterminer avec précision la projection des différentes parties du corps sur le visage. Cependant, la pratique et l'utilisation les schémas de réflexion avec un détecteur ou un autre outil du Dien Chan nous permettent de trouver plus facilement les points et les zones à stimuler.

Toutes les illustrations, formules de traitement ou cartes de points BQC représentent le patient. Il ne s'agit pas d'un miroir : ce qui est à droite sur le dessin représente le côté gauche du visage du patient.

Ainsi, quand nous observons le point numéro 50, nous pouvons constater qu'il est à droite car le foie est à notre droite ; c'est pourquoi il est représenté sur le côté gauche de l'illustration. Son reflet, sur la gauche, porte le numéro 70 et est situé dans la zone de l'estomac.

1 Ce schéma du corps de profil rappelle la fameuse sculpture du *Penseur* d'Auguste Rodin (Paris 1840 - Meudon 1917). La sculpture est fondue en bronze et fut terminée en 1880.

1. CORPS YIN ET YANG SUR LE VISAGE
(SCHÉMA DES EXTRÉMITÉS)

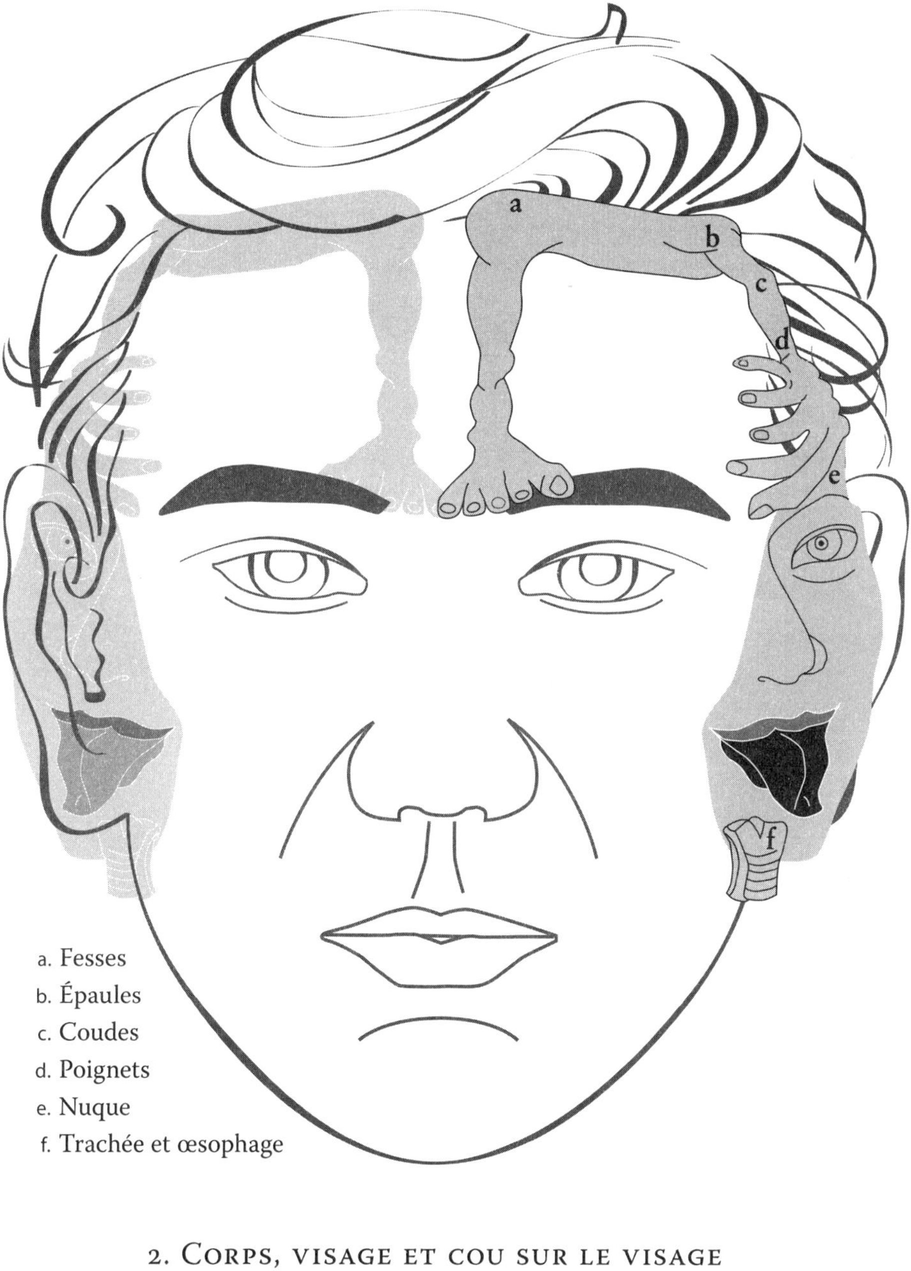

a. Fesses
b. Épaules
c. Coudes
d. Poignets
e. Nuque
f. Trachée et œsophage

2. CORPS, VISAGE ET COU SUR LE VISAGE
(SCHÉMA DE L'HOMONCULUS DE PENFIELD)

3. Corps sur le crâne et le profil
(schéma de Rodin)

3A. CORPS SUR LE PROFIL & CORPS SUR L'OREILLE

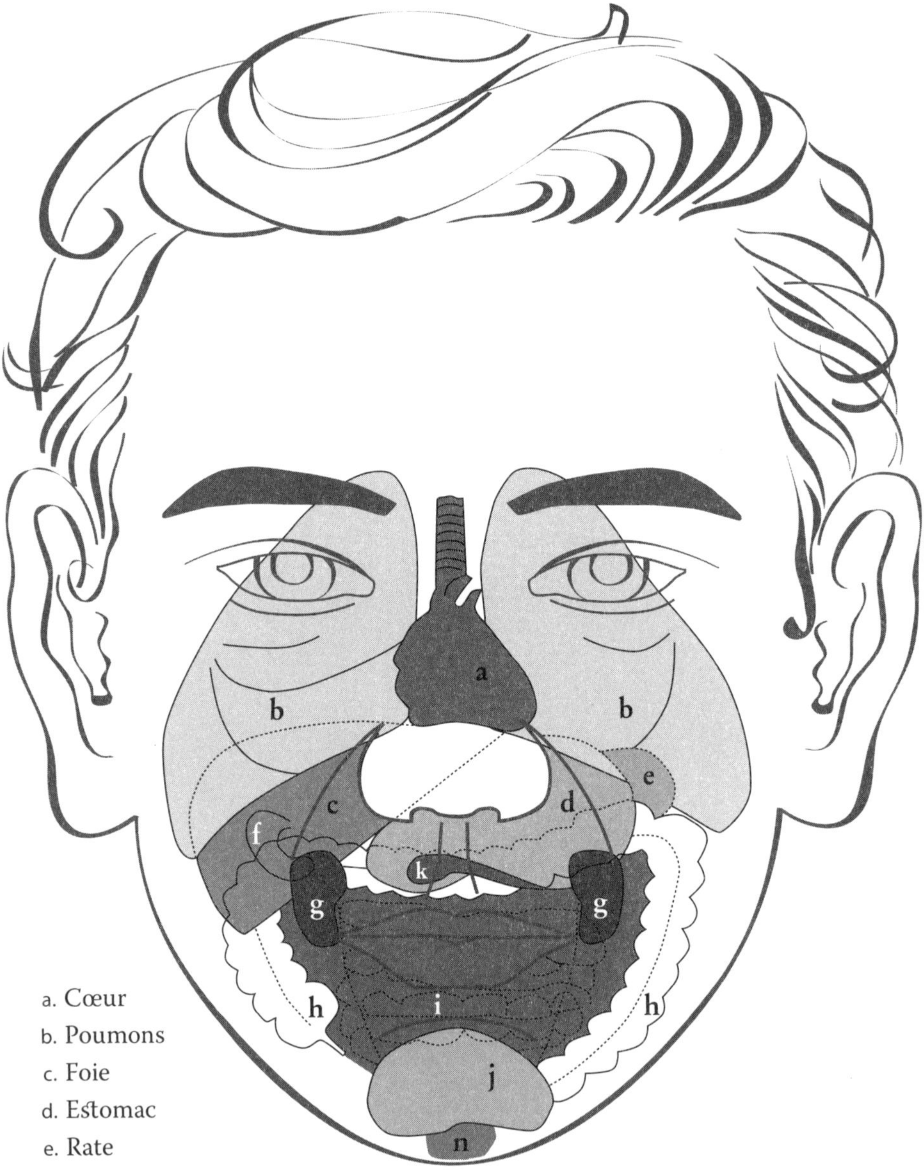

a. Cœur
b. Poumons
c. Foie
d. Estomac
e. Rate
f. Vésicule biliaire

4. Organes internes sur le visage

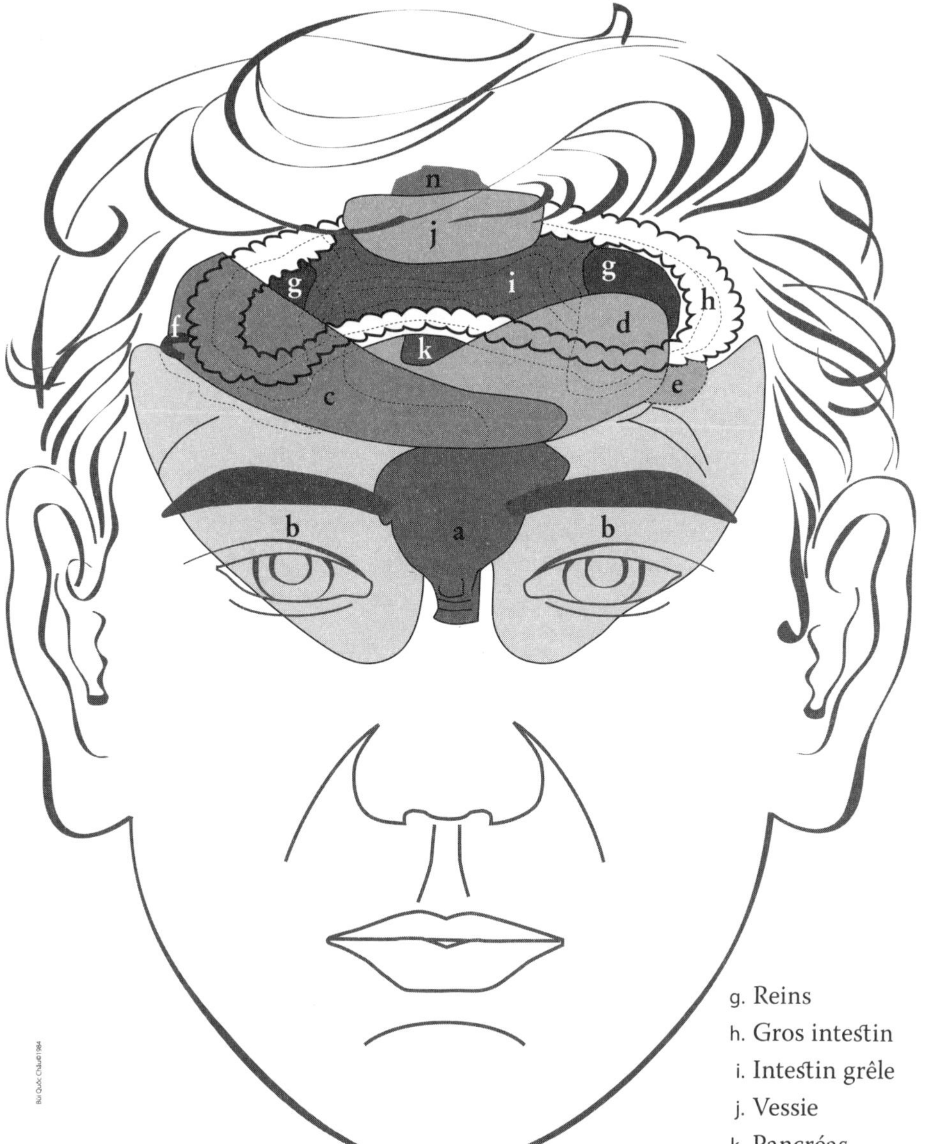

5. Organes internes sur le front

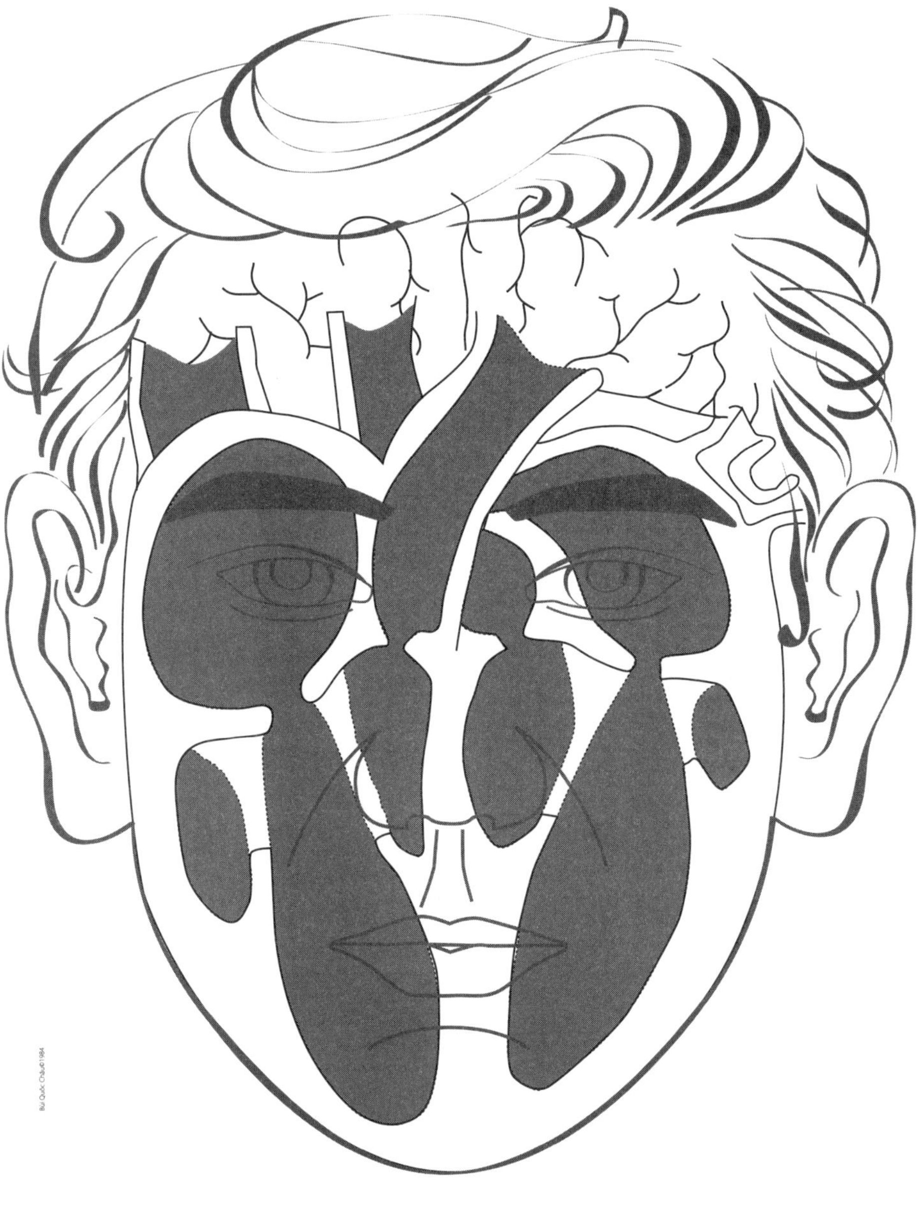

6. Cœur & cerveau sur le visage

7. Appareil reproducteur féminin sur le visage

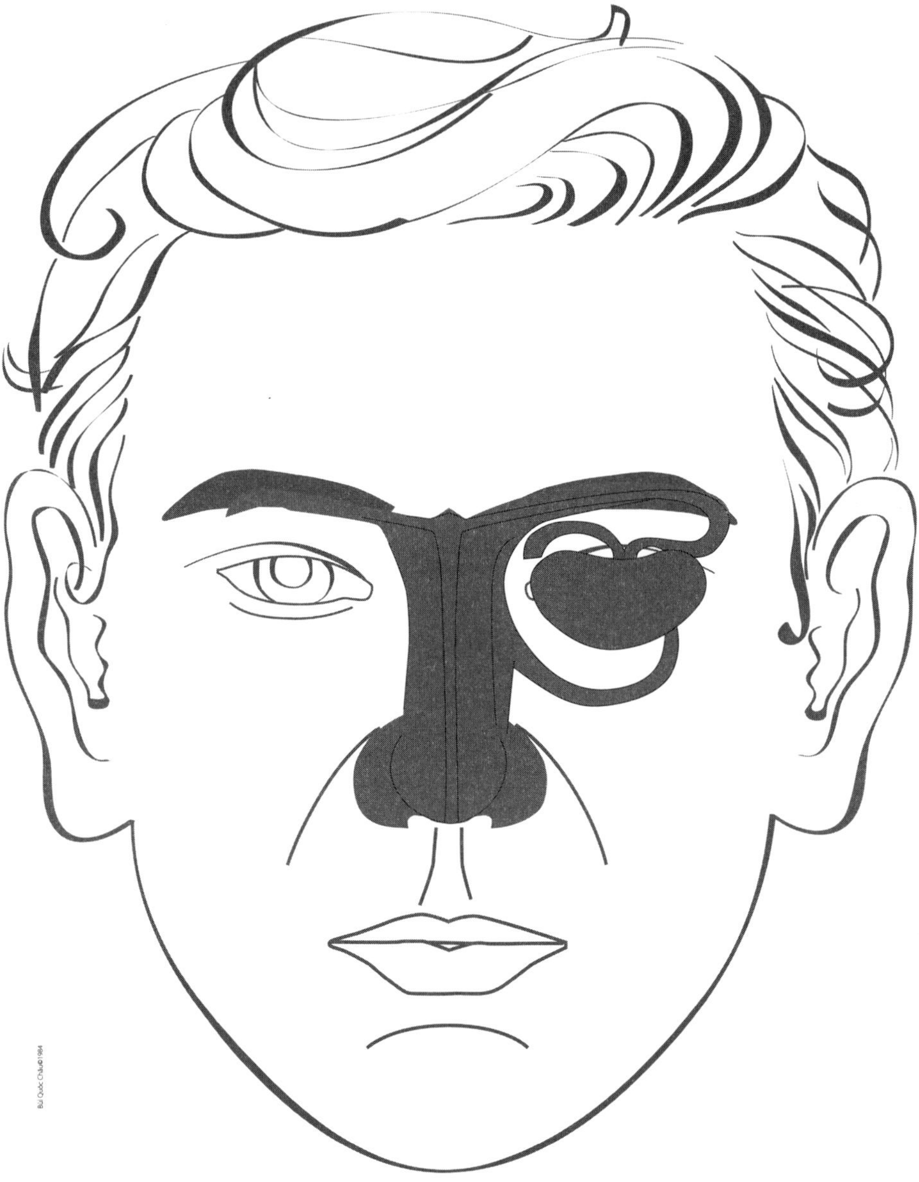

8. Appareil reproducteur masculin sur le visage

9. La carte de Taiji sur le visage
(le côté droit est yang - le côté gauche est yin)

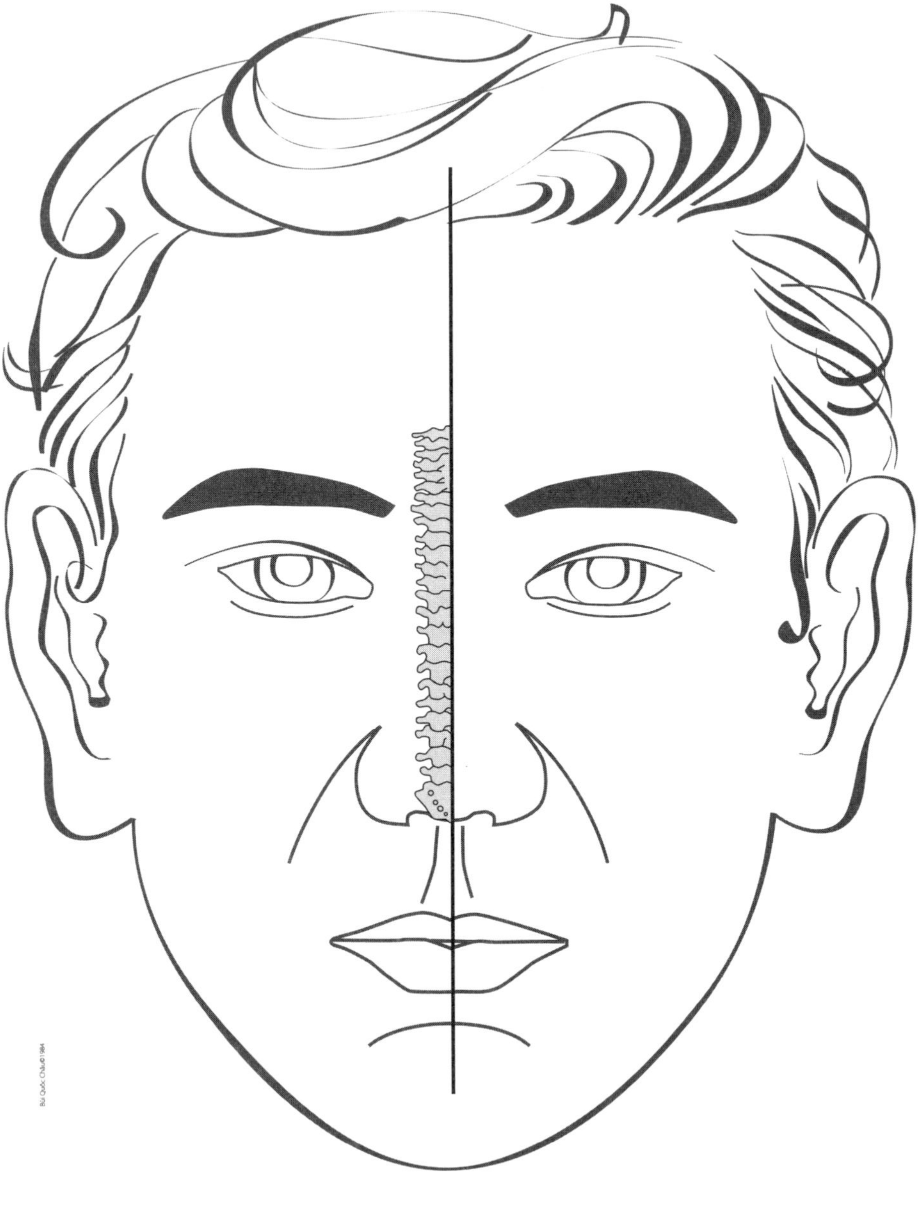

10. Colonne vertébrale sur le nez

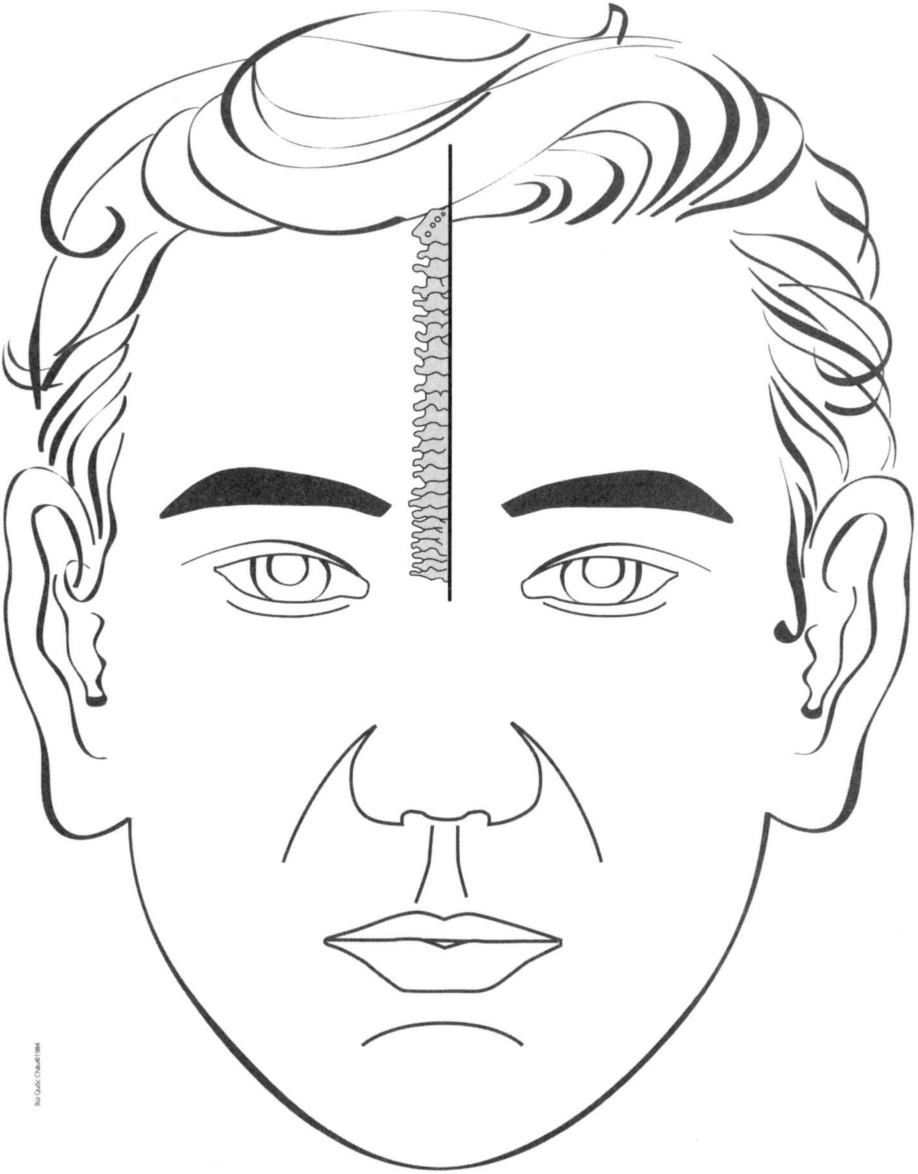

11. Colonne vertébrale inversée sur le front

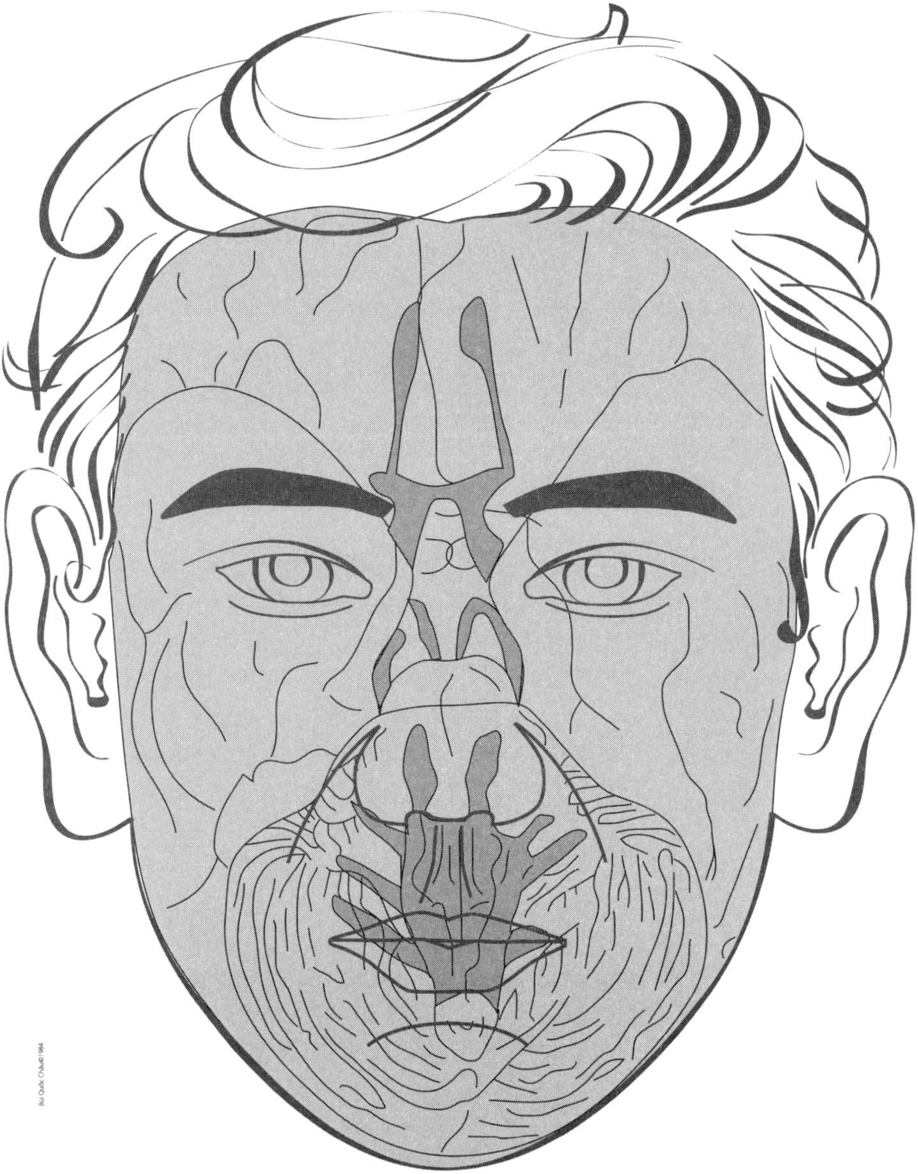

12. Cerveau sur le visage

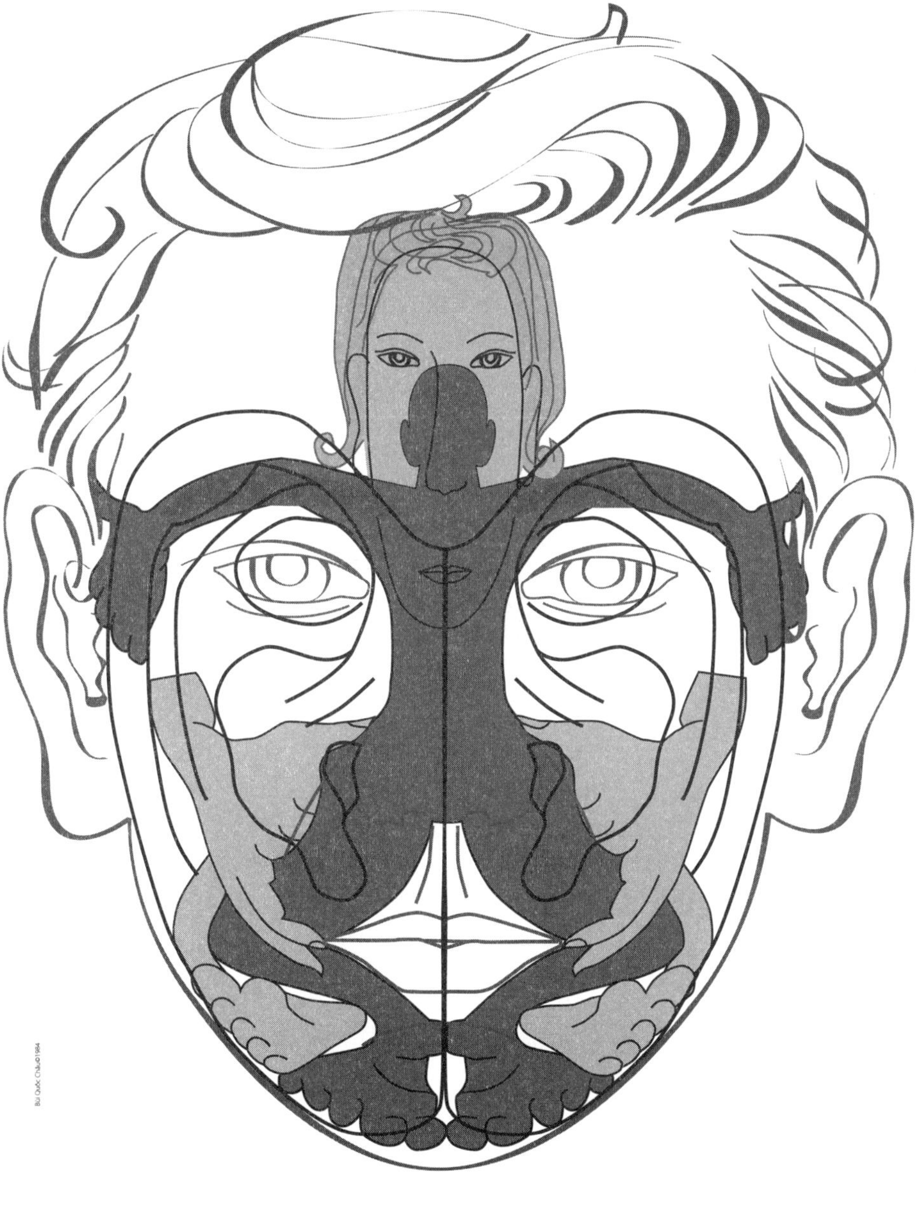

1A. OREILLES SUR LE VISAGE
& EXTRÉMITÉS SUR LES OREILLES

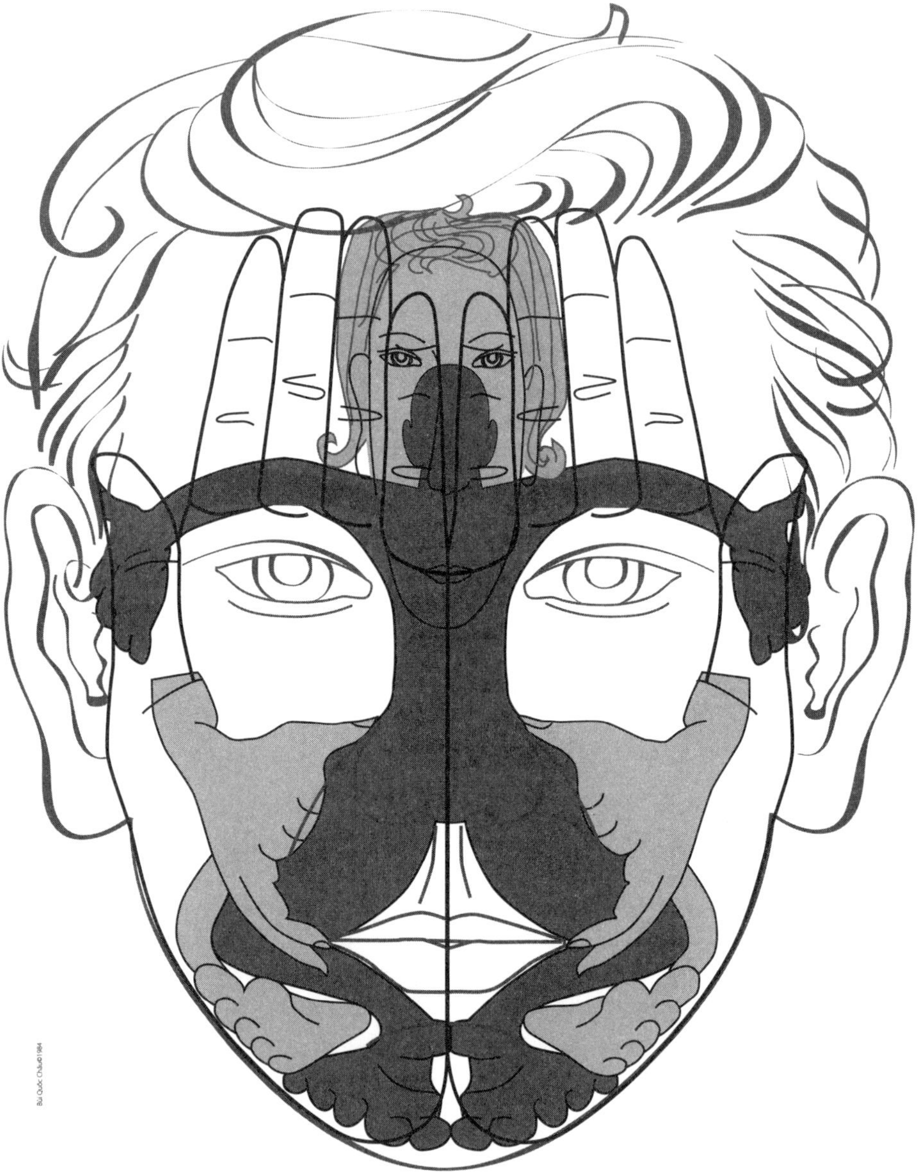

1B. Mains sur le visage
& Corps sur les mains

1c. Mains pliées sur le visage
& Extrémités sur les mains pliées

1D. Pieds sur le visage
& Extrémités sur les pieds

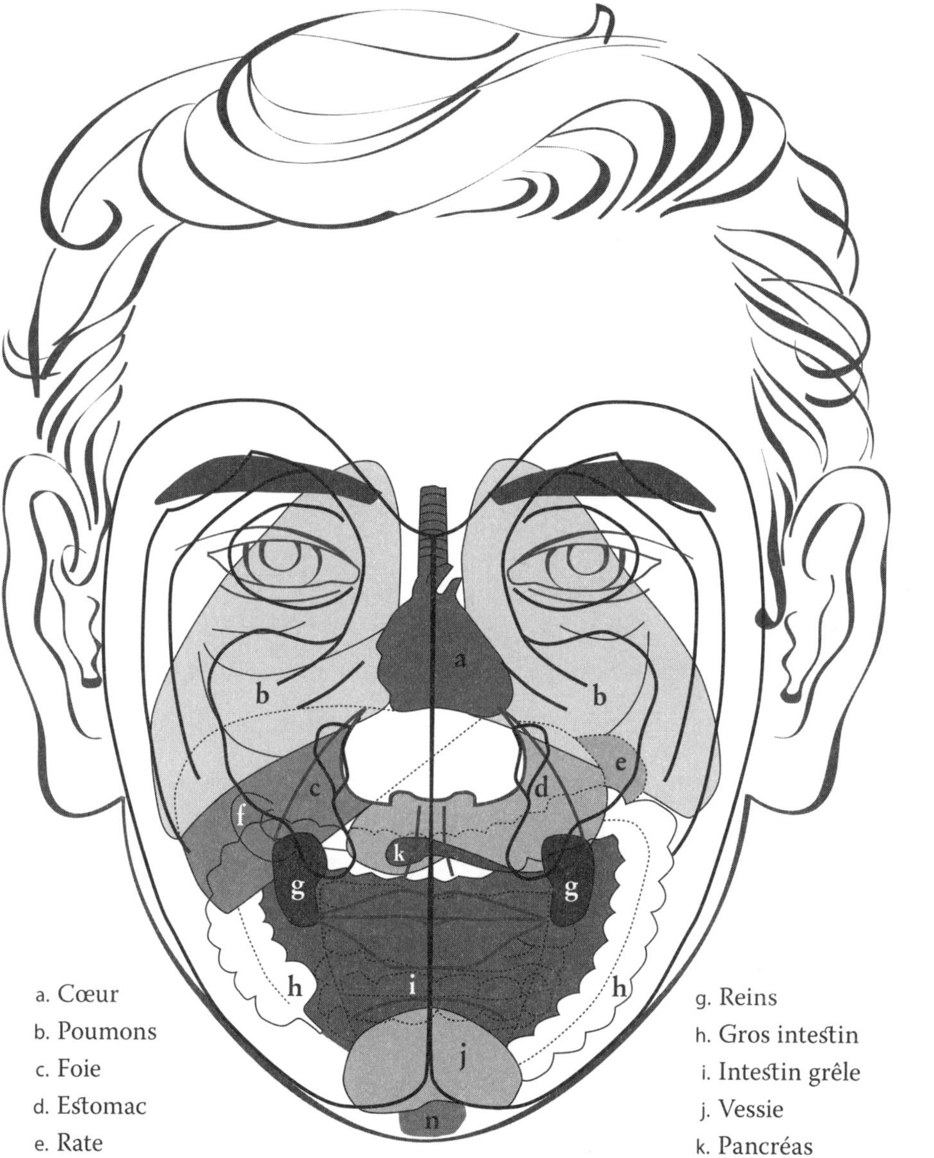

a. Cœur
b. Poumons
c. Foie
d. Estomac
e. Rate
f. Vésicule biliaire

g. Reins
h. Gros intestin
i. Intestin grêle
j. Vessie
k. Pancréas
n. Prostate

4A. Oreilles sur le visage
& Organes internes sur les oreilles

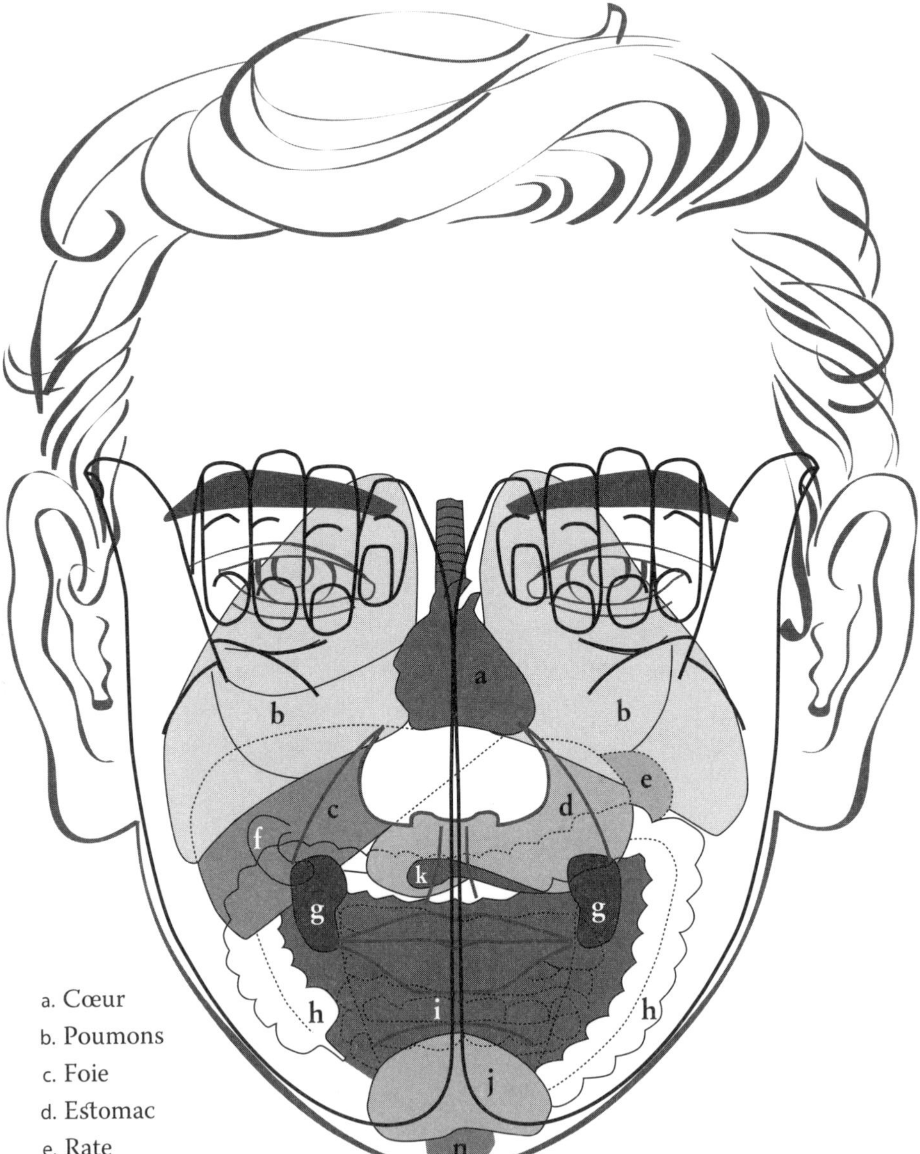

a. Cœur
b. Poumons
c. Foie
d. Estomac
e. Rate
f. Vésicule biliaire

4c. Mains pliées sur le visage
& Organes internes sur les mains pliées

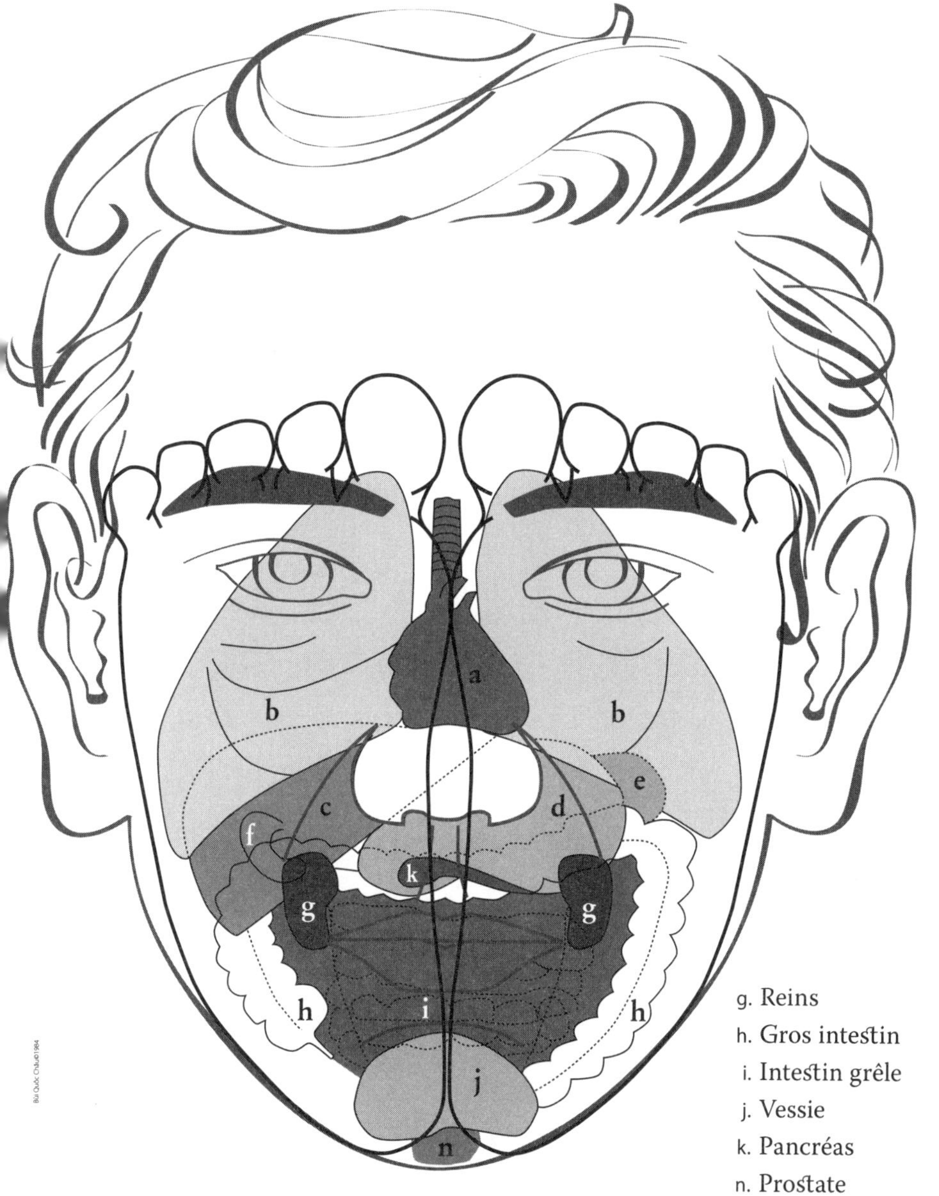

g. Reins
h. Gros intestin
i. Intestin grêle
j. Vessie
k. Pancréas
n. Prostate

4D. PIEDS SUR LE VISAGE
& ORGANES INTERNES SUR LES PIEDS

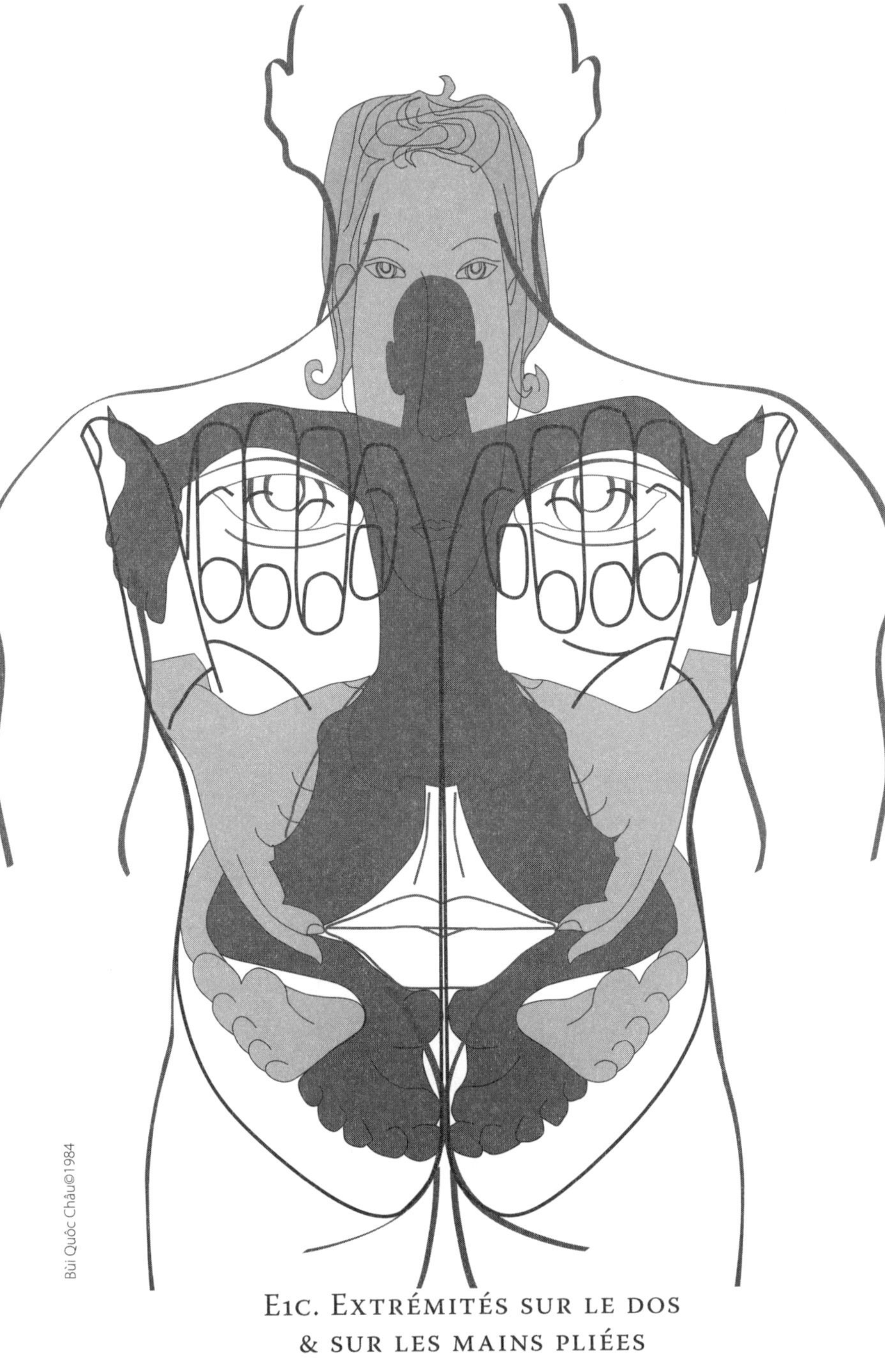

E1C. EXTRÉMITÉS SUR LE DOS
& SUR LES MAINS PLIÉES

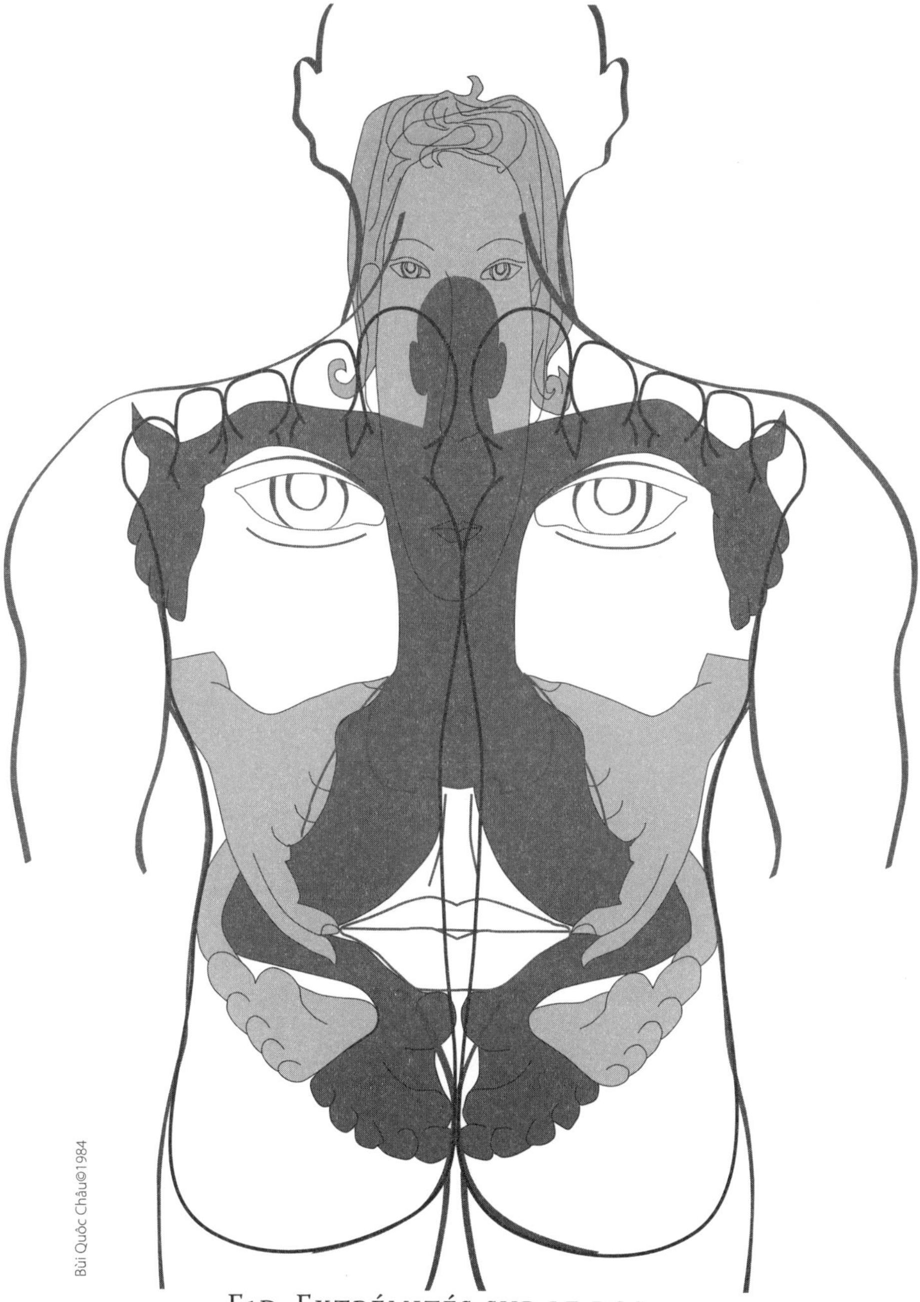

E1D. EXTRÉMITÉS SUR LE DOS & SUR LES PIEDS

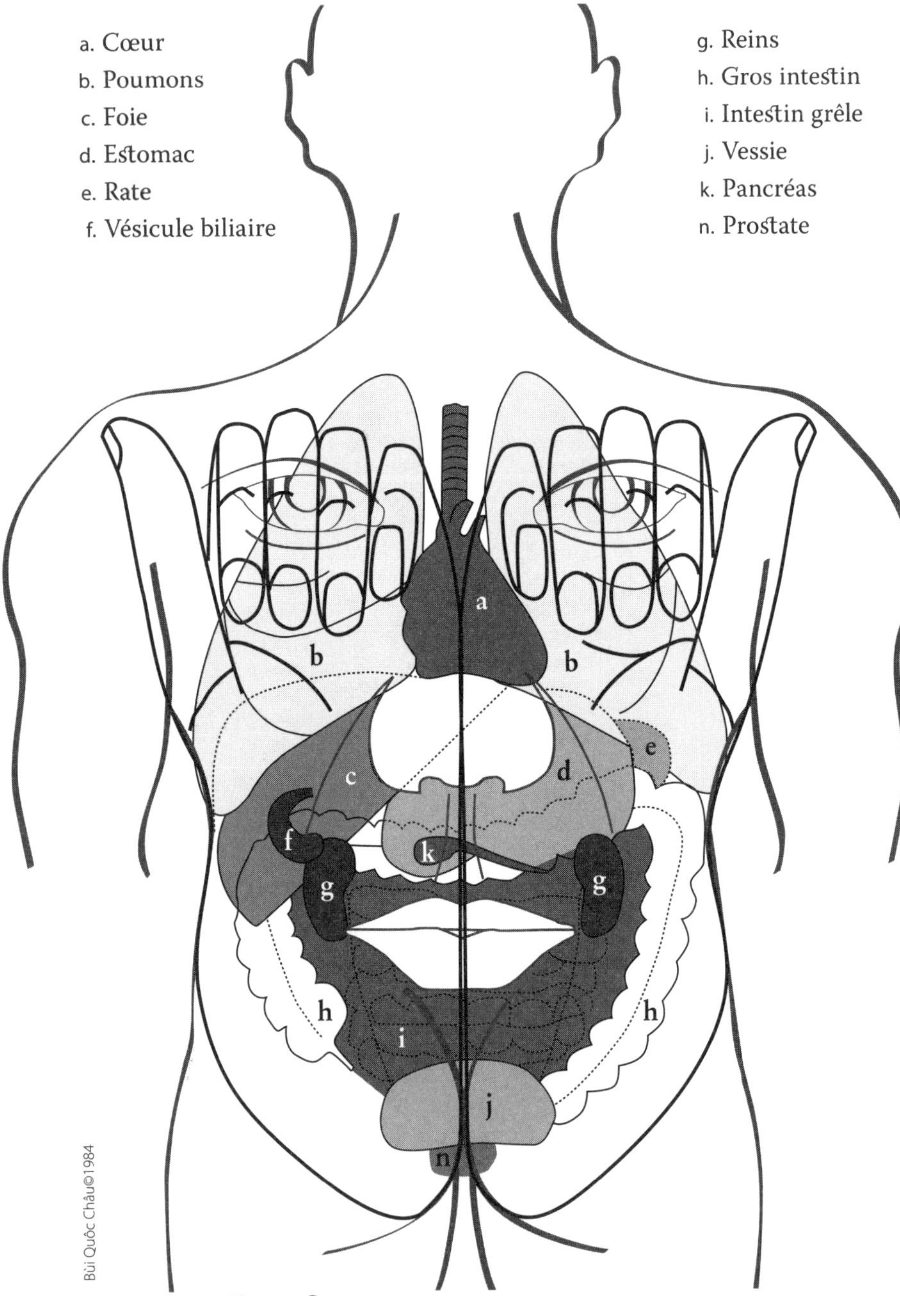

E4c. Organes internes sur le dos & sur les mains pliées

a. Cœur
b. Poumons
c. Foie
d. Estomac
e. Rate
f. Vésicule biliaire

g. Reins
h. Gros intestin
i. Intestin grêle
j. Vessie
k. Pancréas
n. Prostate

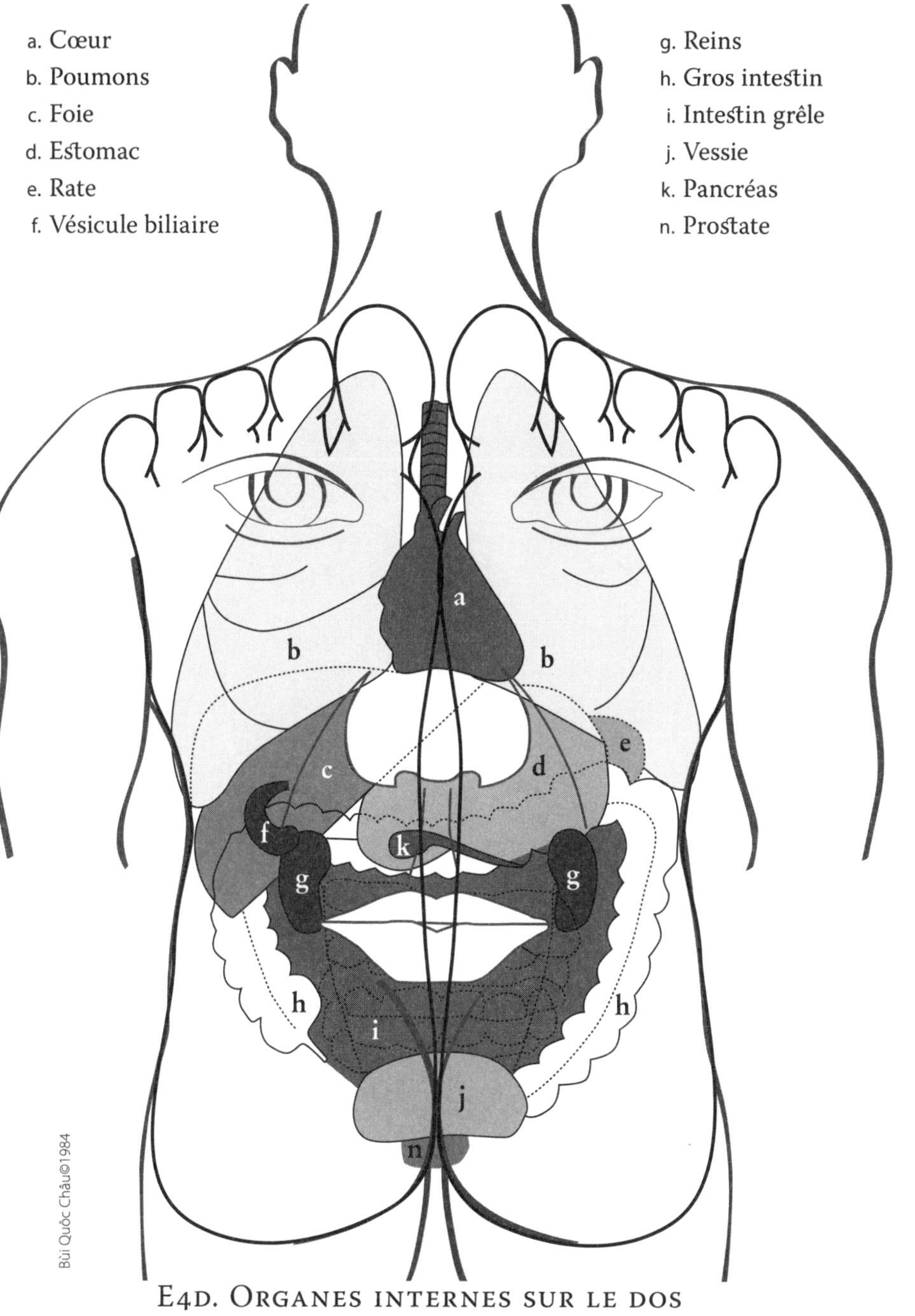

E4D. ORGANES INTERNES SUR LE DOS & SUR LES PIEDS

Les massages multiréflexologiques

Les massages du visage que je vous propose s'avèrent très efficaces pour conserver la santé et la jeunesse. Ils aident à prévenir les affections, à améliorer la tonicité de la peau et du corps en général et à prolonger la jeunesse de l'organisme de manière globale. La pratique de ces massages tous les matins, au saut du lit, nous invite à maintenir une attitude de prévention et une philosophie de vie fondée sur l'autorégulation. Beaucoup de ces massages existent déjà dans le *Tai-Chi* et dans d'autres techniques orientales, mais le Dien Chan leur donne un sens à la fois précis et global, en expliquant les actions et les effets par les schémas de réflexion et les vérifications cliniques. De même, grâce à mon expérience, aux témoignages de mes élèves et à ceux de mes patients, je vous les propose dans l'ordre le plus cohérent et le plus efficace.

Les douze massages du matin

Tous ces exercices doivent être répétés entre dix et trente fois selon l'état physique de chacun. Ce n'est pas le nombre de fois ou le temps dédié à chaque massage qui a de l'importance mais le fait de sentir la chaleur et le Qi circuler. Si nous ressentons la chaleur rapidement nous pouvons en déduire que nous sommes de tendance yang. Pour une personne à tendance yin, il est conseillé d'utiliser plutôt la main droite et de faire environ trente répétitions, tous les jours.

Massage 1

Se chauffer les mains en les frottant l'une contre l'autre quelques instants; ensuite appliquer les paumes sur les yeux jusqu'à ce que la chaleur se dissipe. *Éclaircit la vision, agit sur les ovaires et les testicules.*

Massage 2

Avec le majeur de chaque main, réaliser des mouvements circulaires en frottant en partant de la base du nez, en montant, jusqu'aux sourcils, et en tournant autour des yeux. *Correspond à un massage de la vessie et traite les troubles de la vision. Permet aussi de lutter contre l'impuissance et la descente d'organes. Prévient la rhinite et la sinusite.*

Massage 3

Avec la paume des mains, masser le visage au moyen de mouvements circulaires depuis le menton jusqu'au front tout en évitant le nez. *Réchauffe le corps et améliore la peau du visage.*

Massage 4

Poser la paume de la main sur la bouche, l'index sous le nez et le pouce en l'air, puis effectuer un massage horizontal. Le faire rapidement; main bien à plat. *Réchauffe le corps et masse tous les organes internes. Stimule aussi le système endocrinien et l'appareil reproducteur.*

Massage 5

Avec trois doigts (l'index, le majeur et l'annulaire), frotter de la pointe du nez jusqu'à la naissance des cheveux, dans les deux sens. Toujours finir en haut afin de faire monter l'énergie et éviter les problèmes d'érection et de descente d'organes. Le faire avec une main, puis avec l'autre jusqu'à ce que l'on ressente la chaleur. *Correspond à un massage le long de la colonne vertébrale. Revitalise l'appareil reproducteur.*

Massage 6

Masser horizontalement le front avec la main droite, ensuite avec la main gauche. *Correspond à un massage du dos et de tous les organes internes. Combat les rides, détend le système nerveux et stimule le cerveau et la mémoire.*

Massage 7

Avec l'index et le majeur de chaque main ouverts en « V », frotter vivement de chaque côté en même temps, le devant et le derrière de l'oreille. On doit ressentir la chaleur le long des pattes-d'oie. Ce massage a un effet chauffant, les personnes de nature yang devront l'éviter ou le pratiquer avec modération. *Réchauffe la gorge, massage du dos, des yeux et de la langue. Régule la tension artérielle. Aide à lutter contre les rides du cou et aussi contre le rhume, la sinusite et les rhinites.*

Massage 8

Ouvrir largement les mains puis faire un massage en allant du menton jusqu'à la base du cou, toujours dans le même sens, avec une main, puis avec l'autre. *Dégage les muqueuses, lutte contre le goitre bénin, les rides du cou et lubrifie les mucosités. Bon contre la crise d'asthme.*

Massage 9

Masser énergiquement la nuque avec la main droite, puis la gauche. Ce massage a un effet chauffant. *Remonte le moral, donne du courage, est antidépresseur et détend la nuque et les cervicales. Prévient des rhinites et des torticolis. Ce massage active le flux énergétique du méridien de la vessie.*

Massage 10

Avec la pointe des doigts, effectuer un massage du cuir chevelu allant du front jusqu'à la nuque, puis des tempes jusqu'à la nuque. *Un moyen efficace de lutter contre l'alopécie, les pellicules, les maux de tête et l'insomnie.*

Massage 11

Masser vivement l'ensemble des oreilles en tordant les pavillons. Placer ensuite les paumes des mains sur les oreilles et marteler l'occiput avec les doigts posés sur l'arrière de la tête. Les doigts des deux mains tapotent l'arrière de la tête, ce qui entraîne un effet de ventouse sur les oreilles. *Cela équivaut à « Battre le tambour céleste » qui correspond à un massage de l'appareil auditif, du cerveau, des reins et de l'estomac. Ce massage aide aussi à lutter contre les pertes de mémoire.*

Massage 12

Avec la bouche fermée, claquer des dents. Tourner ensuite la langue en touchant les gencives et, ainsi, saliver abondamment. Ensuite avaler la salive. *Ce massage consiste à avaler le « fluide de jade » un anticorps naturel. C'est un massage yin qui harmonise les précédents et très bon pour la gorge et l'estomac. Il aide aussi à lutter contre l'arthrose et les rhumatismes. Très bon pour les articulations, pour la beauté de la peau, pour combattre les herpès et aide à rajeunir.*

Si on ne ressent pas de chaleur pendant les douze massages, ne pas s'inquiéter, car on commencera à ressentir leurs effets au bout d'une semaine, le Qi aura augmenté durant les premières séances.
Pour un personne à tendance yang, on utilisera plutôt la main gauche pour faire les massages. Cela peut sembler en contradiction avec la médecine traditionnelle chinoise qui désigne le côté droit du corps comme étant yin. En Dien Chan nous considérons l'action de la main droite sur le visage comme étant yang et celle de la main gauche comme yin. Ce sont mes expériences cliniques qui m'ont permis de constater les effets yang de la main droite sur le visage de mes patients ainsi que dans la stimulation des points BQC (schéma du *Taiji*, voir page 89).
En règle générale on passera au massage suivant dès que l'on ressent la chaleur. Il ne sera donc pas nécessaire de pratiquer ces massages tous les jours. Chacun est libre de développer ses propres variantes, par exemple en mouillant une serviette dans de l'eau chaude et en

se frictionnant le cou, la nuque et le visage. Cela n'aura pas exactement les mêmes effets, mais pourra convenir à certaines personnes. Cependant, cette pratique peut entraîner un assèchement de la peau, surtout en hiver.

Il est important de commencer à pratiquer chacun des massages en étant à l'écoute de son corps, de ses réponses et de ses réactions quotidiennes. Alors, on adaptera chaque massage à ses besoins et selon l'état de santé dans lequel on se trouve.

Les deux massages principaux, pour les plus paresseux et ceux qui ne disposent pas d'assez de temps le matin, sont le n° 7 (yang) et le n° 12 (yin). Ces deux massages sont complémentaires et rééquilibrent rapidement le corps au réveil.

Les adolescents n'ont pas autant besoin des douze massages matinaux que les adultes, excepté en hiver pour se protéger des rhumes (massage n° 7) ou devant une situation tendue comme un examen ou une présentation en public (massage n° 9).

Il est possible de réaliser certains de ces massages le soir avant d'aller se coucher, mais il faudra en éviter certains autres qui pourraient vous empêcher de dormir correctement. Pour cette raison je vous propose plutôt les massages suivants qui sont plus adaptés au soir.

Le soir avant d'aller dormir

Massage 13

Peigner le cuir chevelu avec le grand râteau depuis le front jusqu'à la nuque. Le faire doucement environ cinquante fois. *Ce massage doux est très efficace contre l'alopécie car il stimule l'irrigation sanguine du cuir chevelu. Il a aussi un effet relaxant sur le système nerveux. S'utilise souvent avant de commencer à traiter un patient tendu afin de le détendre. S'il vous semble que ce massage vous réveille, évitez-le, et faites-le le matin.*

Massage 14

Frotter vivement les plantes des pieds, l'une contre l'autre jusqu'à ce qu'elles se réchauffent. Effectuer ensuite un massage de la partie supérieure de chaque pied avec l'autre pied jusqu'à ce qu'ils acquièrent une certaine élasticité. Puis masser les orteils avec les doigts jusqu'à ce qu'ils se réchauffent. *Les patients qui souffrent d'insomnie aiguë peuvent réaliser ce massage avec une boule de santé (n° 432). Efficace aussi contre les mictions fréquentes, pour réguler de la tension artérielle et aussi traiter l'œdème.*

Tous ces massages quotidiens ont pour but de rééquilibrer notre corps et d'augmenter nos défenses naturelles. Il est important d'observer de très près les signes et les réactions du corps durant une période d'essai d'au moins 3 semaines.

Ces exercices proposés le matin étant principalement yang, des manifestations excessivement yang peuvent apparaître (chaleur, maux de tête, augmentation de la pression artérielle, apparition de boutons). Dans ces cas-là, arrêter aussitôt les massages et pratiquer le massage n° 12 qui consiste à avaler la première salive du matin et qui est de nature yin.

Le thérapeute devra recommander et enseigner ces massages à ses patients. Les traitements futurs seront d'autant plus efficaces sur les patients qui auront appris à stimuler leur Qi et leur visage. N'hésitons pas à leur montrer les schémas de réflexion auquel chaque massage fait référence afin de les aider à s'en souvenir plus aisément.

Le massage des 6 zones ou réflexo-drainage

Le système lymphatique a pour but d'éliminer les toxines et de maintenir en forme le système immunitaire. La circulation lymphatique est liée à la circulation sanguine, bien qu'à la différence du sang, la lymphe ne circule pas uniquement dans le sens des organes vers le cœur. Le système lymphatique fonctionne comme un appareil d'épuration ou de nettoyage, mais il joue aussi un rôle protecteur de l'organisme. Son effet est visible sur la peau puisqu'il active et améliore la micro-circulation, évitant la rétention des liquides. La lymphe est un liquide transparent et d'aspect laiteux, riche en globules blancs qui combattent les infections. Elle circule grâce à un réseau de conduits qui recouvrent tout le corps et aboutit dans des collecteurs et des troncs lymphatiques, pour finalement s'incorporer dans le courant circulatoire. La lymphe apporte oxygène et nutriments aux cellules et réduit les résidus métaboliques ainsi que les toxines. Il faut garder à l'esprit que la majorité des traitements réflexologiques augmentent l'irrigation, ce qui se traduit par une amélioration de l'apport nutritif et de l'oxygène sur la zone traitée.

Les 6 zones du réflexo-drainage

La découverte du réflexo-drainage a permis d'augmenter les effets des traitements du Dien Chan et de diminuer la durée du traitement. Il est recommandé d'utiliser ce massage avant les formules de traitement, lorsque la personne présente une affection grave ou chronique, ou une grande fatigue générale. Le réflexo-drainage se posera alors comme les fondations du traitement.
Contrairement au drainage lymphatique manuel, le réflexo-drainage ne présente pas de contre-indication. Il s'agit d'un massage multi-réflexologique qui se base sur plusieurs schémas de réflexion du Dien Chan. Il s'inspire du drainage lymphatique manuel en n'agissant que sur le cerveau qui se charge alors de diriger le Qi vers les zones stimulées sans toucher aux ganglions lymphatiques directement.
Par exemple, dans un cas d'hémiplégie, vous pourrez effectuer d'abord le réflexo-drainage puis détecter les points vivants le long des sourcils, qui correspondent aux bras (schéma n° 1, voir page 80), puis ceux qui sont le long du pli naso-génien et qui correspondent aux jambes (voir page 80). Le traitement durera environ 15 minutes.
Contrairement au drainage lymphatique manuel qui agit sur tout le corps, nos stimulations travaillent les zones réflexes sans possibilité de créer un blocage parce qu'elles jouent uniquement sur le système lymphatique au niveau cérébral.
On peut commencer par le côté gauche (yin) ou bien avec les deux mains à la fois. Ci-dessous, vous trouverez les étapes du réflexo-drainage qui décrit, entre parenthèses et grâce aux points BQC, le parcours de chaque massage. On utilisera un outil Dien Chan comme le gros détecteur (n° 119), le bâton de massage (n° 424) ou « la comète » (n° 124), outil muni d'un simple détecteur d'un côté (pour réchauffer) et d'un

triple détecteur de l'autre (pour rafraîchir). Si on pratique le réflexo-drainage avec l'embout en inox du détecteur, on augmente son efficacité. Si on ne possède pas d'outils Dien Chan, on peut aussi utiliser nos doigts ou un objet avec une tête ronde et lisse, mais l'efficacité du massage sera amoindrie.

Chaque stimulation doit se faire une trentaine de fois en exerçant une légère pression.

Étape n° 1

Massage de la zone jugulaire interne droite et gauche jusqu'à la sous-clavicule droite et gauche du visage (du point 65 jusqu'au point 12).

Étape n° 2

Massage sur le nez (du point 26 au point 173).

Étape n° 3

Massage des ailes du nez (du point 61 au point 64).

Étape n° 4

Massage le long du rictus jusqu'à la commissure de la bouche (du point 61 au point 222).

Étape n° 5

Massage du menton (du point 159+ au point 159-).

Étape n° 6

Massage du contour des oreilles (du point 16 au point 14 en passant approximativement par les points 15, 54 et 55 qui se situent derrière l'oreille, puis retour vers le point 16).

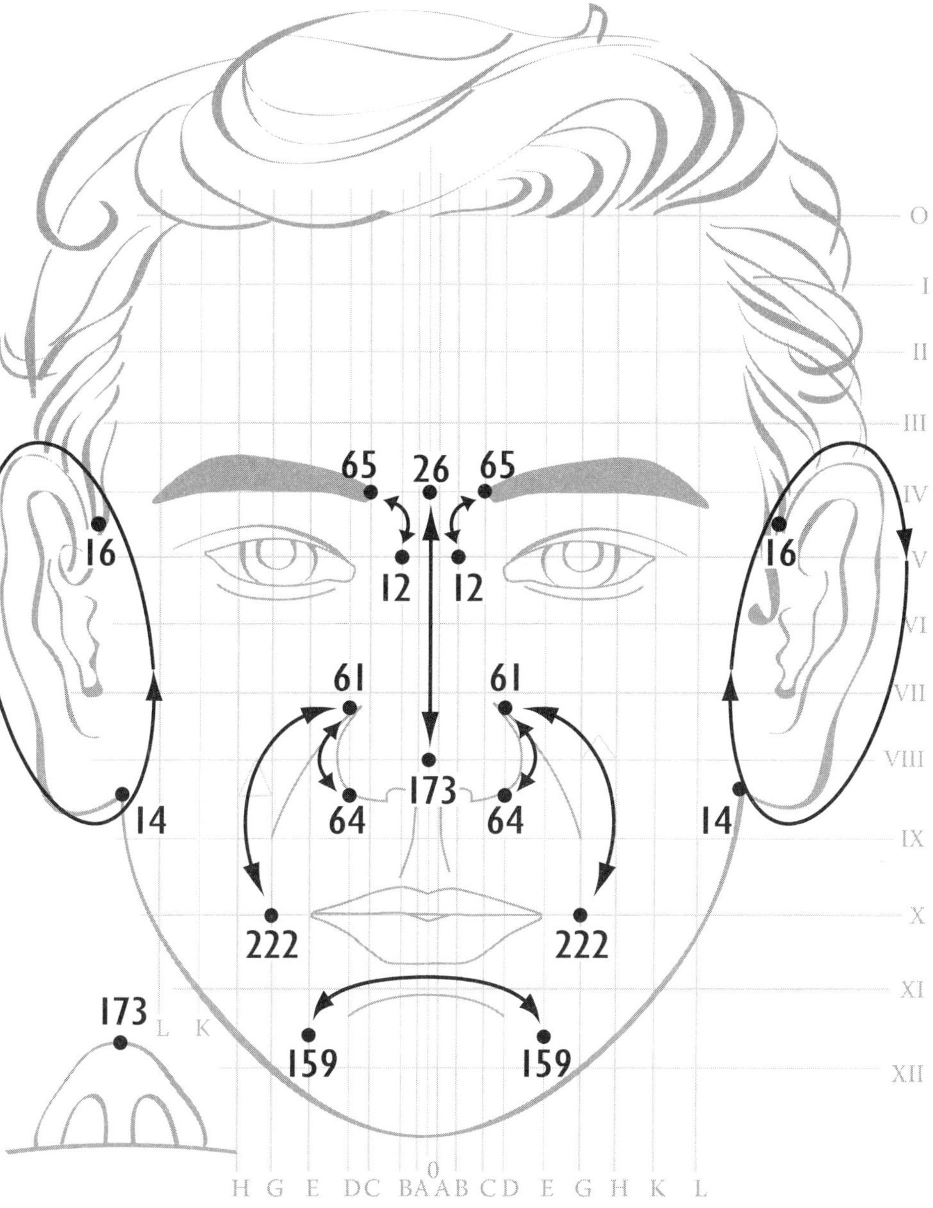

Carte de face des 6 étapes du réflexo-drainage

Plusieurs effets constatés

- Améliore l'irrigation cérébrale et celle de la mœlle épinière.
- Antiallergique.
- Antibiotique.
- Antispasmodique.
- Antivieillissement, renforce le système immunitaire.
- Augmente la libido.
- Augmente le Qi.
- Calme et facilite le sommeil.
- Désintoxication générale.
- Facilite la perte de poids.
- Liquéfie les mucosités.
- Lubrifie les articulations.
- Renforce la peau et les muscles.
- Renforce le fœtus.
- Réchauffe le corps.
- Régulation des articulations du corps.
- Régule la circulation sanguine.
- Régule le rythme cardiaque et la tension artérielle.
- Régule les sécrétions (sueur, salive, urine).
- Régule le système lymphatique (taux de globules blancs).
- Régule le système nerveux.
- Régule l'intestin grêle.
- Résorbe les hématomes.

Indications

- Angine de poitrine.
- Asthme.
- Calculs rénaux.
- Callosités.
- Cauchemar et somnambulisme.
- Cholestérol.
- Constipation.
- Contusion.
- Diarrhée.
- Dégénérescence de la cornée.
- Démangeaison.
- Eczéma.
- Épilepsie.
- Étourdissement et fatigue.
- Excréments odorants.
- Fœtus faible.
- Goutte.
- Grippe.

- Hyperactivité de la vessie.
- Hypermétropie.
- Hypertension.
- Hypertension dans les yeux.
- Hémiplégie.
- Hémorroïdes.
- Hépatite.
- Infection du colon.
- Infection purulente.
- Infection urinaire.
- Ivresse.
- Lupus et lupus rouge.
- Mal au dos.
- Mal de mer.
- Maux de tête.
- Miction difficile.
- Obésité.
- Œdèmes.
- Paralysie faciale.
- Peau du visage endommagée.
- Perte de libido et impuissance.
- Perte d'appétit et anorexie.
- Problèmes articulaires des doigts.
- Problèmes testiculaires.
- Psoriasis.
- Relâchement des muscles.
- Relâchement des seins.
- Rhinites et bronchite.
- Rhumatisme.
- Ronflement.
- Sciatique.
- Somnolence et insomnie.
- Syndrome prémenstruel.
- Tabagisme et intoxication.
- Toux sèche.
- Transpiration excessive.
- Trouble odontologique.
- Urine foncée et forte.

Avertissements

Le réflexo-drainage est recommandé une fois par jour, le soir ou le matin et surtout avant un traitement. En cas d'affection grave, nous pourrons l'appliquer au maximum trois fois par jour. Il n'y a pas de contre-indication en cas d'hypotension et c'est un bon régulateur de la température du corps et de la tension artérielle.

Une personne jeune ne doit pas réaliser ce massage tous les jours (sauf en cas de traitement) car cette technique est très puissante et risque de trop augmenter l'énergie yang de son corps. Ceci pourrait entraîner une sensation de chaleur intense et l'apparition de boutons sur le visage ainsi qu'une constipation. Dans ce cas, nous devrons utiliser une formule de point BQC afin de diminuer l'énergie yang :

26. 3. 143. 39. 38. 85. 51. 14. 15. 16.

Si le réflexo-drainage provoque des palpitations, omettre les deux premières séquences, car la zone stimulée au niveau du nez correspond au cœur.

On peut aussi placer des timbres chauffants sur toute la représentation du couloir lymphatique sur le visage et les laisser agir pendant environ deux heures.

Les femmes enceintes de moins de trois mois ne doivent pas pratiquer le réflexo-drainage. En revanche, à partir du quatrième mois et jusqu'à la fin de la grossesse, ce massage est très bénéfique pour le fœtus et la maman. Dans le cas où le fœtus ne bouge pas, vous constaterez que le massage des six zones le stimulera.

Pour une personne en bonne santé, mieux vaut ne pas pratiquer ce massage car il est très puissant et pourrait provoquer un déséquilibre dans un corps déjà équilibré.

Dans tous les cas, il est important d'être à l'écoute de son corps ou de la personne à qui on applique le réflexo-drainage ou massage des six zones réflexes.

Les micro-systèmes multiréflexologiques

Grâce à de nombreuses études cliniques et à l'application des huit principes (ou règles d'activation) du Dien Chan, nous avons établi, avec mes élèves thérapeutes, la liste suivante de micro-systèmes de réflexion. On pourra les aborder indifféremment avec plusieurs outils jusqu'à ce que l'on obtienne le résultat désiré. Ces micro-systèmes ne sont qu'une illustration à la fois de la complexité et de la simplicité que peut comporter l'application des principes du Dien Chan. La liste propose les micro-systèmes les plus utilisés, chacun étant libre ensuite de rechercher et de vérifier d'autres micro-systèmes. Cette liste pourrait être infinie.

Système 1 : reflets de la tête

- *le poing:* la tête.
- *le talon:* la tête.
- *l'extrémité du doigt majeur:* le sommet du crâne.
- *autour du point 26:* l'occiput.
- *la partie de la main sous l'auriculaire:* l'occiput.

Système 2 : reflets du cerveau

- *le front:* le lobe frontal.
- *le filtrum*[1]*:* le bulbe rachidien.

1 Dépression verticale entre le nez la lèvre.

- *le menton:* le cervelet.
- *la paume de la main droite:* l'hémisphère gauche.
- *la paume de la main gauche:* l'hémisphère droit.
- *les lignes de la main:* les circonvolutions cérébrales.
- *le menton:* le lobe occipital.
- *le nez:* le sommet du cerveau (canal de Roland).

Système 3 : reflets de la nuque

- *la partie dorsale du poignet:* la nuque.
- *le côté palmaire du poignet:* le cou (gorge et trachée).
- *le talon d'Achille:* la nuque.
- *la partie de la main sous le auriculaire:* l'occiput et la nuque.

Système 4 : reflets du larynx, de la trachée et des bronches

- *la pointe et les ailes du nez:* le larynx.
- *la crête et les ailes du nez:* la trachée.
- *les sourcils:* les bronches.

Système 5 : reflets des parties du visage

- *l'interstice entre le pouce et l'index:* la bouche.
- *le pli inter-phalange des auriculaires:* la bouche.
- *la pointe des doigts de la main:* les dents.
- *la face intérieure du pouce:* la langue.
- *le pouce:* le nez.
- *la dépression antérieure de la malléole*[1] *externe de la cheville:* les yeux.
- *la malléole externe de la cheville:* l'os mastoïde du crâne.
- *le trou créé par le pouce et l'index quand ils se rejoignent:* les oreilles.

---

1 Chacune des parties qui dépassent du tibia et du péroné au début du pied, au niveau de la cheville.

Système 6 : reflets des parties du tronc

- *le côté dorsal de l'avant-bras :* le dos.
- *le front :* le dos.
- *les sourcils :* les omoplates et les clavicules.
- *la zone de la mâchoire sous la joue :* les côtes.
- *la crête du nez :* le sternum.
- *le sillon de la naissance du nez :* la cavité du thorax.
- *les paupières inférieure et supérieure :* le globe mammaire.
- *la pupille :* le mamelon.
- *l'iris :* l'aréole du sein.
- *la bouche :* le nombril.
- *le côté palmaire de l'avant-bras :* l'abdomen.
- *l'articulation de l'épaule :* l'articulation de la hanche.
- *la ligne de naissance des cheveux :* les fesses.

Système 7 : reflets du système respiratoire

- *les os zygomatiques*[1] *:* le fond des poumons.
- *la mâchoire :* les deux poumons.

Système 8 : reflets des jambes

- *la commissure du coude :* la commissure du genou.
- *les ailes du nez :* le ménisque.
- *la crête du nez :* le tibia.
- *la main :* le pied.
- *les sourcils :* la plante du pied (intérieur : talon ; extérieur : doigts).
- *les doigts de la main :* les doigts du pied.

---

1 Ces os forment une protubérance sur la joue appelée pommette. Ils se situent sur la partie inférieure des orbites oculaires et s'appuient sur la mâchoire. Sur le côté de chaque os on trouve un orifice zygomatique facial.

Système 9 : reflets de l'appareil reproducteur

- *la bouche :* la vulve.
- *les yeux :* la vulve.
- *les lèvres :* les lèvres de la vulve.
- *la pupille :* le vagin.
- *les paupières :* les grandes lèvres.
- *la langue :* le clitoris.
- *la commissure externe de l'œil :* le clitoris.
- *le nez :* l'utérus.
- *la pointe du nez :* le col de l'utérus.
- *le globe oculaire :* les ovaires.
- *les sourcils :* les trompes des ovaires.
- *le nez :* le pénis.
- *les yeux :* les testicules.
- *les sourcils :* le pubis.
- *les cils :* les poils latéraux des petites lèvres.

Système 10 : reflets des organes internes

- *le poignet :* le cœur.
- *les doigts fléchis :* les oreillettes du cœur.
- *le reste du poing jusqu'au poignet :* les ventricules.
- *le pouce :* l'artère pulmonaire ou la courbe de l'aorte.
- *les doigts du pied :* les glandes surrénales.
- *le lobe de l'oreille :* les glandes surrénales.
- *la plante du pied :* le rein.
- *le pavillon de l'oreille :* les reins.
- *la voûte plantaire :* la partie concave du rein.
- *le menton :* la vessie.

Système 11 : reflets des douze paires de nerfs crâniens

- *point 197 :* nerf n° 1 olfactif.
- *point 34 :* nerf n° 2 optique.
- *point 184 :* nerf n° 3 moteur oculaire commun qui contrôle le mouvement des yeux.
- *point 491 :* nerf n° 4 pathétique qui contrôle les mouvements des yeux.
- *point 61 :* nerf n° 5 trijumeau qui permet le contrôle des mouvements de la mandibule et la sensibilité du visage.
- *point 45 :* nerf n° 6 moteur oculaire externe qui contrôle le mouvement des yeux.
- *point 5 :* nerf n° 7 facial qui contrôle les mouvements des muscles du visage et la sécrétion de la salive et des larmes, la sensibilité de l'oreille et d'une partie de la langue.
- *point 74 :* nerf n° 8 cochlée-vestibulaire, auditif qui contrôle l'ouïe et l'équilibre.
- *point 64 :* nerf n° 9 glossopharyngeal qui permet le contrôle des mouvements et de la sensibilité du pharynx, d'une partie de la langue et des sécrétions de salive.
- *point 113 :* nerf n° 10 pneumogastrique qui contrôle les mouvements du voile du palais, du cœur et du larynx, des poumons et du tube digestif.
- *points 511 et 156 :* nerf n° 11 spinal qui permet de contrôler les mouvements des muscles du cou et des épaules.
- *point 7 :* nerf n° 12 hypoglosse qui permet le contrôle du mouvement de la langue en général.
- *point 19 :* point yang, nerf sympathique (orthosympathique yin).
- *point 26 :* point yin, nerf parasympathique, hypophyse.

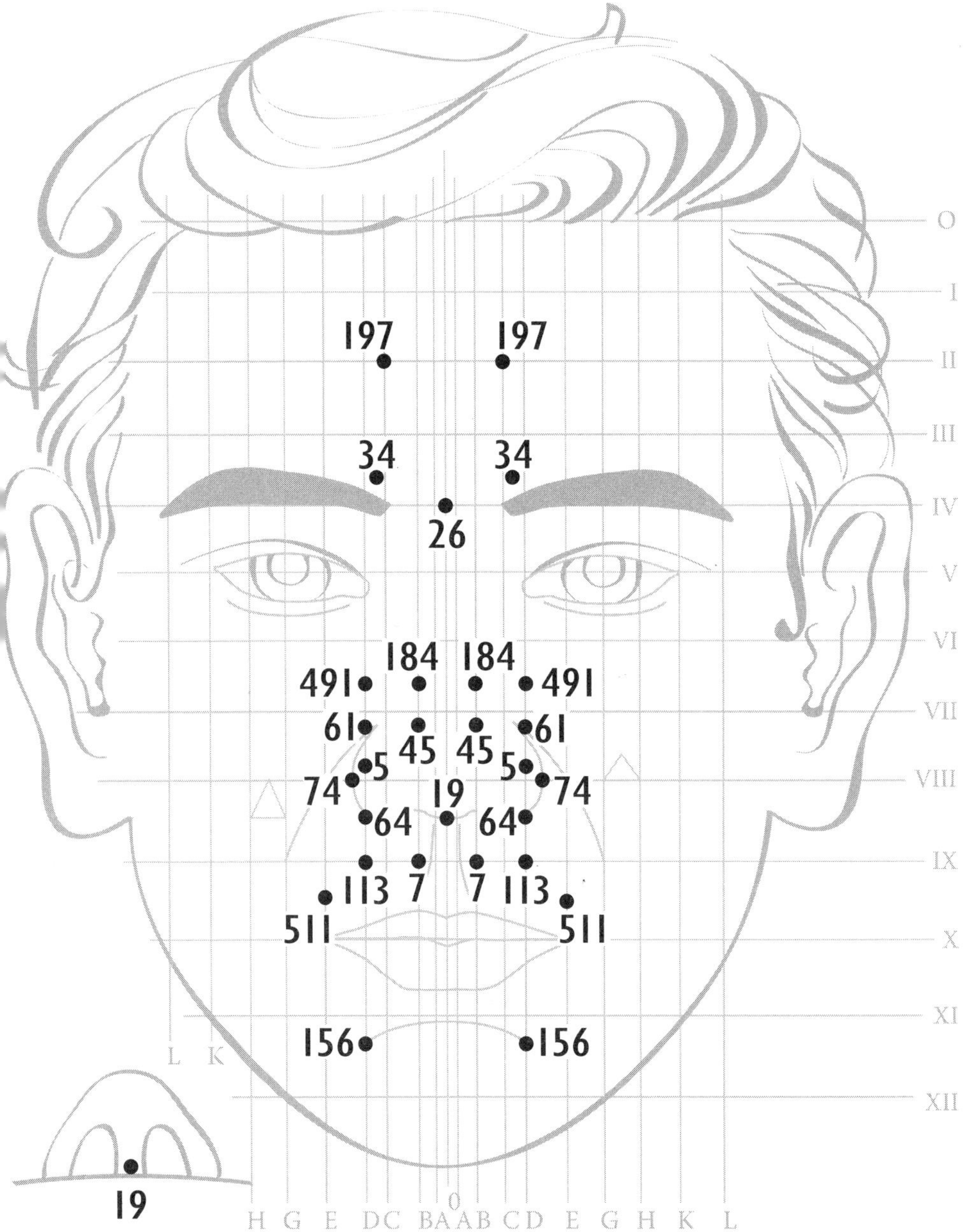

Carte du système 11 : reflets des douze paires de nerfs crâniens

Autres zones de réflexion et similitudes de forme

On peut raisonner en utilisant les théories du Dien Chan, surtout en ce qui concerne la théorie de similitude de forme, pour découvrir d'autres zones de réflexion qui ne figurent pas sur les schémas et micro-systèmes décrits ci-dessus. La liste suivante donne quelques exemples typiques et pratiques. Attention, ce n'est pas un catalogue et cette liste ne prétend pas être exhaustive. Grâce à elle on peut imaginer des relations de réflexe avec d'autres organes ; ces relations sont beaucoup plus nombreuses qu'il n'apparaît. C'est la combinaison des théories exposées qui peut nous fournir une meilleure compréhension.

Projections des principales parties du corps

La tête

- *la pointe des doigts des mains et des pieds.*
- *le sommet de la malléole et du processus styloideus cubitus de l'avant-bras.*
- *le coude et les genoux.*
- *le sommet du nez.*
- *le sommet des articulations des doigts des mains et des pieds.*
- *le sacrum.*
- *le menton.*
- *les extrémités des sourcils.*
- *le mamelon (bout du sein).*
- *le gland du pénis.*
- *le talon.*

Le cou (principe de proximité)

- *la partie inférieure de la troisième phalange des doigts (pieds et mains).*
- *l'articulation du poignet, la main fermée en poing et la cheville.*

Les oreilles

- *la zone située sous et devant la malléole.*
- *la zone inférieure de la première phalange de l'index.*

Les yeux

- *la malléole latérale et le processus styloideus cubitus.*
- *les rides des articulations des mains et des pieds.*
- *les lèvres.*
- *les deux dépressions derrière la nuque.*
- *les deux dépressions en région lombaire.*
- *les deux dépressions sous la rotule.*

Les genoux

- *les deux fossettes des joues.*

Le nez

- *la partie dorsale du péroné.*
- *la nuque.*
- *la dépression entre le nez et la lèvre supérieure (la marque de l'ange).*
- *l'hélice de l'oreille.*

La bouche

- *la commissure des articulations du coude et du genou.*
- *le nombril.*
- *le pli de l'articulation entre la première et la deuxième phalange (doigts de la main et du pied).*
- *la zone entre le pouce et l'index.*
- *les plis du poignet et de la cheville.*
- *la zone du point 106.*
- *la zone du point 26.*
- *les yeux et la zone extérieure vers les tempes.*

La langue

- *la zone entre le nez et la lèvre supérieure, en incluant les points* BQC *113, 7 et 63 (cette zone reflète aussi la glande surrénale).*
- *la dépression de la crête du nez entre les yeux.*
- *les pouces en tension, des mains et des pieds.*
- *la zone qui recouvre le point* BQC *79.*
- *la zone inférieure de l'intérieur du genou et la zone du sacrum.*

Les dents

- *en suivant le principe de proximité, toutes les zones réflexes de la langue représentent les dents.*

L'estomac

- *tout le pavillon de l'oreille.*

Le bassin

- *la fosse oculaire et la fosse nasale.*
- *la zone autour de la malléole latérale.*

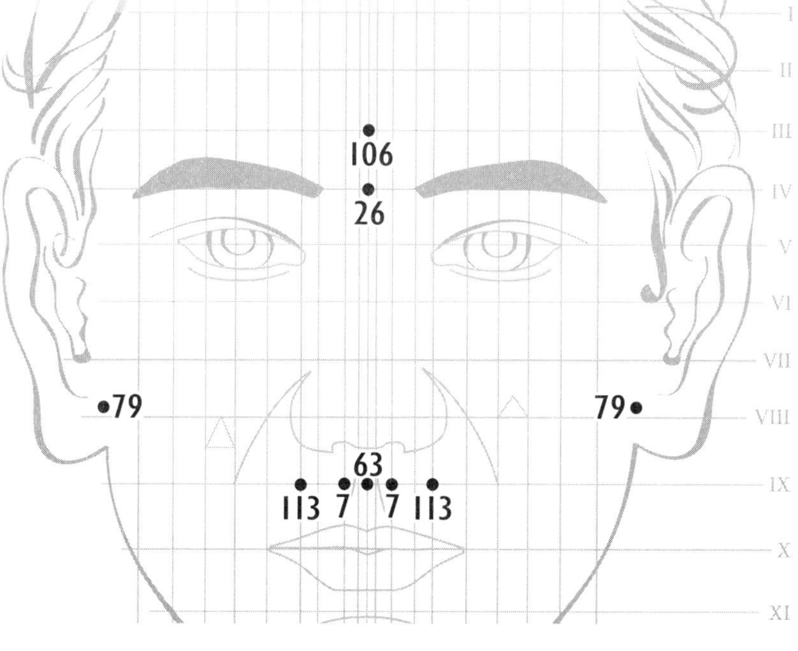

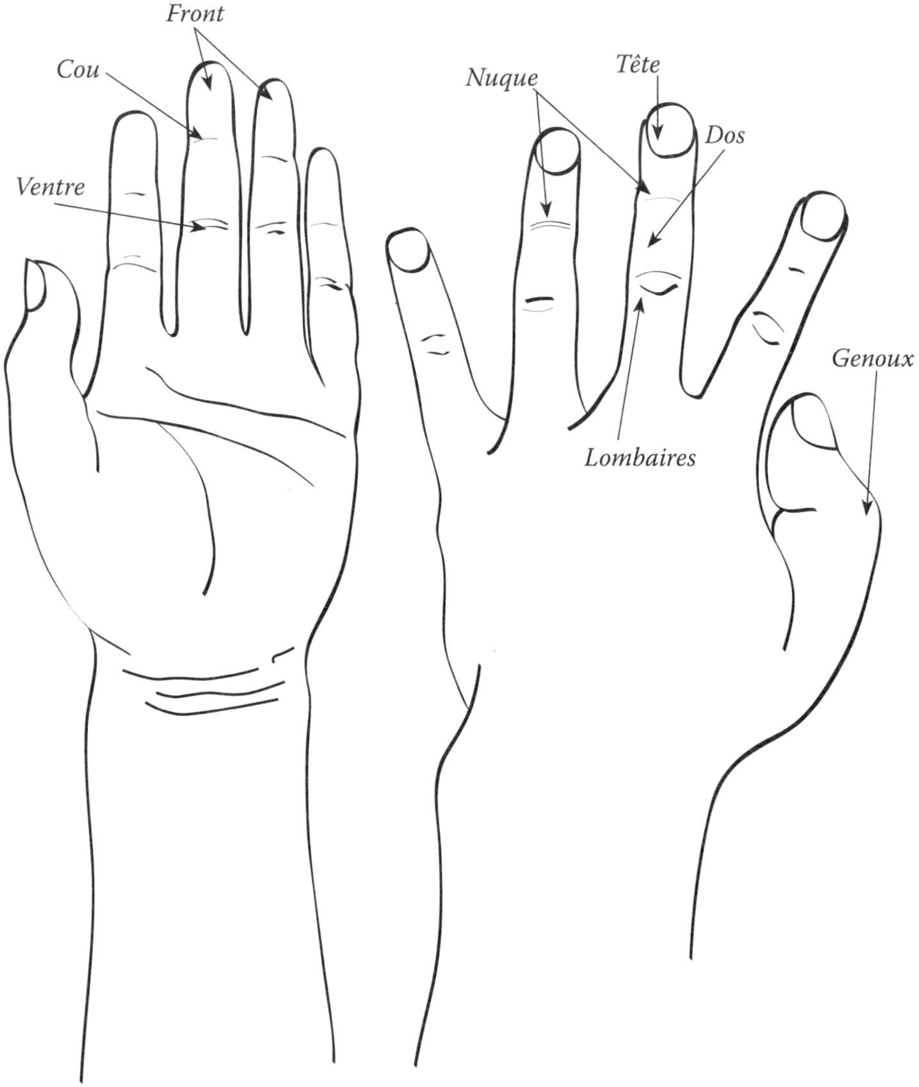

ZONES DE RÉFLEXION SUR LES DOIGTS
FRONT, COU, VENTRE, NUQUE, TÊTE, DOS, LOMBAIRES ET GENOUX

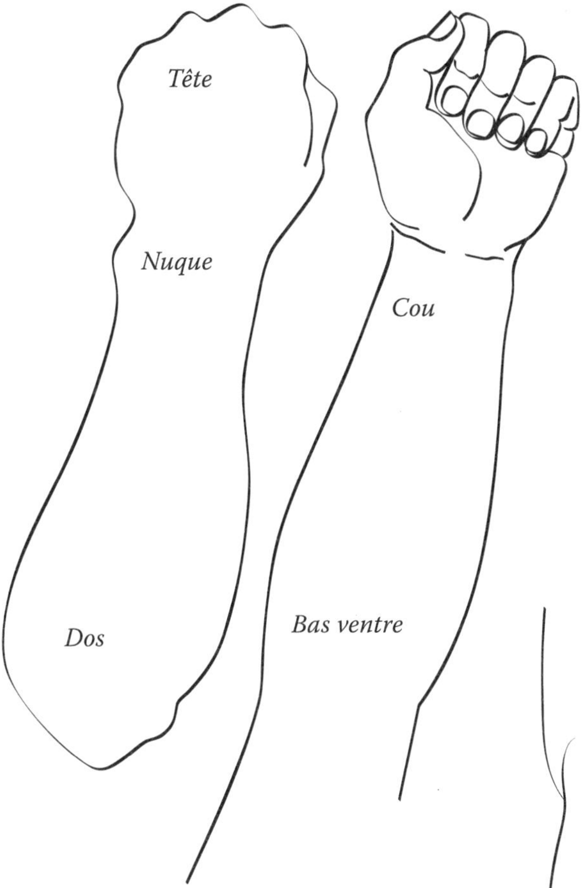

Zones de réflexion sur les bras
Tête, nuque, cou, dos et bas ventre

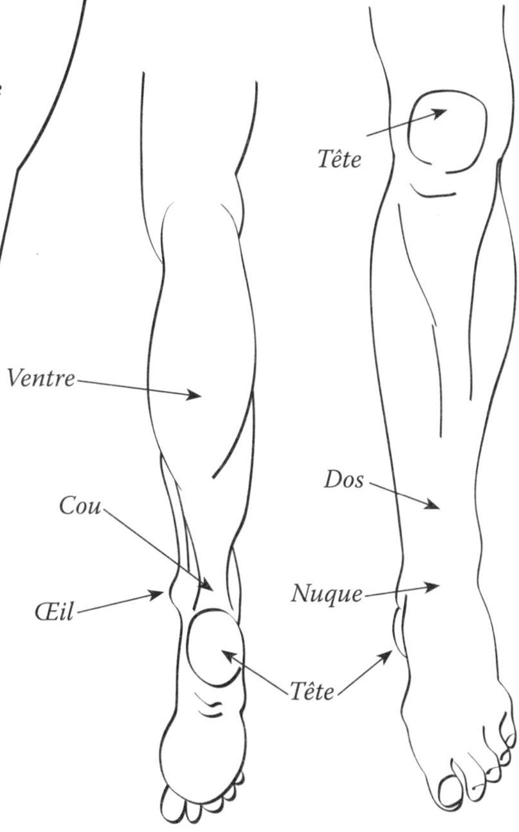

Zones de réflexion sur les jambes

Les points BQC

« Chaque point est un diamant,
notre visage est un jardin de plantes médicinales. »

Paroles du professeur Bùi Quốc Châu,
inspirées par une forêt en Savoie, 2006.

Correspondance des points BQC avec le corps

Les points BQC énumérés par la suite ne construisent pas obligatoirement des formules ou des diagrammes de soins ; il s'agit simplement de fournir une liste de points correspondant aux organes ou zones du corps déjà cités, que ce soit à cause de leur localisation sur le schéma de réflexion, ou par leurs effets que j'ai constatés avec mon équipe. Les points BQC marqués en caractères gras sont considérés comme les plus représentatifs de l'organe ou zone corporelle citée. Nous rappelons que le signe ⁻ placé à côté du numéro d'un point BQC signifie yin, c'est-à-dire côté gauche du consultant ; le signe ⁺ signifie yang, c'est alors le côté droit du patient. Le Qi est l'énergie ancestrale, le tonus global. Les points BQC ayant des coordonnées précises, il est important de bien apprendre à les localiser. La carte est divisée par des lignes verticales et horizontales qui s'appuient sur le relief du visage. Peu importe l'origine, l'âge ou le sexe du patient, ces repères sont communs à tous.

Nous n'utiliserons pas de photographies pour représenter les schémas de réflexion et les cartes de points, car cela serait erroné. En effet, si nous la projetons sur une photographie, la carte des points perdrait toute précision par excès de réalisme avec une personne concrète. Les lignes repères n'aurait plus de sens car aucun visage n'est symétrique. C'est bien la schématisation des zones réflexes et de la carte qui garantissent sa précision.

La bonne combinaison des points BQC nous permettra de traiter 60 % des affections. Pour le reste, nous devons utiliser les schémas de réflexion du visage et de l'ensemble du corps. De plus, n'oublions pas que rien est immuable et que certaines personnes seront plus réactives à la stimulation par zone qu'à celle des points.

TÊTE

Partie haute de la tête	126. **103**. **50**. **51**. 37. 87. 106. 365. 189.
Zone latérale	**41**. **54**. **55**. 100. 180. 61. 3. 184. 437. 51. 235.
Occiput	**87**. **106**. **156**. **26**. 8. 65. 188. 290. 100. 54. 55. 201. 267. 127.
Front	60. **39**. **51**. 37. 106. 61. 103. 197.
Toute la tête	**37**. **50**. 103. 87. 51. 0. 19. 26.
Tout le visage	**60**. 57. **37**. 58. **61**. 39. 3.
Oreilles	**65**. **179**. 290. 235. 197. **45**. **41**. **421**. 145. 15. 138. 57. 0. 332.
Sourcils	156. 467.
Yeux	**102**. **100**. **130**. 188. 196. 80. 330. 197. **175**. **103**. 423. **422**. **421**. **16**. 6. 106. 12.
Nez	**126**. **377**. **379**. 103. 106. 107. 108. 26. 184. 1. **61**. **39**. **138**. 467. 7. 50. **19**. **3**. 240.
Lèvres	**37**. **39**. 61. 3. 53. 236. **127**. 228. 29. 227. 226. 8.
Dents	8. **188**. **196**. 26. 34. 57. 60. 39. 38. 45. 127. 22. 300. 0. 180. 14. 100. 3. 16.

Langue	8. **79**. **312**. **57**. 60. 26. 109. 196. 61.
Gorge	8. 312. **61**. **14**. **275**. 96. 109. **19**. 26.
Trachée	61. 7. 4. 64.
Larynx	26. 8.
Cou	**26**. **19**. **8**. **12**. 106. 107. 20. 290.
Muqueuses	**26**. **3**. **61**. 19. 79. 13
Encéphale, nerfs	1. 124. 103. 300. 34. 126. 125. 65. 197. 175. 8.

Cerveau

Hypophyse	26.
Bulbe rachidien	63.
Extrémités du sillon de Roland	275. 297. 277. **288**.

Organes reproducteurs

Scrotum	**19**. **63**. 1. 50. 0. 26. 37. 53. 235. 23. 174.
Testicules	7. **113**. **287**. 73. 156. 35. 65.
Vagin	3. 63. 19.
Utérus	61. 63. 1. **53**. **19**. 174. 23.
Ovaires	7. **113**. 287. 65. **73**. **156**. 347. 210.

Organes internes

Thyroïde	**8**. 12. 20. **14**. 7. 39. 73.
Cœur	**8**. **60**. 269. 34. 55. 3. **189**. **106**. **107**. 60. 68. 69.
Ventricule	**276**. **59**. **60**. **57**. **106**. 107. 191. **103**. **87**. **127**.
Poumons	26. **3**. 13. 61. **28**. 132. 491. **125**. **128**. 269. 276. 279. **275**. 109. 310. 360.
Foie	**50**. 103. 197. **58**. 189. 41. 233. 531. 356. 47. 303. 421. 70. **124**. **423**.

Vésicule biliaire	**41**. **184**. 139. 54. 55. **124**. 23.
Rate	**37**. **40**. **124**. 132. 481. 423. **123**.
Pancréas	**38**. **63**. 7. 113. 17. 340. 341.
Estomac	**39**. **120**. **121**. 64. 5. 7. 113. 37. 61. 54. 55. 45. 63. **19**. **50**. 127. 310. 405. 34. 74. 421. **422**.
Gros intestin	342. 19. **38**. 9. 143. 104. 105. 561. 98. 97. **342**.
Intestin grêle	**127**. **22**. 34. 8. **236**. 226. 227. 228. 29. **348**.
Appendice	104.[+]
Reins	**0**. **300**. **45**. **19**. 43. 290. **17**. 29. **340**. 22. 38. 560. 210. 342. 301. 302. **73**. 219.
Vessie	**85**. **87**. **22**. 235. 53. 26. **126**. 29. 3. 290. 60. 89. 73.
Prostate	37. 7. 87. 156. **365**. 521. et autour du 126.
Anus	**19**. 126. **365**. **50**. 127. 143.

Épaules et bras

Omoplates	**477**. 106. 107. **310**. **360**. 34. 97. 98. 13. 421. 120. 139. 38. 12. 4. 0. 124.
Articulations des épaules	**88**. 65. 559. **278**. 564. 73. **354**. 219.
Bras	**97**. **98**. **99**. 360. 267. 60. 51. 38. 0. 73.
Aisselles	179. 283.
Articulations des coudes	28. **98**. **99**. 360. 267. 60. 51. 0. 73.
Poignet	**100**. 130. 235. 41. 70. 131. 0. 129.
Mains	**460**. 130. 60.
Articulations des doigts	**19**. **460**. 130. 60. 50.
Pouce	**61**. **180**. 3.
Index	**319**. **39**. 177. 100
Majeur	**38**. **44**. 195. 50. 130.

Annulaire **29**. 222. 185. 459.

Auriculaire **85**. **191**. 60. 0.

Bassin et jambes

Fesses 5. **210**. 219. 377. **277**. 91.

Hanches 64. **74**. 145. 61.

Cuisses 7. **17**. 133. 38. 37. 50. 3. 19.

Plis des genoux **29**. 222.

Genoux **9**. **197**. 39. 156. 422. 129. **139**.

Jambes 6. 96. **156**. 50. 300. 85.

Chevilles 107. **310**. **347**.

Plantes des pieds **34**. **51**.

Talons **127**. 107. 310. **461**. 286.

Gros orteil **97**. **254**. 343.

Deuxième orteil 255. 34. 344.

Troisième orteil 256. 345. 477. **65**.

Quatrième orteil **257**. 346. 240.

Cinquième orteil 292. 293. 26.

Poitrine, dos et abdomen

Poitrine **189**. 73. 467. 491. 269. 3. 60. **13**.

Seins **60**. **63**. **12**. **73**. 39. 59. 179. 283.

Colonne vertébrale 19. **342**. **1**. **143**. 63. 558. 559. 560. 219. 189.

Coccyx 43. 45. 126. 143.

Zone lombaire 290. **1**. 19. 43. 45. **342**. 341. 300. 21. 0. 210. 560. 127.

Entre les deux omoplates **310**. 491. **360**. 565. 561. 421. 332.

Autour du nombril 127. 0. 113. 29. **222**. 53. 63.

Sur le nombril	19. **63**. **53**. 61. 58. 39. 37. 50. 7. 17. 113.
Sous le nombril	127. 22. 87. 235. 156. 347. 236. 227.

Points ayant des effets sur les symptômes

Acouphène	16. **0**. 14. **54**. 55. **139**. 197. 64. 88. 85.
Anti-inflammatoire	**26**. **3**. **38**. 50. **41**. 16. **60**. 57. 61. **143**. 85. 29. **5**. **17**.
Antibiotique	**38**. 41. 37. 19. 127.
Augmenter les anticorps	**0**. **300**. **1**. **50**. **37**. **19**. **7**. **113**.
Défenses immunitaires	7. **156**. **50**. **37**. **300**. 127. 6. 0. 26. 3. 38. **17**.
Antipoison	**26**. 3. **85**. **87**. **38**. 50. 41. 290. 235. 14. 15. 1. 9. 0. 143
Arrêter les hémorragies	**16**. **61**. **0**. **50**. 37. 6. 17. 7. **287**. 124. 34.
Cauchemars	124. 34. **106**. 8.
Insomnies	124. 34.
Laxatif	**19**. **143**. 3. **41**. **38**. 50. 97. 98. 29. 70.
Constipation	38. **143**. 41.
Aérophagie	**104**. 3. 26. **38**. **19**. 28. 235. 143. 184. 50. 189.
Élever la tension artérielle	**50**. **19**. **1**. **63**. 53. 103. 126. 300. 37. 23. 0. 6.
Diminuer la tension artérielle	**54**. **55**. **26**. **61**. **3**. **8**. 12. **14**. **15**. **16**. 29. 222. 57. **85**. **87**. **51**. **41**. 180. 100. 39. 188. 277. 173. 143. 15. 41. 16. 40. 26. 156. 290. 210. 560. 53. 38. 74. 64. 120. 121. 39. **477**.
Réguler la pression artérielle	15. 0. *(Ne pas utiliser chez un patient suivant un traitement médicamenteux.)*
Réguler le Qi	34. 290. 156. 132. 3.
Élever le Qi	**1**. **50**. **19**. **189**. **103**. 126. 6. 143. 0. **22**. **127**. 23. 287. **63**. 37. 73. 300.
Diminuer le Qi	26. 3. **51**. **143**. **87**. 104. 14. **15**. 16. 173. 39. 38.

Diminuer la miction	**0**. **16**. **37**. 87. 103. 1. 300. 126.
Diurétique	**26**. **3**. **29**. 222. **85**. **87**. **40**. 37. 290. 235.
Incontinence	19. 37.
Détendre les muscles	**19**. **16**. **61**. 63. 87. **156**. 3. 269. **127**. 19. 50. 37. 0.
Relaxer les tendons	61. 16.
Éliminer les graisses	**233**. **41**. **50**. 37. 38. 85. 113. 7. 39.
Augmenter les sécrétions	**26**. 3. 29. 19. 39. **85**. **14**. **275**. **87**. 53. 61.
Diminuer les sécrétions	103. 1. **0**. 15. **16**. 126. 7. 63. 17. **287**. 22. 50. 53. 29. 21. 235. 3. **61**.
Liquéfier les mucosités	**132**. 37. 26. **275**. 3. **467**. **491**. 28. 14. 64.
Réguler les sécrétions	287.
Réchauffer	**0**. **1**. **37**. **50**. **19**. **17**. 7. 6. 559. 558. 43. **127**. **73**. 63.
Refroidir	26. 3. 8. **38**. **29**. 85. 87. 222. **143**. **180**. 100. 15. 16. 235.
Rhume	38. 7. 61. 8.
Réduire les tumeurs bénignes	**104**. **61**. **38**. 184. **17**. 103. **39**. 73. 8. 12. 15. 127. 19. 1. 64. 14. 233.
Réguler l'irrigation cérébrale	**26**. 127. 0.
Réguler le rythme cardiaque	60.$^-$ 57.$^-$
Réguler le système nerveux	124. 34.
Contrôler la toux	61. 3. **275**. 561.

Points pour soulager des sensations

Arrêter les pleurs	61. 0. 103. 300.$^+$
Asthénie, épuisement	50. **6**. **0**. **19**. 7. 1. **103**. 37. 22. **127**. 300. 73. 43. 45. 62. 63.
Brûlures	**17**. **61**. **3**. 38. 85. 87. **50**. **41**. 124. **34**. 0. 26.
Calmant pour la tête	**124**. **34**. 103. 106. 267.

Calmant pour les nerfs	300. 0. 26. 50. 1. 37.
Crampes	**50**. **19**. **103**. 124. 26. 63.
Douleur dans l'aine	73. 7. 61. 156.
Douleurs en général	**41**. **87**. **85**. **60**. **34**. **61**. 14. **16**. 50. 38. 156. 37. 39. 0. 19.
Démangeaisons	**26**. 3. **61**. 125. 50.
Fatigue	127. 22. 5. 61. 17. 156.
Fourmillements	58-.
Gêne sous la peau	**50**. **41**. **38**. **28**. 132. **60**. 269. 421. 120. 3. **189**. 0.
Hoquets	19.
Ivresse	**57**-.
Mal de mer	**63**. 106. 65. 60. **8**. 50. 26. 15. 127. **19**. 0.
Paresthésie[1]	**37**. **60**. 59. 8. **58**. 40.
Perte de l'appétit	37. 50. 41. 39. 54. 55.
Tension localisée	**39**. **45**. **43**. **300**. 17. 301. 302. 560. **0**.
Torticolis	**50**. 156.
Tremblements	50. **45**. 300. **127**. 73. 6. 124. 0.
Vertiges	63.

1 Sensation ou ensemble de sensations anormales, en particulier le fourmillement, les membres endormis ou la chaleur ressentie sur la peau résultant de troubles du système nerveux ou circulatoire.

LA TECHNIQUE KALÉIDOSCOPE

La technique « kaléidoscope » consiste à combiner soi-même les points BQC afin de créer une formule de soin.
En fonction de la localisation de l'affection, on stimulera les points correspondant à l'organe ou à la partie du corps, ainsi que les points agissant sur les symptômes ou les sensations associées au trouble.
On commencera par les points les plus représentatifs (ceux en gras dans chaque série de points). Si le trouble n'est pas très grave, quelques points suffiront, sinon on stimulera l'ensemble des points correspondant à la zone et aux symptômes. Si l'on n'obtient pas de résultat, on changera de formule en se concentrant plutôt sur celles qui agissent sur les symptômes.

> Prenons par exemple le cas d'une femme souffrant d'un trouble de l'utérus. Sachant que l'utérus est représenté par les points BQC suivant : 61. 63. 1. **53**. **19**. 174. 23. ; nous commencerons par stimuler les points 53 et 19 combinés aux points BQC principaux de la formule anti-inflammatoire qui sont : 26. 3. **38**. 41. 60. 143. 5. 17. Si cela n'a pas d'effet, on pourra stimuler alors un nombre plus important de points BQC ou associer à ceux de l'utérus la formule de réduction des tumeurs bénignes et des kystes.

La technique du « kaléidoscope » nous permet de créer ainsi un nombre infini de possibilités afin de trouver le « chemin » multi-réflexologique le plus adéquat. Le Dien Chan est l'art de combiner les points et les schémas à l'infini.

LOCALISATION DES POINTS BQC

La carte de tous les points BQC (voir page 138) est munie de lignes horizontales et verticales qui nous permettent de les localiser en consultant le tableau de la page 140. Le chiffres romains faisant référence aux lignes horizontales de la carte présentant le visage de face, les chiffres arabes à celles de la carte du profil.
Par exemple, si nous cherchons à situer le point BQC 179, le tableau indique les coordonnées IV-V et C-D qui décrivent un espace rectangulaire sur la carte du visage de face dans lequel se situe le point.

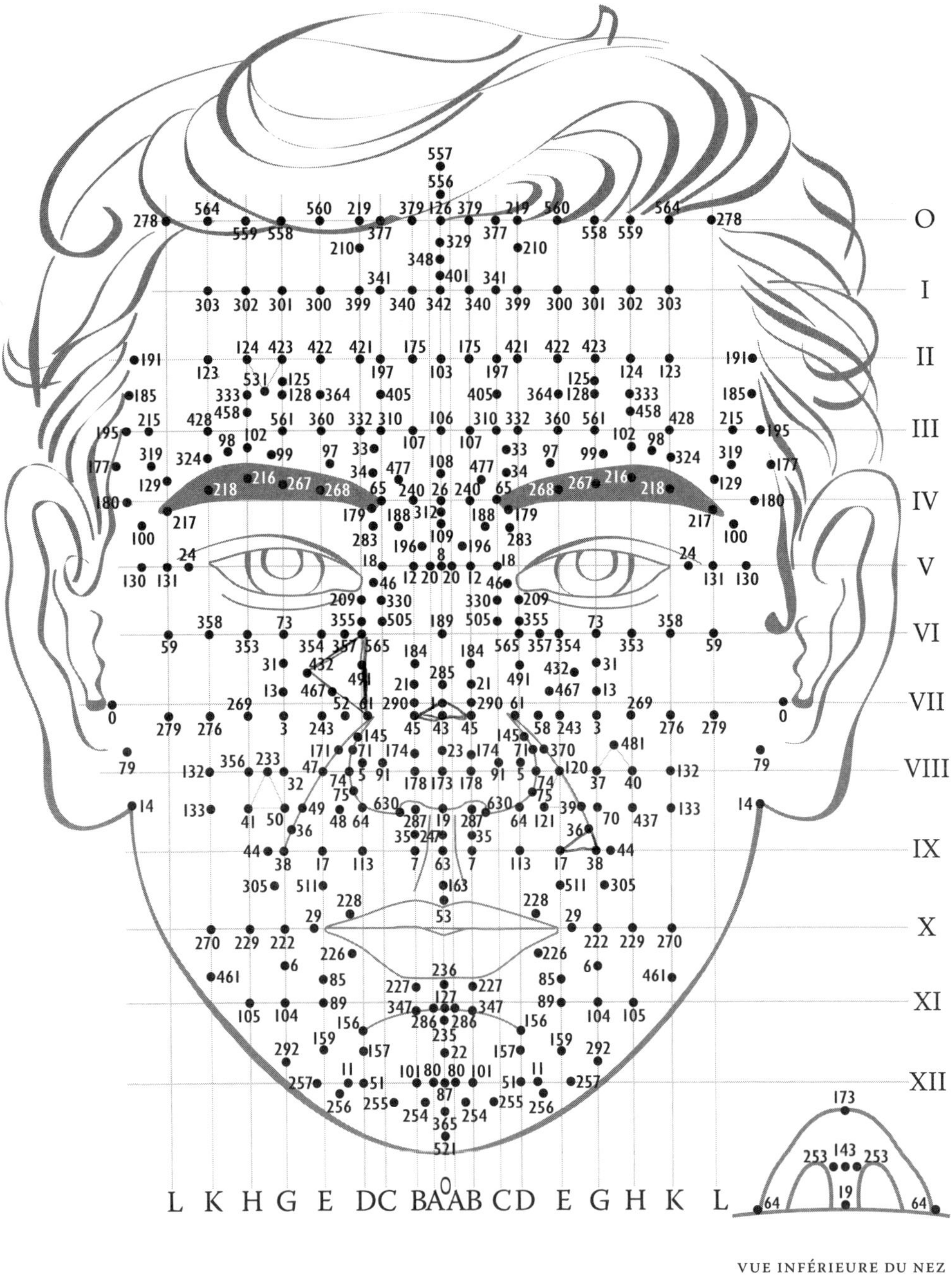

VUE INFÉRIEURE DU NEZ

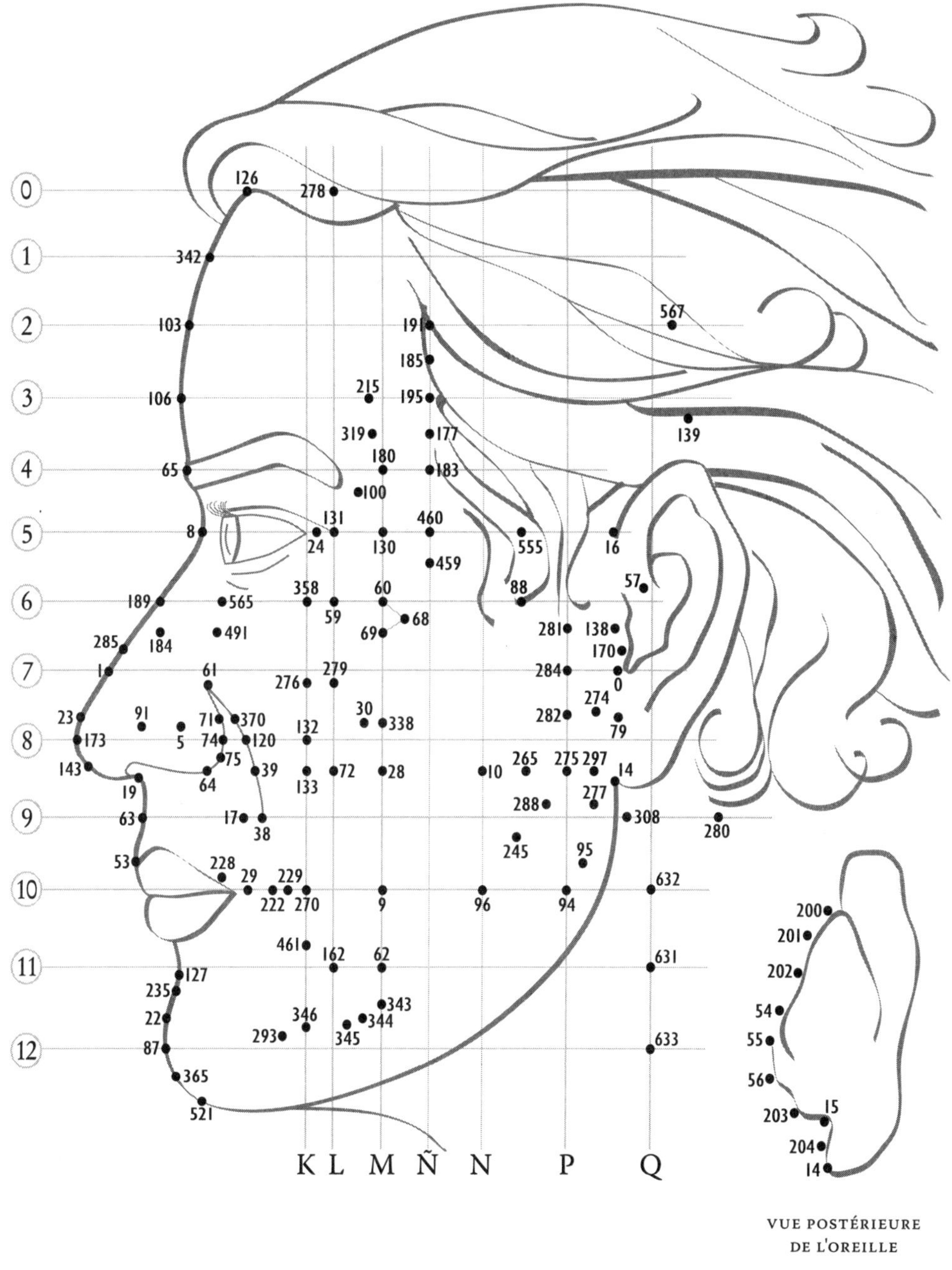

VUE POSTÉRIEURE
DE L'OREILLE

0	7	P-Q
1	VII	O
3	VII-VIII	G
5	VIII	D
6	X-XI	G
7	IX	B
8	V	O
9	10	M
10	8-9	N
11	XII	E-D
12	V	B
13	VI-VII	G
14	8-9	P-Q
15	oreille	P-Q
16	5	P-Q
17	IX	E
18	V	C
19	VIII-IX	O
20	V	A
21	VI-VII	B
22	XI-XII	O
23	VII-VIII	O
24	V	K-L
26	IV	O
28	8-9	M
29	X	E-G
30	7-8	L-M
31	VI-VII	G
$\mathbf{32}^{+}$	VIII	G
33	III-IV	C-D
34	III-IV	C-D
35	VIII-IX	B
36	VIII-IX	E-G
$\mathbf{37}^{-}$	VIII	G
38	IX	G
$\mathbf{39}^{-}$	VIII-IX	E-G
$\mathbf{40}^{-}$	VIII	H
$\mathbf{41}^{+}$	VIII-IX	H
43	VII-VIII	O
44	IX	HG
45	VII-VIII	B
46	V-VI	C-D
$\mathbf{47}^{+}$	VIII	E
$\mathbf{48}^{+}$	VIII-IX	D-E
$\mathbf{49}^{+}$	VIII-IX	E-G
$\mathbf{50}^{+}$	VIII-IX	G
51	XII	D
$\mathbf{52}^{+}$	VII-VIII	D-E
53	IX-X	O
54	oreille	
55	oreille	
56	oreille	
57	5-6	P-Q
$\mathbf{58}^{-}$	VII-VIII	D-E
59	VI	L
60	6	M
61	VII-VIII	D
62	11	M
63	IX	O
64	VIII-IX	D
65	IV	C
68	6-7	M-Ñ
69	6-7	M
$\mathbf{70}^{-}$	VIII-IX	G
71	VII-VIII	D-E
72	8-9	L
73	VI	G
74	VIII	D-E
75	VIII-IX	D-E
79	7-8	P-Q
80	XII	A
85	X-XI	E
87	XII	O
88	6	N-P
89	XI	E
91	VIII	C
94	10	P
95	9-10	P-Q
96	10	N
97	III-IV	D-E
98	III-IV	H-K
99	III-IV	G-H
100	4-5	L-M
101	XII	B
102	III-IV	H
103	II	O
104	XI	G
105	XI	H
106	III	O
107	III	B
108	III-IV	O
109	IV-V	O
113	IX	D
$\mathbf{120}^{-}$	VIII	E
$\mathbf{121}^{-}$	VIII-IX	D-E
123	II	K
124	II	H
125	II-III	G
126	0	O
127	XI	O
128	II-III	G
129	III-IV	L
130	5	M
131	V	L
132	VIII	K
133	VIII-IX	K
138	6-7	P-Q
139	3-4	Q-R
143	nez	
145	VII-VIII	D-E
156	XI-XII	D
157	XI-XII	D
159	XI-XII	E
162	11	L
163	IX-X	O
170	6-7	P-Q
$\mathbf{171}^{+}$	VII-VIII	D-E
173	VIII	O
174	VII-VIII	B
175	II	B
177	3-4	Ñ
178	VIII	B
179	IV-V	C-D
180	4	M
183	4	Ñ
184	VI-VII	B
185	2-3	Ñ
188	IV-V	B-C

189	VI	O	**257**	XII	E-G	**330**	V-VI	C	**458**	II-III	H
191	2	Ñ	**267**	III-IV	G	**332**	III	D	**459**	5-6	Ñ
195	3	Ñ	**268**	III-IV	E	**333**	II-III	H	**460**	5	Ñ
196	IV-V	A-B	**269**	VII-VIII	H	**338**	7-8	M	**461**	X-XI	K
197	II	C	**270**	X	K	**340**	I	B	**467**	VI-VII	D-E
200	oreille		**274**	7-8	P-Q	**341**	I	C	**477**	III-IV	B-C
201	oreille		**275**	8-9	P	**342**	I	O	**481-**	VII-VIII	G-H
202	oreille		**276**	VII-VIII	K	**343**	11-12	M	**491**	VI-VII	D
203	oreille		**277**	8-9	P-Q	**344**	11-12	L-M	**505**	V-VI	C
204	oreille		**278**	0	L	**345**	11-12	L-M	**511**	IX-X	E
209	V-VI	D	**279**	7-8	L	**346**	11-12	K	**521**	XII	O
210	0-I	D	**280**	9	Q	**347**	XI-XII	B	**531+**	II-III	H-G
215	3	L-M	**282**	7-8	P	**348**	0-I	O	**555**	5	N-P
216	III-IV	H	**284**	7	P	**353**	VI	H	**556**	0	O
217	4-5	L	**285**	VI-VII	O	**354**	VI	E	**557**	0	O
218	III-IV	K	**286**	XI-XII	A	**355**	V-VI	D	**558**	0	G
219	0	D	**287**	VIII-IX	B	**356+**	VIII	H	**559**	0	H
222	X	G	**288**	8-9	N-P	**357**	VI	D-E	**560**	0	E
226	X-XI	D-E	**290**	VII	B	**358**	VI	K	**561**	III	G
227	X-XI	B	**292**	XI-XII	G	**360**	III	E	**564**	0	K
228	IX-X	D-E	**293**	11-12	H-K	**364**	II-III	E	**565**	VI	D
229	X	H	**297**	8-9	P-Q	**365**	XII-XIII	O	**567**	2	Q-R
233+	VIII	G-H	**300**	I	E	**370-**	VII-VIII	D-E	**630**	VIII-IX	B-C
235	XI-XII	O	**301**	I	G	**377**	0	C	**631**	11	Q
236	X-XI	O	**302**	I	H	**379**	0	B	**632**	10	Q
240	IV	B	**303**	I	K	**401**	0-I	O	**633**	12	Q
245	9-10	N-P	**305**	IX-X	G-H	**405**	II-III	C			
247	VIII-IX	O	**308**	9	P-Q	**421**	II	D			
253	nez		**310**	III	C	**422**	II	E			
254	XII	A-B	**312**	IV-V	O	**423**	II	G			
255	XII	B-C	**319**	3-4	L-M	**432**	VI-VII	E-G			
256	XII	D-E	**324**	III-IV	K	**437-**	VIII-IX	H			

Diagrammes de soins du Dien Chan

Après de nombreuses années de traitement, j'ai inventorié les formules de points BQC ayant une grande efficacité sur de nombreuses pathologies. Ainsi, après avoir étudié les principes du Dien Chan, les schémas de réflexion et appris à localiser les points BQC, vous pourrez appliquer les formules de points proposées en annexe. Les points indiqués devront être stimulés avec le détecteur pendant environ 30 secondes, on pourra ensuite coller des timbres chauffants pour prolonger l'effet. L'ordre de la stimulation des points BQC n'influe pas trop sur les résultats, ce n'est pas non plus obligatoire d'appliquer toutes les étapes. Pour accroître l'efficacité d'une formule, il vaut mieux suivre un ordre yin ou yang d'après le type de pathologie à traiter. En général, si au cours du traitement nous voulons aussi calmer, apaiser ou rafraîchir le patient, nous suivrons un ordre yin, c'est-à-dire en commençant par le point le plus haut (sommet du front), jusqu'au point le plus bas (menton). Au contraire, si nous appliquons une formule de points BQC pour traiter un trouble qui fatigue beaucoup le patient, avec des sensations de froid et un moral bas, nous devrons suivre un ordre yang, du menton vers le sommet du front.

Les traitements proposés pour les troubles courants ne prétendent pas guérir les affections graves uniquement au moyen du Dien Chan. Dans les cas d'urgence il vaut mieux demander conseil à un médecin généraliste ; cependant pendant l'attente du médecin on peut venir en aide au patient et éviter que son état n'empire. Beaucoup des troubles

décrits dans cet ouvrage peuvent être soulagés et même guéris de manière simple à l'aide de pressions et de stimulations des points BQC indiqués dans chacune des formules. La pratique du Dien Chan est facile et offre beaucoup de possibilités. Le Dien Chan est une technique active et interactive, c'est à nous de découvrir le chemin le plus adéquat.
Tout d'abord nous devons interroger le patient sur son trouble, constater les limitations de mobilité et observer ce qui lui cause des douleurs. Dans le cas de douleurs internes, il faut vérifier et quantifier le degré d'inconfort qu'il subit à ce moment-là. Une technique simple consiste à demander au consultant sa propre évaluation de son état sur une échelle de 1 à 10, où 1 est l'état de souffrance maximum. C'est important de se souvenir que toute l'information qui provient d'un diagnostic médical sera aussi une aide précieuse.
Une fois la situation identifiée, nous pouvons commencer le soin, en expliquant le type de stimulation réflexologique que nous allons pratiquer. Il est important de faire comprendre au patient qu'il doit nous communiquer en permanence ses propres sensations. Cette information est primordiale pour pouvoir adapter les massages réflexologiques. Le patient pourrait être plus ou moins sensible aux outils. Une légère douleur sur une certaine zone peut nous indiquer que nous sommes en train d'agir sur une zone réflexe réactive, ce qui est très positif. Cependant, nous devons maîtriser la pression pour éviter de blesser la peau ou provoquer une gêne insupportable, ce qui pourrait créer un blocage de la stimulation ; dans ce cas nous pourrions obtenir un résultat contraire à celui recherché.
Dans tous les cas c'est le dialogue constant avec le patient qui nous permettra de vérifier si la technique et l'outil choisi sont corrects. En général, on commence le traitement en utilisant un petit outil sur les schémas de réflexion projetés sur le visage avant de passer au point BQC concrètement. On affine ainsi le diagnostic, complété par l'information donnée par le patient, et on analyse la réaction. Une fois la zone localisée, siège d'une certaine douleur supportable, on la stimulera pendant environ une minute. Immédiatement après, nous devons interroger le patient pour vérifier sur l'échelle de 1 à 10 le niveau d'amélioration. Plusieurs réactions peuvent être constatées.

1| Une réduction d'environ 30 % nous indique que nous pouvons poursuivre la stimulation pendant encore une minute ; si lors d'une nouvelle interrogation la douleur continue à baisser nous devons continuer le traitement sur la même zone jusqu'à une baisse d'environ 80 %, ou un 8 sur notre échelle du niveau d'amélioration, et arrêter là le traitement. Une sur-stimulation d'une zone produit en général un effet contraire à celui désiré, et peut même intensifier la douleur.

2| Si, au contraire, il n'y a pas d'amélioration, nous devons abandonner la zone pour chercher une autre réflexion du trouble sur un autre schéma ; cependant, si la première zone fournissait une réponse au début, nous pouvons essayer la stimulation avec un autre outil.

3| Dans le cas où il s'agirait d'une pathologie chronique qui ne présente pas de douleur évidente, nous devrons donner une intention à notre traitement en nous basant sur le diagnostic que nous apporte le patient, comme des analyses ou l'opinion d'un autre thérapeute. On stimulera alors les points BQC correspondants aux organes affectés et nous collerons ensuite sur chacun d'eux un timbre chauffant. Puis, nous les restimulerons une dernière fois avec le petit marteau. On laissera agir les timbres chauffants entre deux et trois heures durant la journée, ou toute la nuit si le traitement s'applique le soir. L'idéal étant de répéter le traitement quotidiennement (ou au moins deux fois par semaine) durant un mois. Ensuite, de nouvelles analyses nous indiqueront si la diagnose faciale était correcte. Si aucune amélioration n'apparaît, nous devrons alors approfondir le diagnostic afin de trouver un autre « chemin » de traitement, et penser à stimuler les connexions entre les organes afin de faciliter la circulation du Qi du patient. De plus, nous lui enseignerons les douze massages du matin et commencerons notre traitement par le réflexo-drainage. Si, au contraire, nous obtenons une amélioration, nous continuerons le traitement commencé afin d'atteindre la guérison.

ASTHME

300^+. 1. 45^+. 3^- 0. 37. 50. 19. 275. 14. 127. 22.

> *Stimuler les points avec le détecteur, puis placer les timbres chauffants. Les conserver toute la nuit ou trois heures durant la journée.*

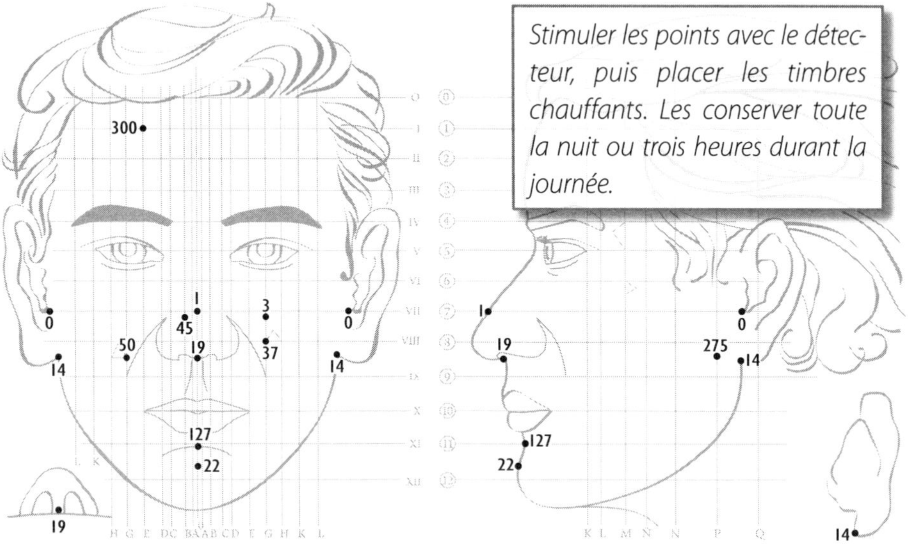

ALLERGIES

103. 332. 26. 16. 0. 287. / 50. 26. 3^- 7. 85. 87. 124. 34.

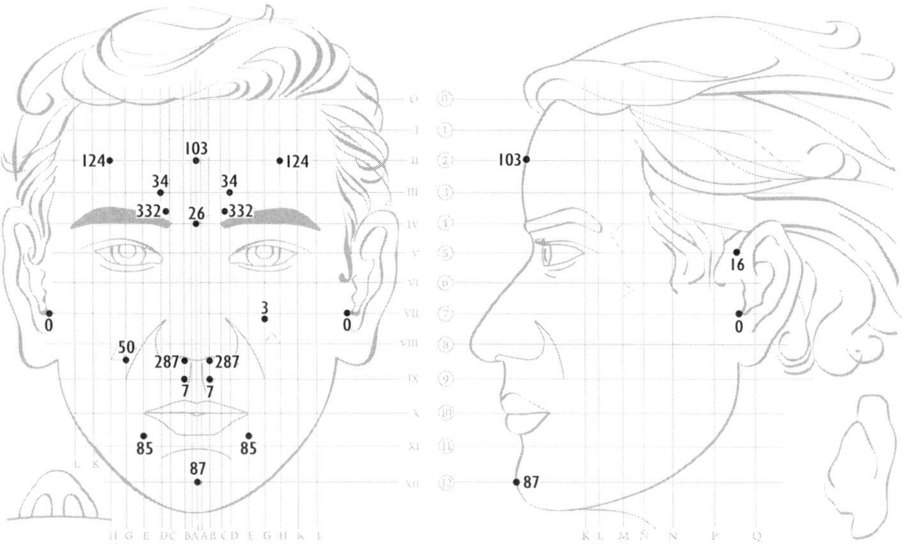

ANXIÉTÉ, ANGOISSES, DÉCONCENTRATION

127. 39. 41. 37. 0. 1. 103. 300. 126.

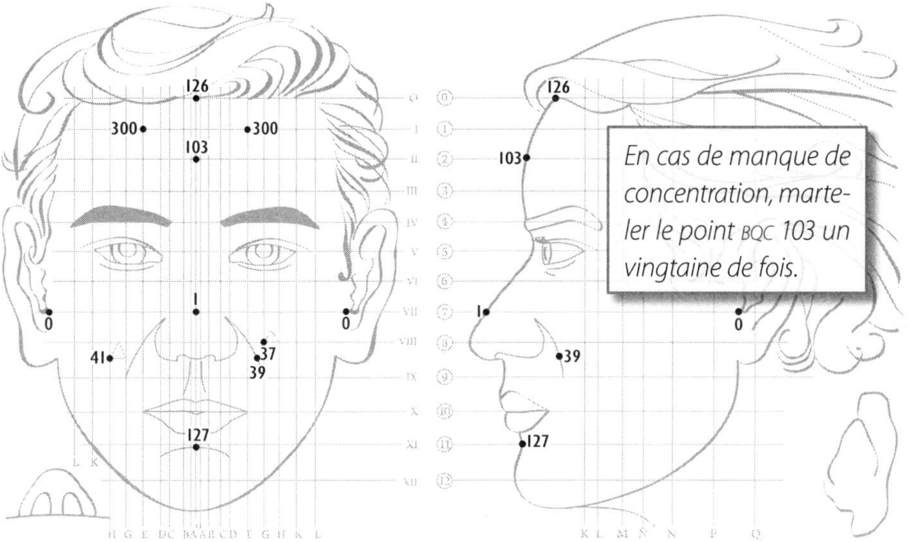

En cas de manque de concentration, marteler le point BQC *103 un vingtaine de fois.*

RÈGLES ABONDANTES

127. 63. 287. 0. 61. 103.

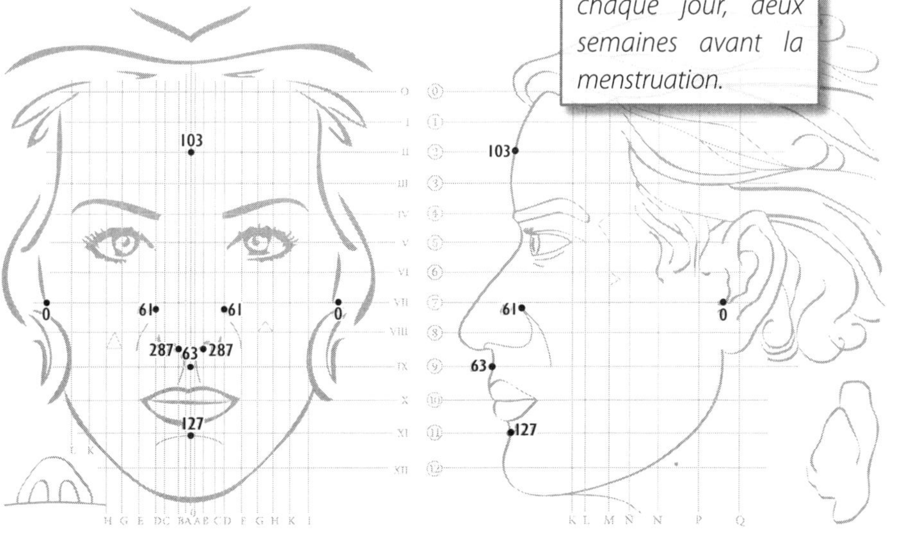

Répéter le traitement chaque jour, deux semaines avant la menstruation.

APPENDICE (INFLAMMATION)

19. 143. 41. 38. 17. 127. 104.⁺

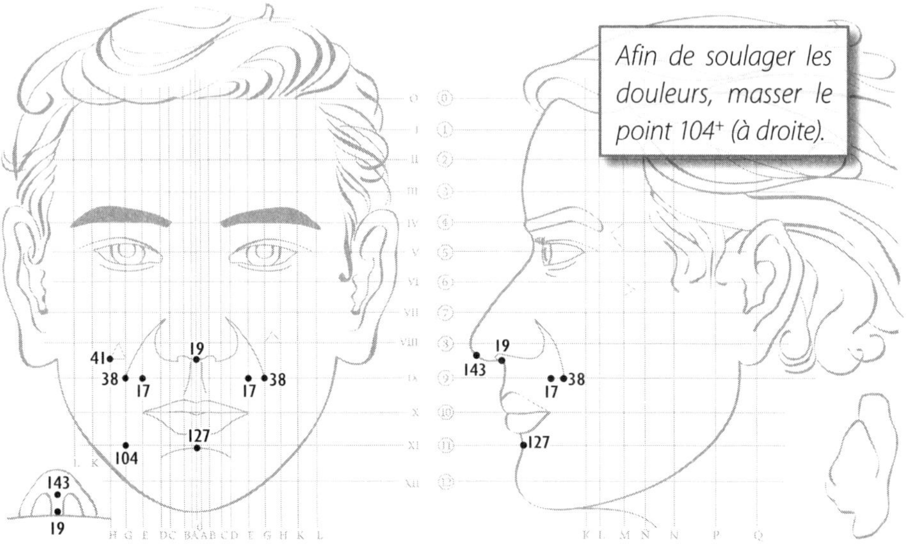

Afin de soulager les douleurs, masser le point 104⁺ (à droite).

ARTICULATIONS, DOULEUR DANS LE MOUVEMENT

26. 61. 3. 38. 17. 300. 37. 50.

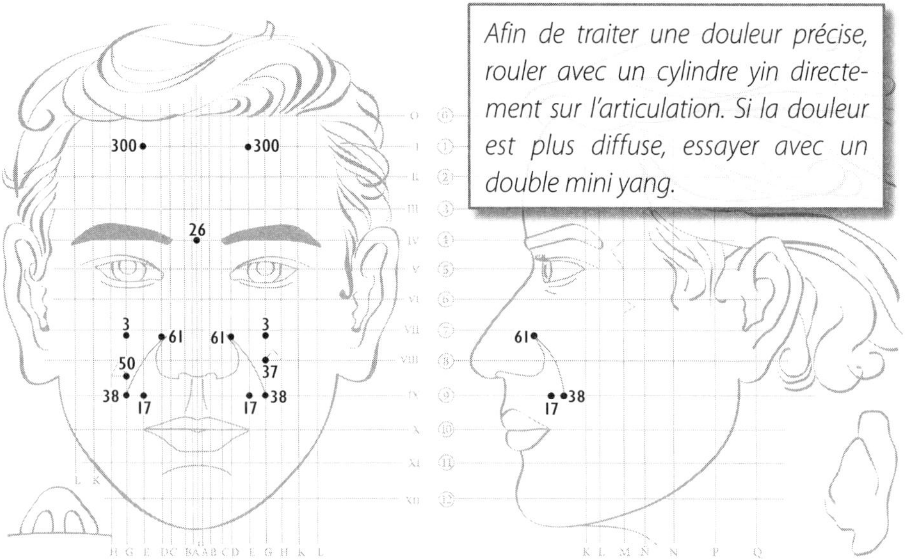

Afin de traiter une douleur précise, rouler avec un cylindre yin directement sur l'articulation. Si la douleur est plus diffuse, essayer avec un double mini yang.

VENTRE (MAL AU), DIARRHÉE

103. 1. 0. 37. 19. 50. 63. 127. 22.

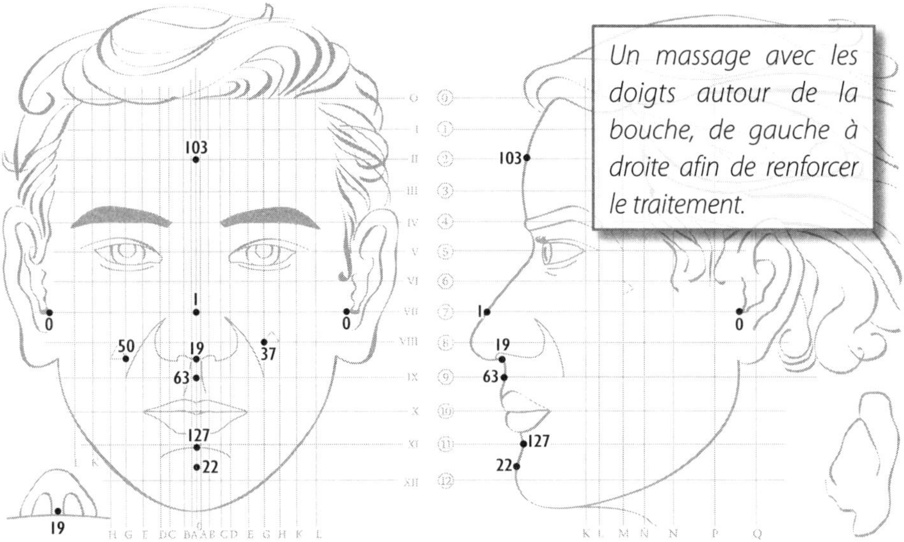

Un massage avec les doigts autour de la bouche, de gauche à droite afin de renforcer le traitement.

BRONCHITE

0. 14. 275. 61. 3. 39. 17. 38.

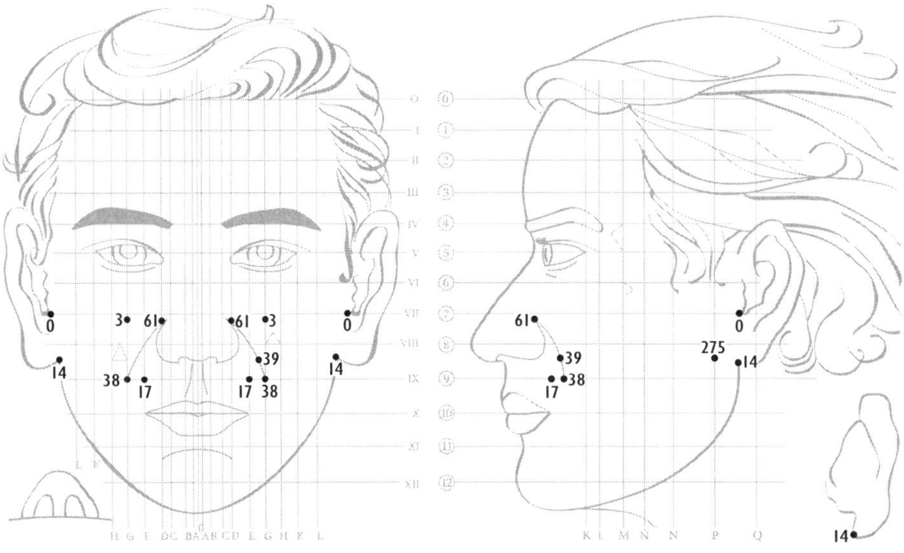

TÊTE, MAL DE TÊTE AU ZÉNITH

126. 103. 106. 189. 37. 50. 87. 51. 365.

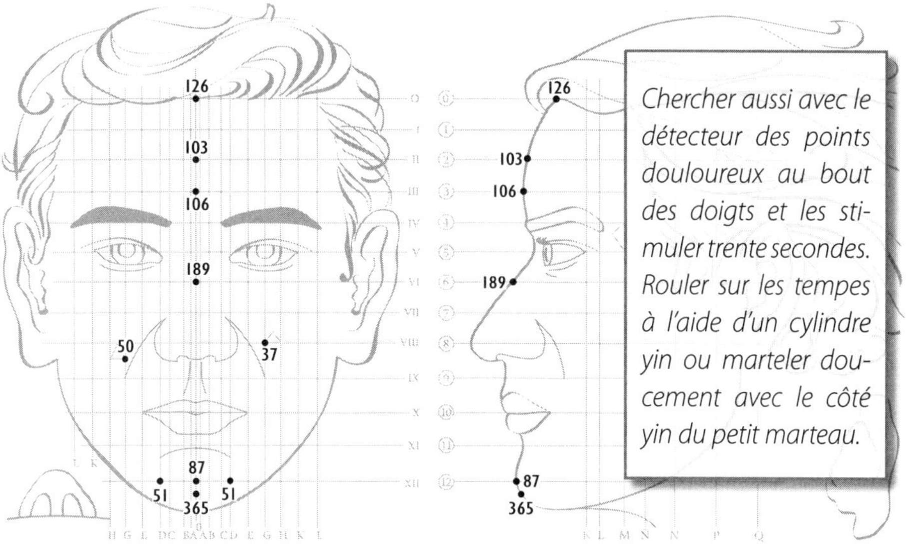

Chercher aussi avec le détecteur des points douloureux au bout des doigts et les stimuler trente secondes. Rouler sur les tempes à l'aide d'un cylindre yin ou marteler doucement avec le côté yin du petit marteau.

TÊTE, MAL DE TÊTE REMONTANT DEPUIS LA NUQUE

560. 8. 1. 37. 50. 41. 53. 127. 22. 87.

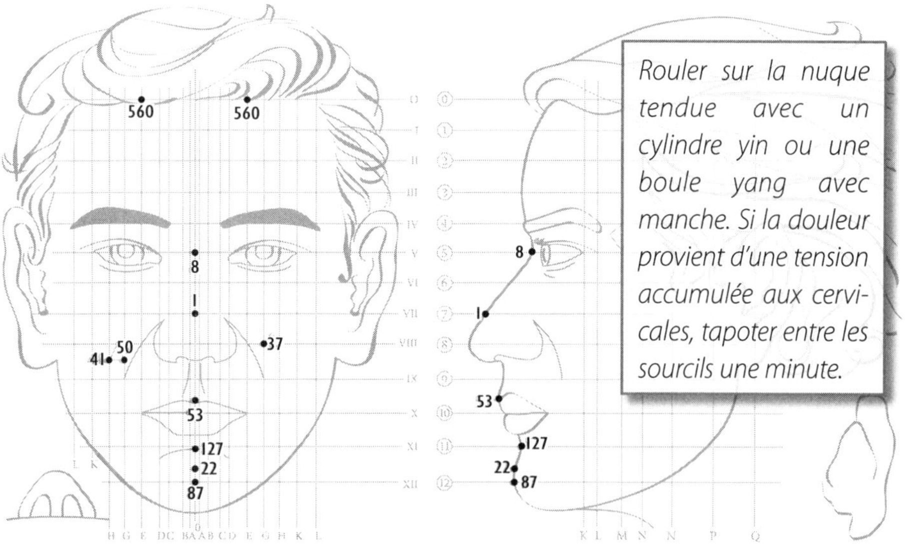

Rouler sur la nuque tendue avec un cylindre yin ou une boule yang avec manche. Si la douleur provient d'une tension accumulée aux cervicales, tapoter entre les sourcils une minute.

REINS, TROUBLES AU NIVEAU DES REINS

0. 275. 277. 87. 85. 29. 38. 64. 3. 290. 26. 103. 300.

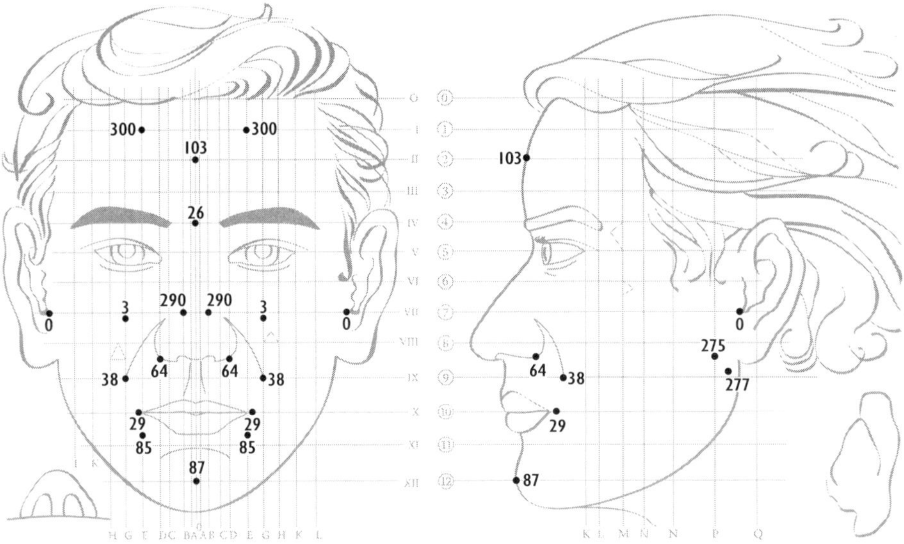

REINS, CALCULS RÉNAUX

300. 26. 16. 73. 61. 0. 19. 38. 17. 29. 222. 85. 87.

> *Combiner avec un massage de la zone rénale avec le stick de massage et une crème chauffante. Marteler tous les jours avec le petit marteau les points BQC 300.*

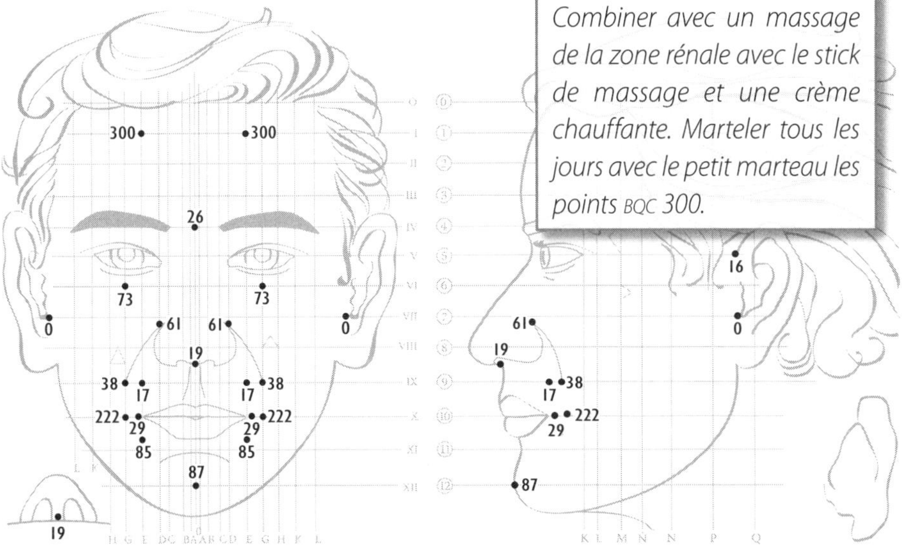

SCIATIQUE

210. 197. 34. 5. 74. 17. 461.

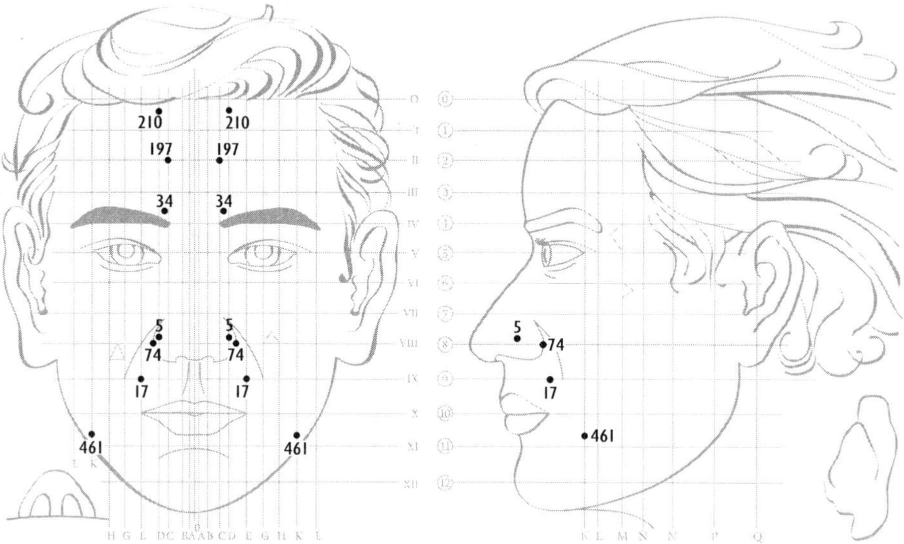

CHOLESTÉROL

300. 103. 106. 26. 73. 290. 3. 173. 41. 50. 38. 113. 7. 6. 29. 85. 51.

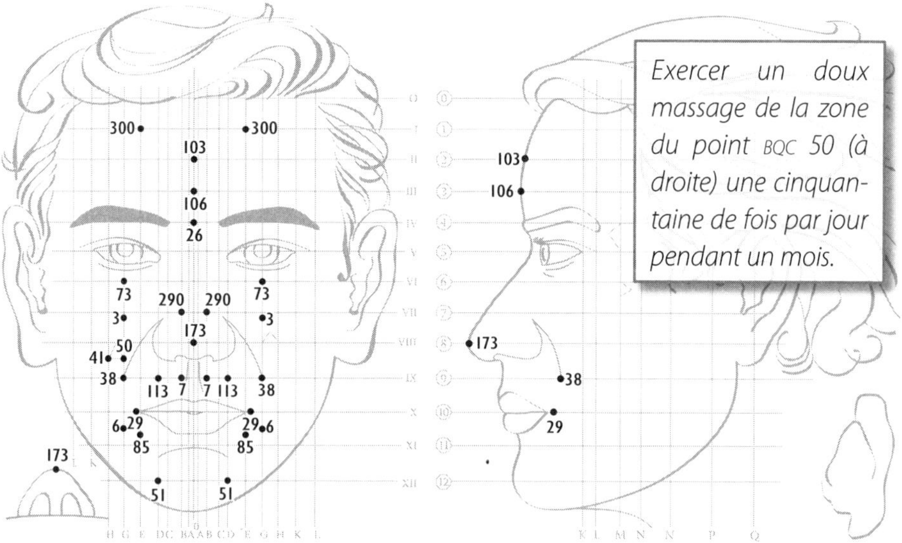

Exercer un doux massage de la zone du point BQC 50 (à droite) une cinquantaine de fois par jour pendant un mois.

CONJONCTIVITE
215. 16. 50. 51.

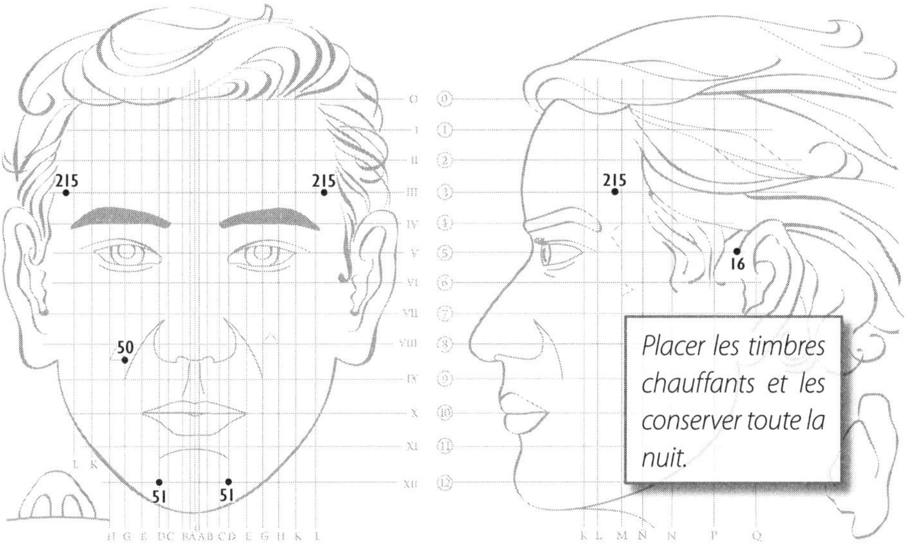

HÉMORROÏDES
365. 22. 127. 19. 50. 143. 37. 173. 45. 43. 1. 106. 103. 300. 126. 0.

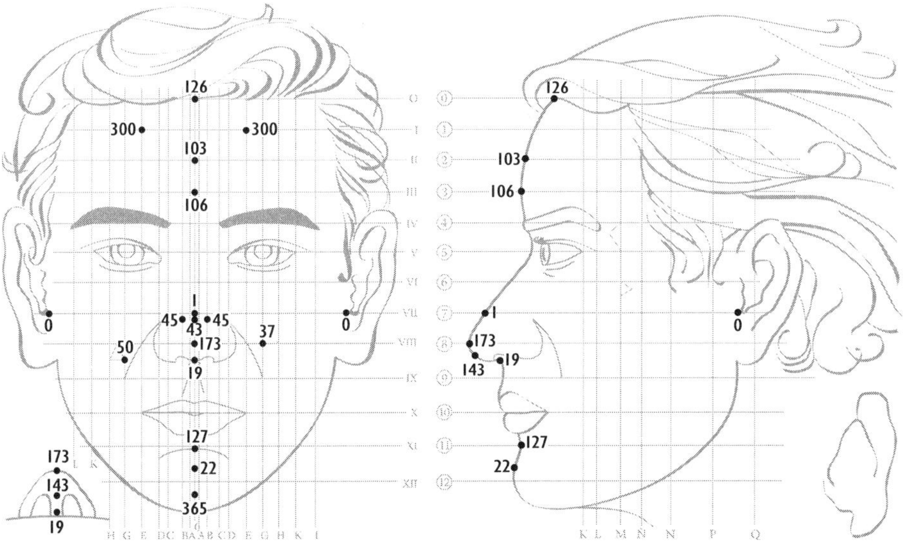

GRAISSES SUR L'ABDOMEN (ÉLIMINER)

3. 61. 37. 19. 50. 38. 63. 222. 85. 127. 22.

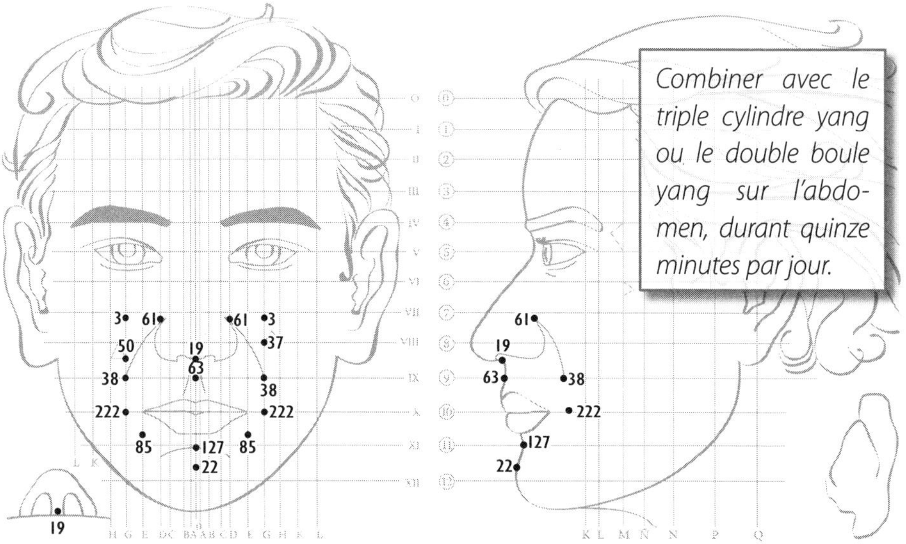

Combiner avec le triple cylindre yang ou le double boule yang sur l'abdomen, durant quinze minutes par jour.

APPÉTIT ET SOMMEIL (RÉGULATION)

124. 34. 103. 106. 217. 26. 8. 50. 39. 113. 127. 156. 0.

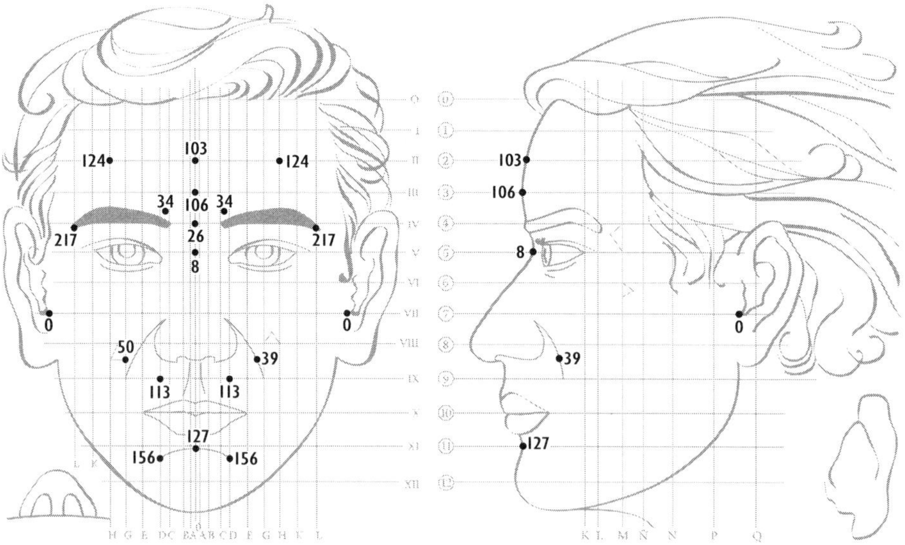

ALOPÉCIE
63. 7. 17. 50. 19. 127. 235. 103.

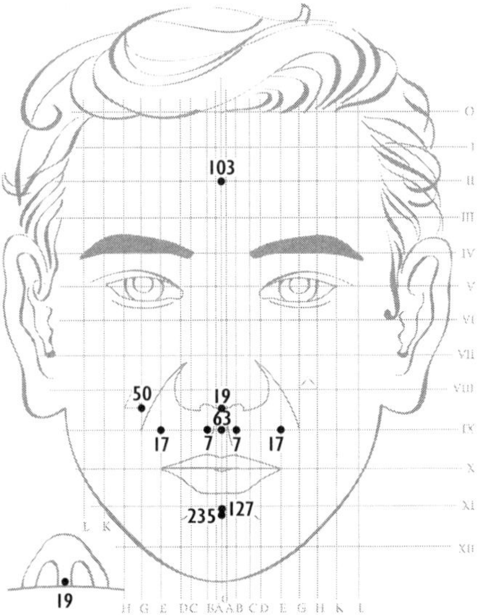

Compléter par un traitement local avec le peigne yin. Peigner chaque jour cinquante fois pour réactiver la circulation sanguine.

AGRESSIVITÉ (CALMER ET RÉDUIRE)
124. 34. 26. 70. 300.

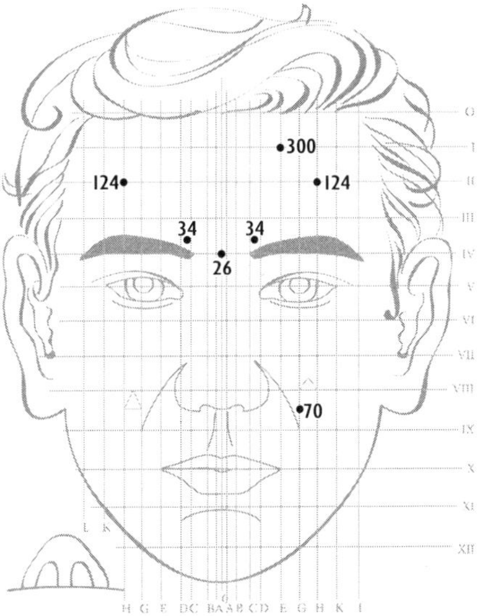

VISION (AMÉLIORER LA)
179. 102. 131. 73. 41. 6.

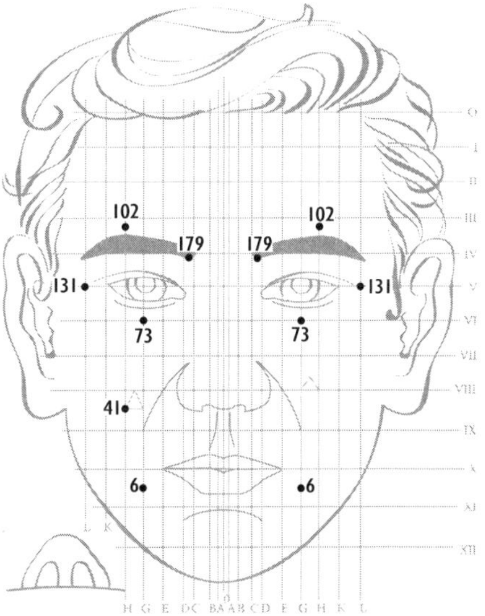

VARICES
70. 85. 87. 51.

Compléter avec un massage doux à l'aide du double boule yang sur les jambes.

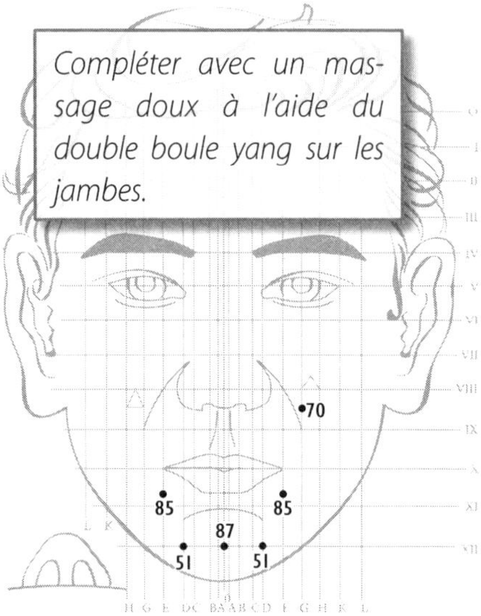

RHINITE
7. 287. 61. 491. 189. 197. 0.

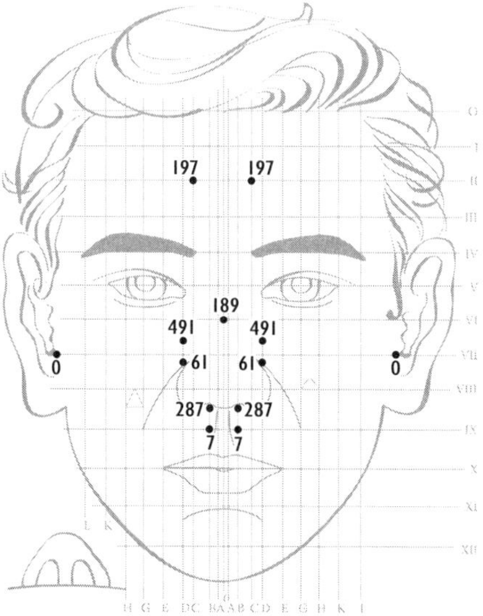

RIDES SUR LE VISAGE (RÉDUIRE)
70. 85. 87. 37. 60. 179. 421. 422.

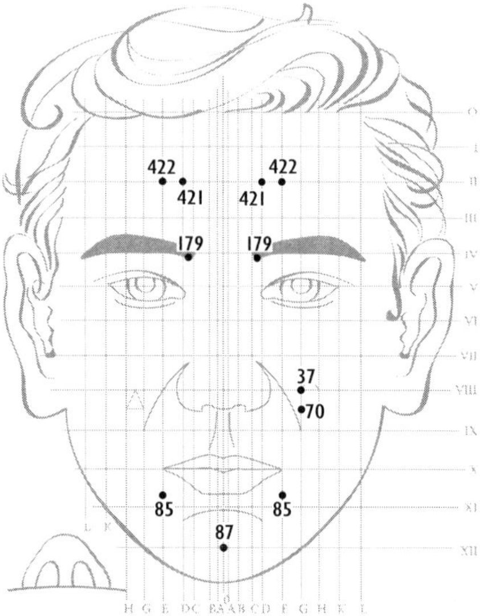

Rouler tous les jours avec le double mini boule yang le cou et autour des contours des yeux ainsi que les joues.

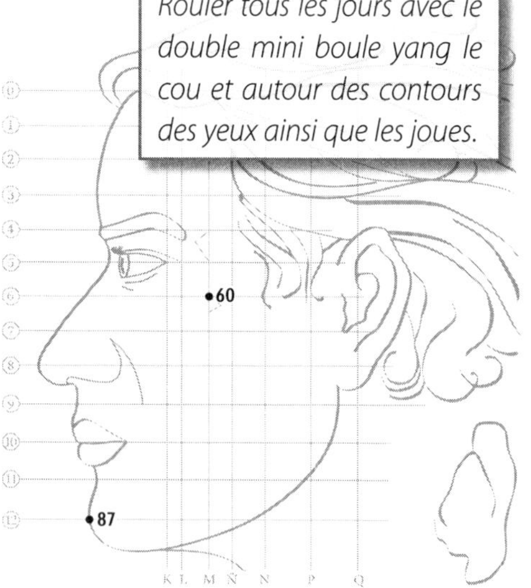

CERVEAU (AMÉLIORER L'IRRIGATION)

127. 14. 0. 3. 61. 1. 565. 16. 189. 130. 188. 34. 324. 102. 103. 300. 126.

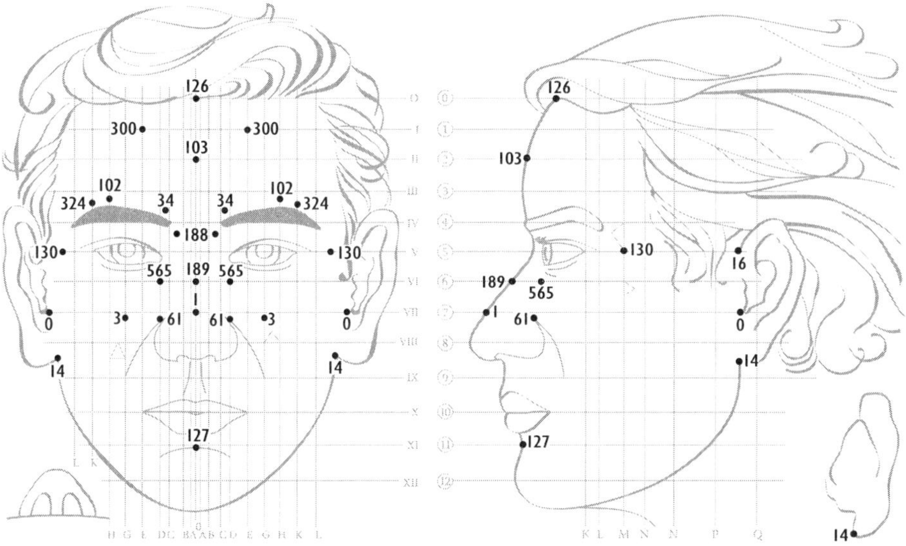

ANÉMIE

22. 127. 63. 19. 1. 113. 17. 39. 50. 37. 290. 0.

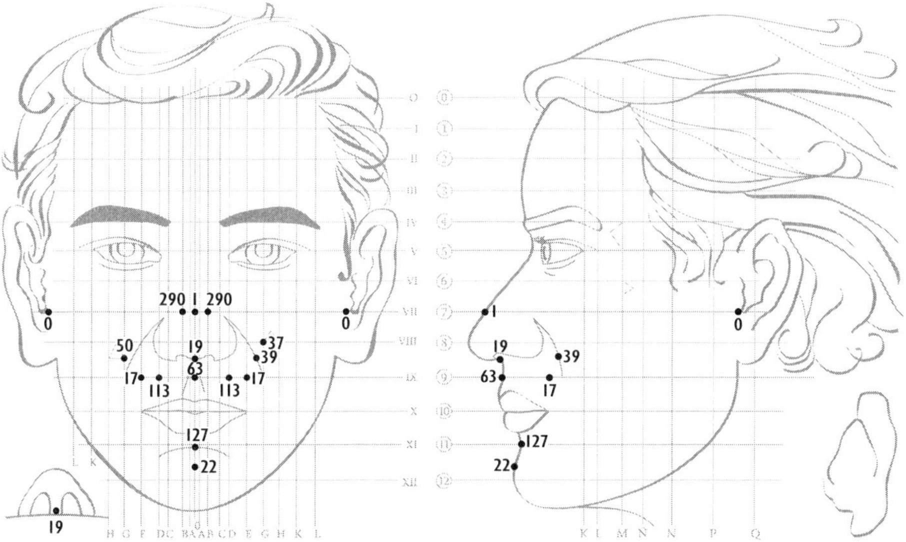

OTITES

41. 143. 127. 19. 37. 38. 15. 14. 16.

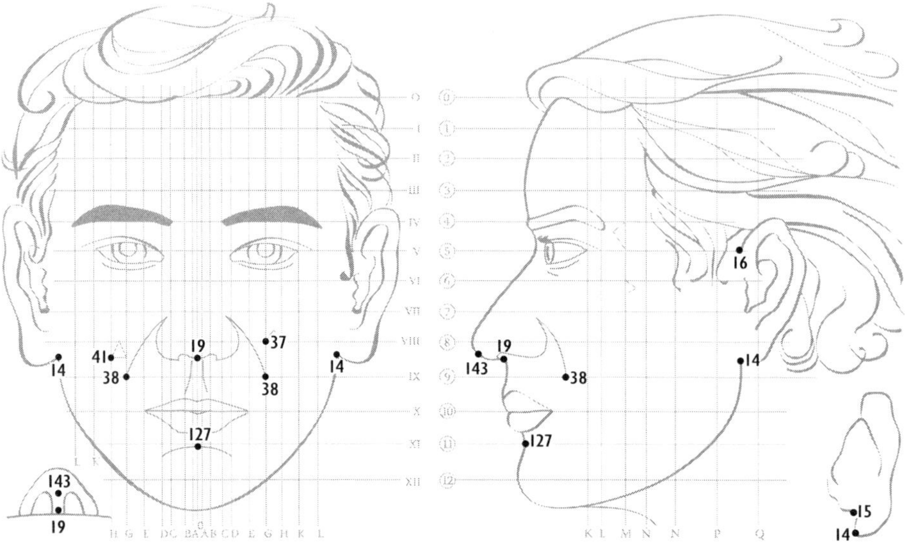

RÉTENTION DE LIQUIDE ET ARTHROSE

103. 290. 1. 19. 64. 63. 39. 53. 222. 236. 85. 127. 235. 22. 87.

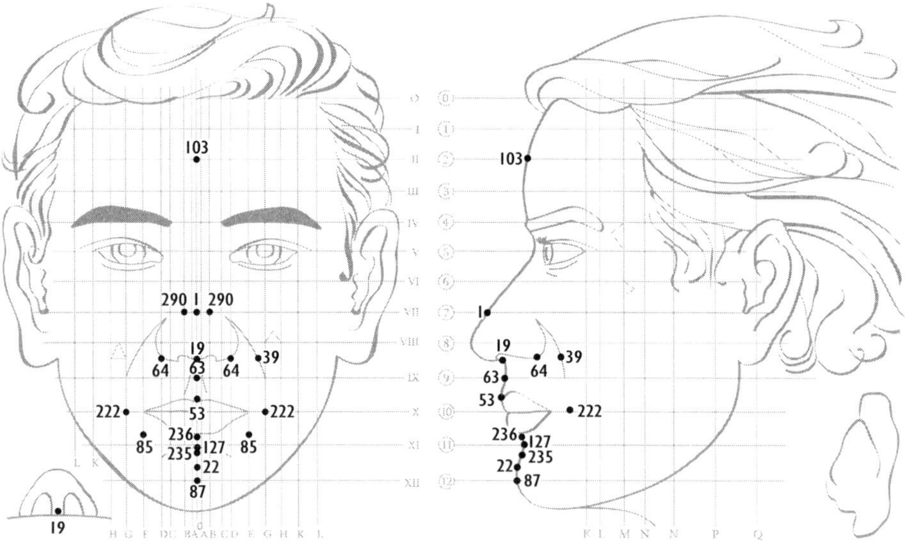

MICTIONS NOCTURNES FRÉQUENTES

87. 19. 37. 0. 16. 103.

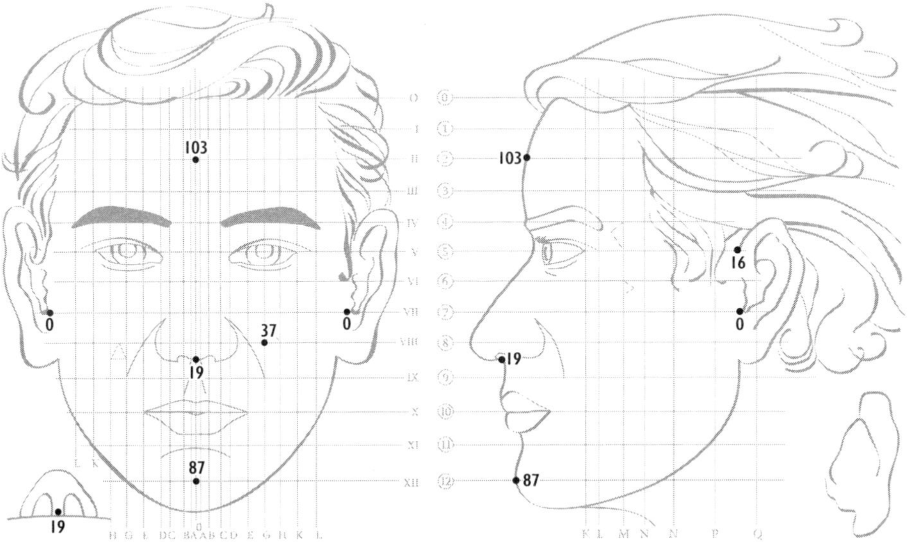

MUCOSITÉS (LIQUÉFIER)

26. 491. 3. 467. 132. 37. 275.

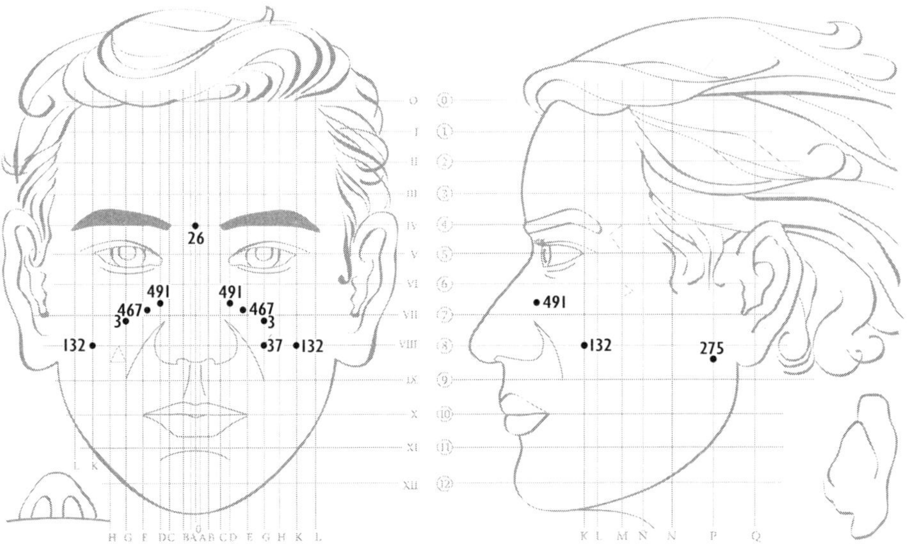

ANTI-INFLAMMATOIRE ET DÉSINTOXIQUANT

127. 85. 29. 38. 41. 50. 19. 143. 61. 3. 26. / 41. 143. 127. 19. 37. 38.

Formule essentielle qui se combine avec le traitement de la zone affectée. Éviter les points 26 et 19 chez le patient suivant un traitement pour la tension artérielle. Stimuler chaque point avec le détecteur, deux fois par jour. En cas de chaleur excessive du patient, appliquer la formule de haut en bas (sens yin).

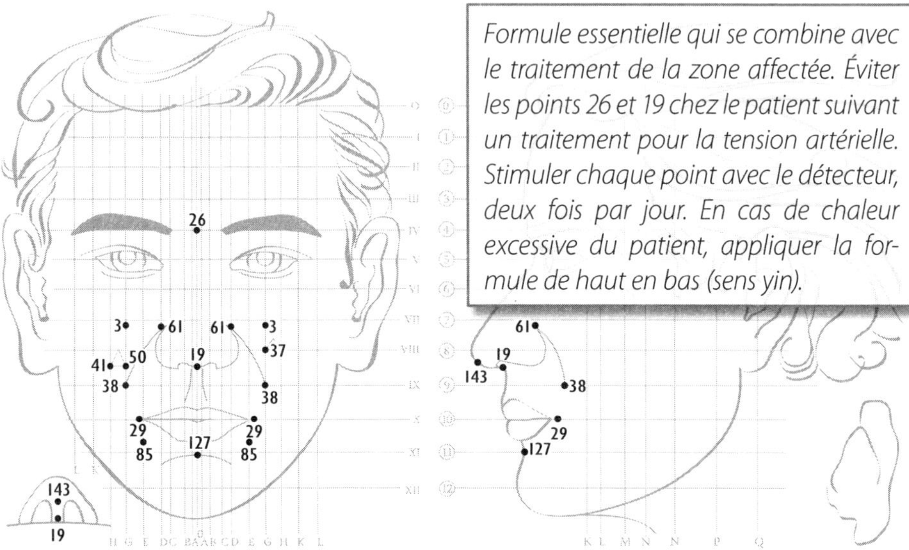

DÉPRESSION NERVEUSE

0. 124. 34. 22. 127. 50. 19. 1. 106. 103. 126.

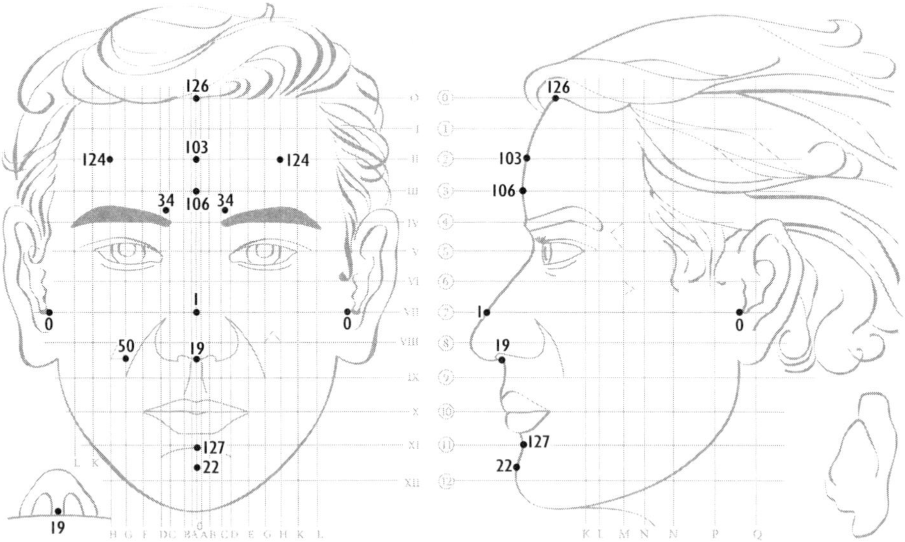

ANXIÉTÉ (CRISES)
103. 300.$^{+}$ 124. 34. 37. 0.$^{-}$

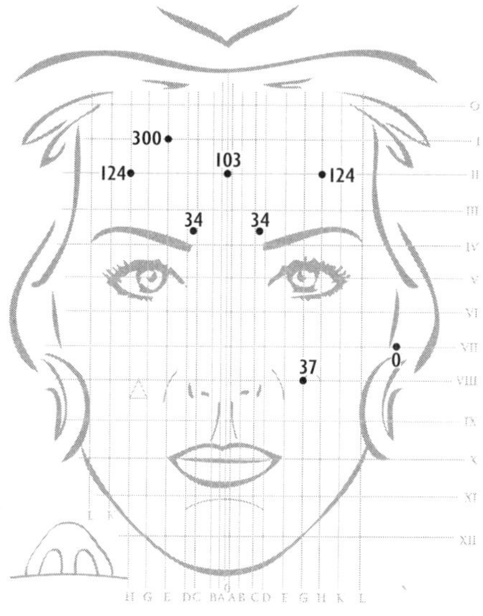

DOS, LOMBAIRES (MAUX)
559. 558. 560. 219. 340. 342.

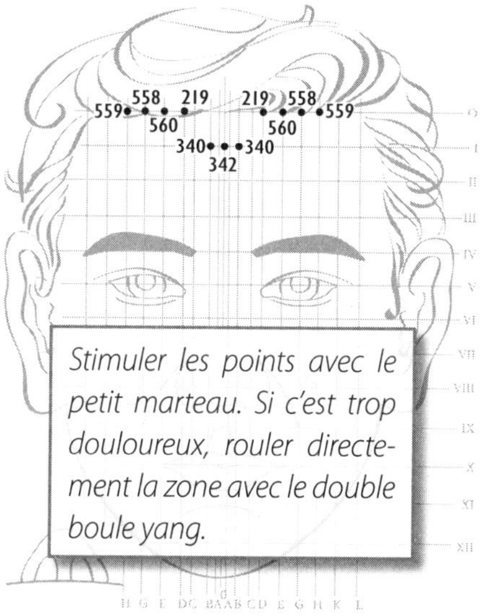

Stimuler les points avec le petit marteau. Si c'est trop douloureux, rouler directement la zone avec le double boule yang.

DOULEURS AIGUËS
39. 45. 43. 300. 0. / 41. 87. 60. 61. 16. 37. 38. 0.

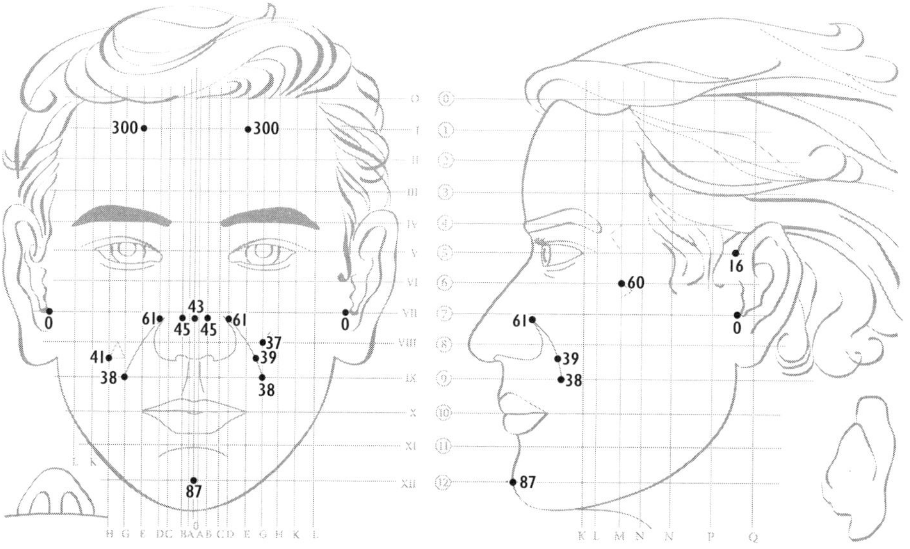

DOS (MAUX), LUMBAGO

0. 170. 126. 558. 300. 342. 1. 45. 87.

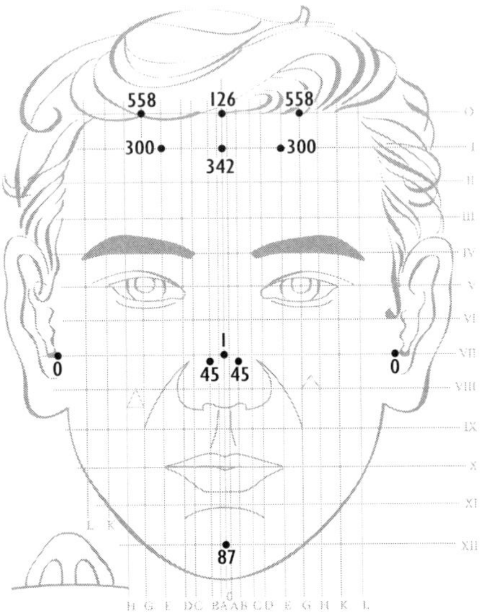

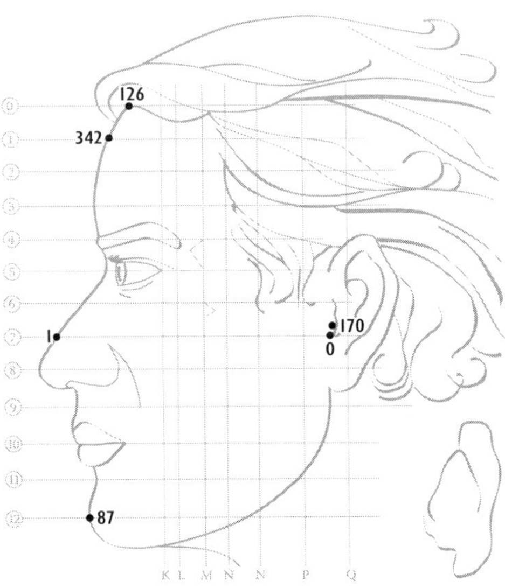

FERTILITÉ DE LA FEMME

127. 7. 0.

Stimuler ces points une fois par jour. Attention, un massage vif de la lèvre supérieure de la bouche à un effet contraceptif.

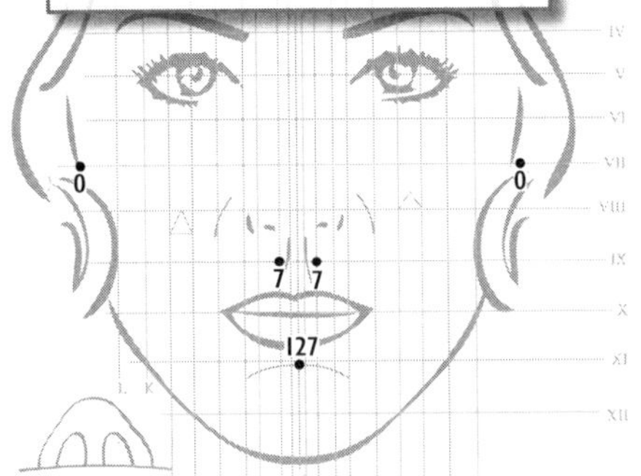

FERTILITÉ DE L'HOMME

7. 19. 127. 300. 0.

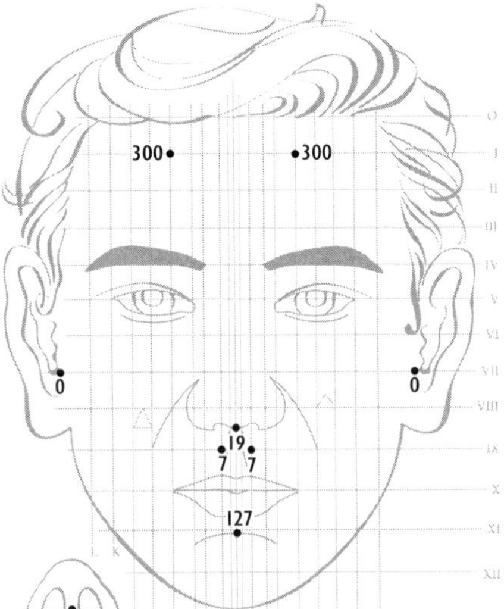

CONSTIPATION
143. 19. 41. 38.

PEAU (TROUBLES DE LA)
124. 34. 26. 50. 61. 3. 41. 38. 103. 156. 300. 60.

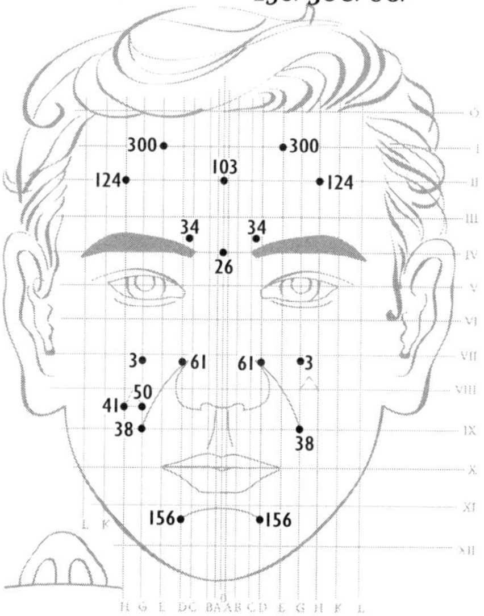

GORGE (INFLAMMATION)
275. 14. 38. 61. 8.

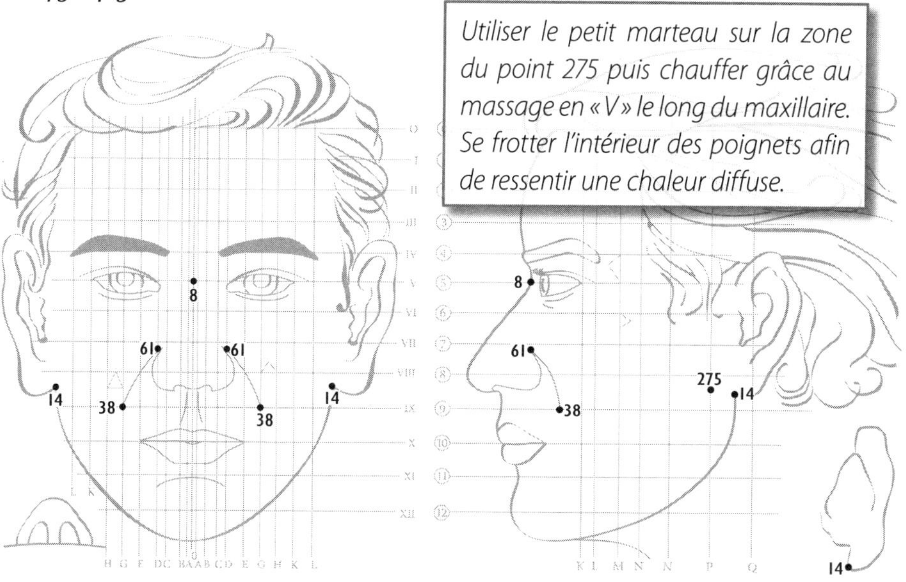

GRAISSES (RÉDUIRE), PERDRE DU POIDS
233. 41. 50. 7. 38. 113. 37. 39. 85.

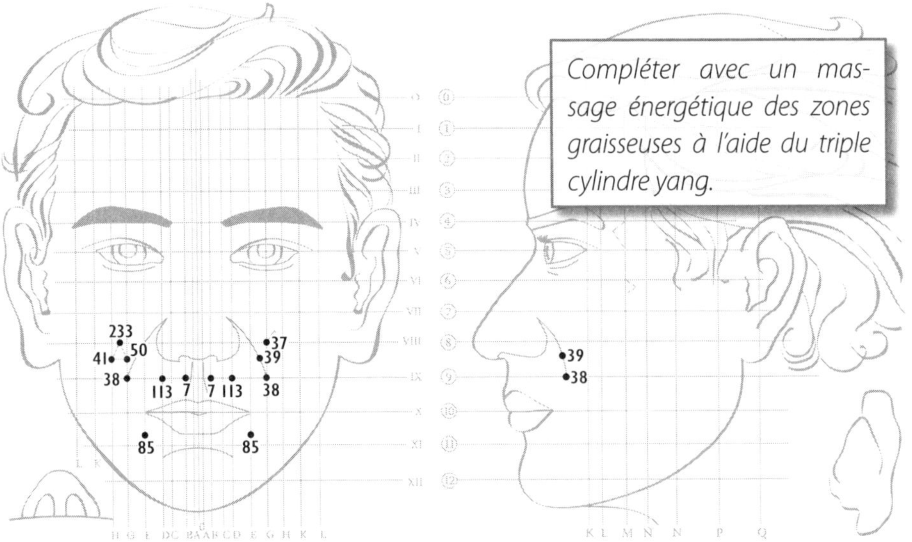

Compléter avec un massage énergétique des zones graisseuses à l'aide du triple cylindre yang.

GRIPPE AVEC TREMBLEMENTS
156. 127. 17. 7. 1. 37. 0. 170. 73. 360. 300.

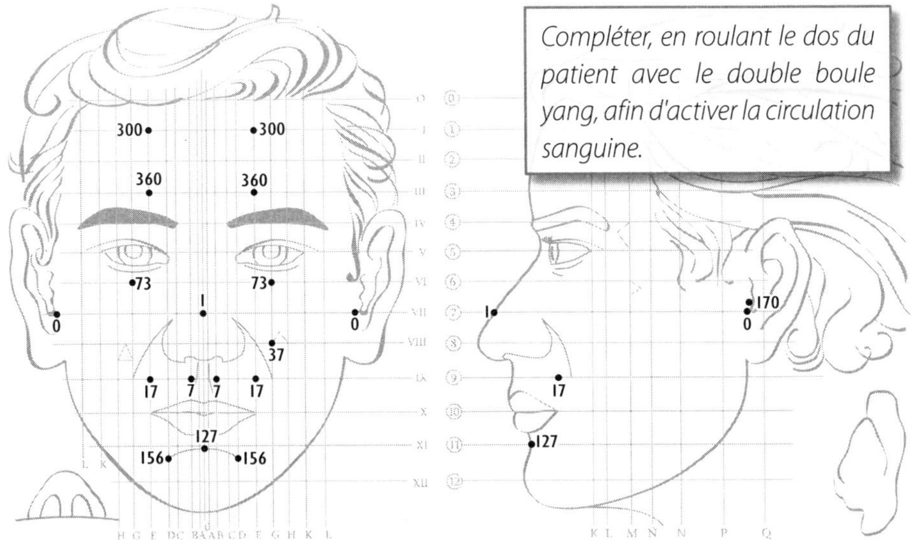

Compléter, en roulant le dos du patient avec le double boule yang, afin d'activer la circulation sanguine.

GRIPPE AVEC FIÈVRE
180. 26. 65. 60. 16. 14. 3. 61. 143. 39. 38. 29. 85. 51. 87.

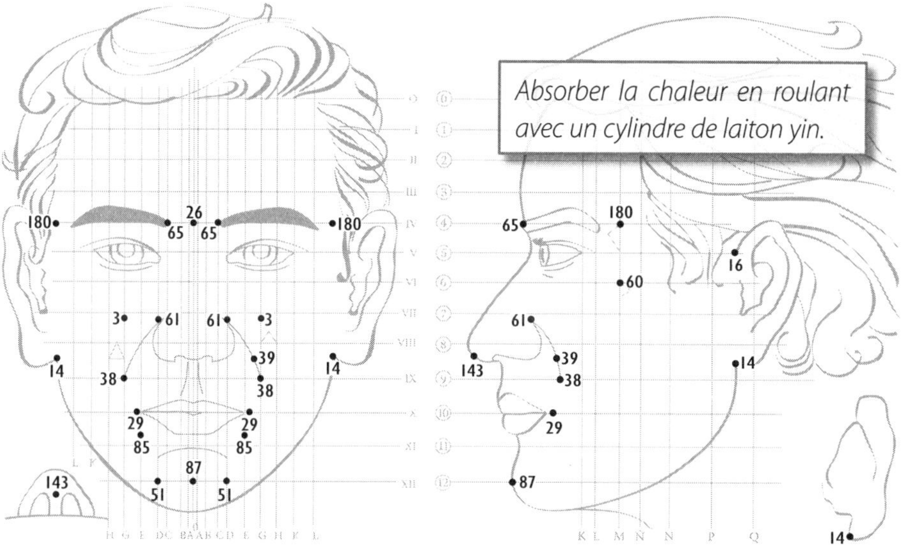

HYPERTENSION ARTÉRIELLE
26. 16. 565. 61. 15. 14. 156. 51.

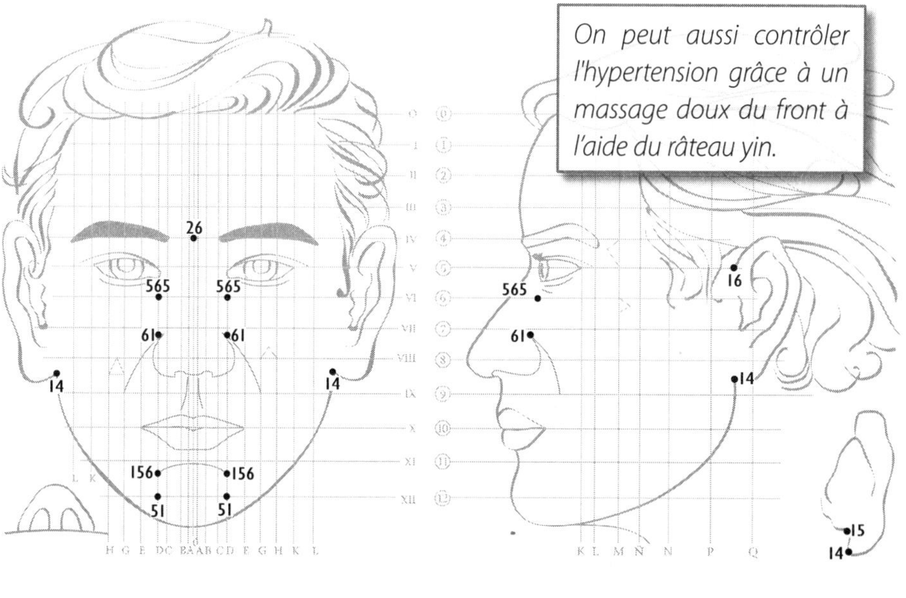

RÈGLES, SYNDROME PRÉMENSTRUEL

127. 156. 37. 1. 103. 300.+

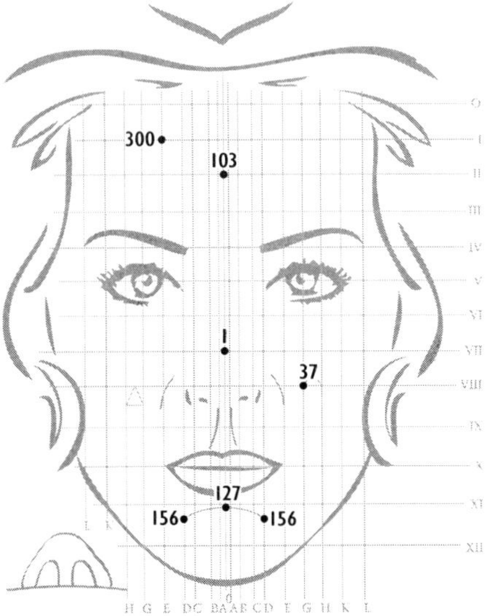

INSOMNIE

124. 34. 267. 217. 16. 51.

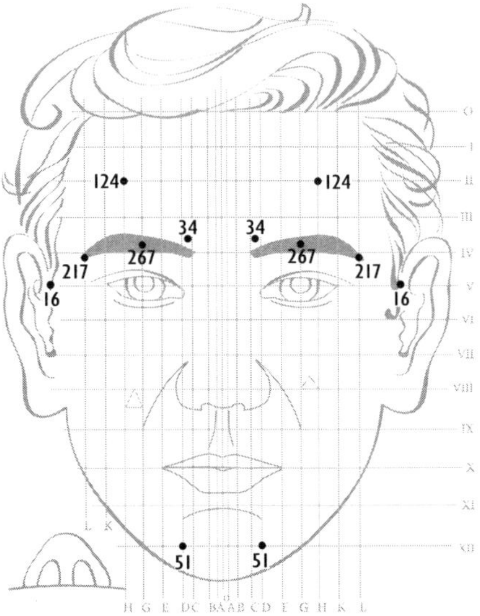

IMPUISSANCE

156. 127. 17. 7. 37. 1. 73. 0. 300.

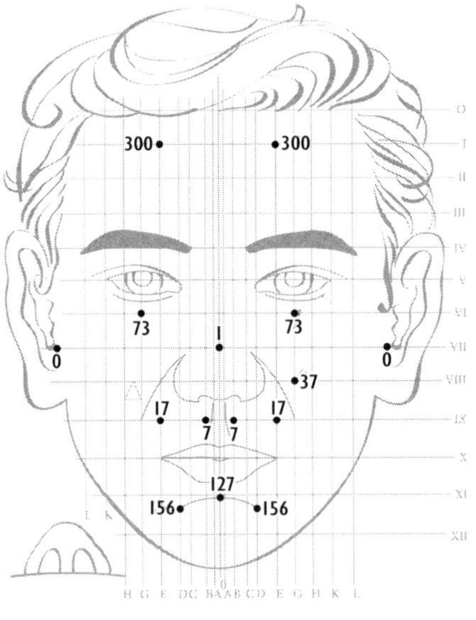

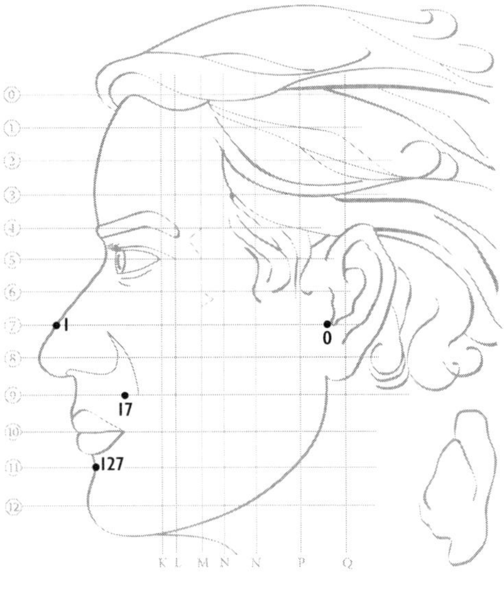

OVAIRES/TESTICULES (TUMEUR)
124. 26. 37. 50. 63. 7.

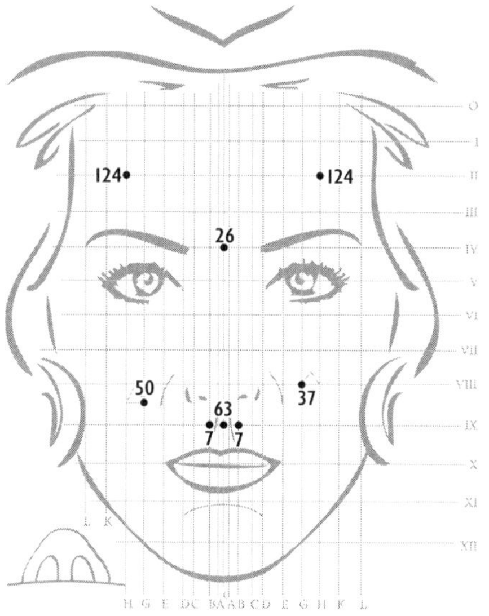

RONFLEMENTS
275. 277. 265. 288. 297.

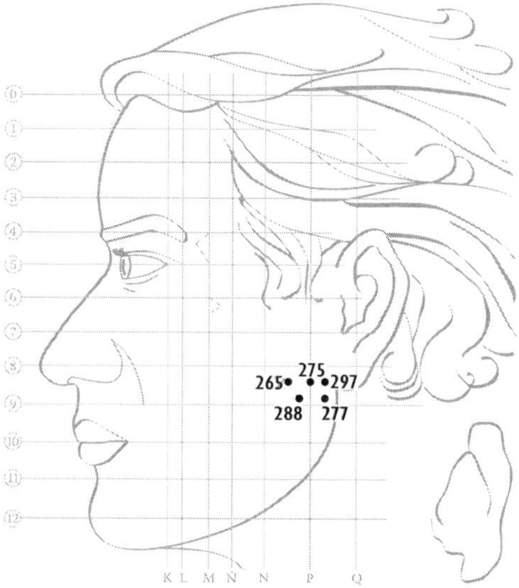

INCONTINENCE URINAIRE
0. 126. 103. 1. 37. 50. 87.

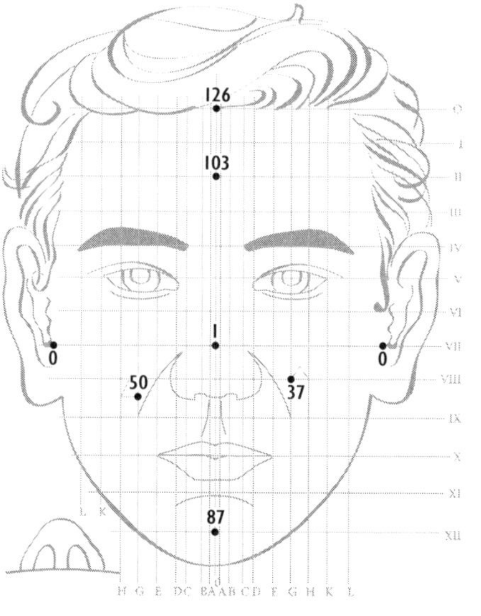

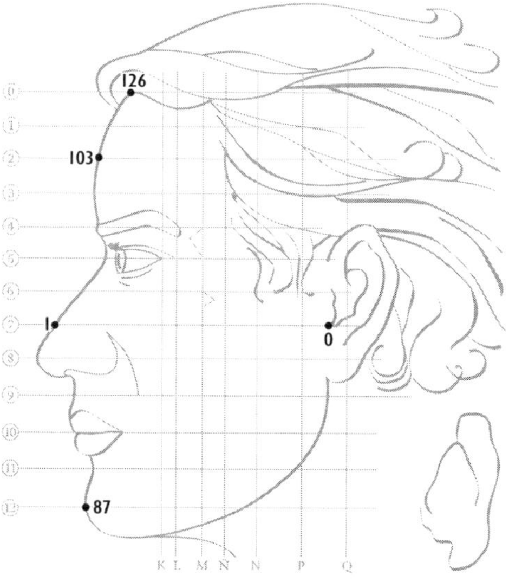

NEURASTHÉNIE, FATIGUE NERVEUSE

124. 34. 16. 14. 0. / 22. 127. 63. 7. 19. 50. 37. 1. 300.⁺

Rouler doucement le front du patient avec un cylindre yin une cinquantaine de fois. Puis appliquer la formule avec le petit marteau. Coller ensuite les timbres chauffants le soir jusqu'au lendemain.

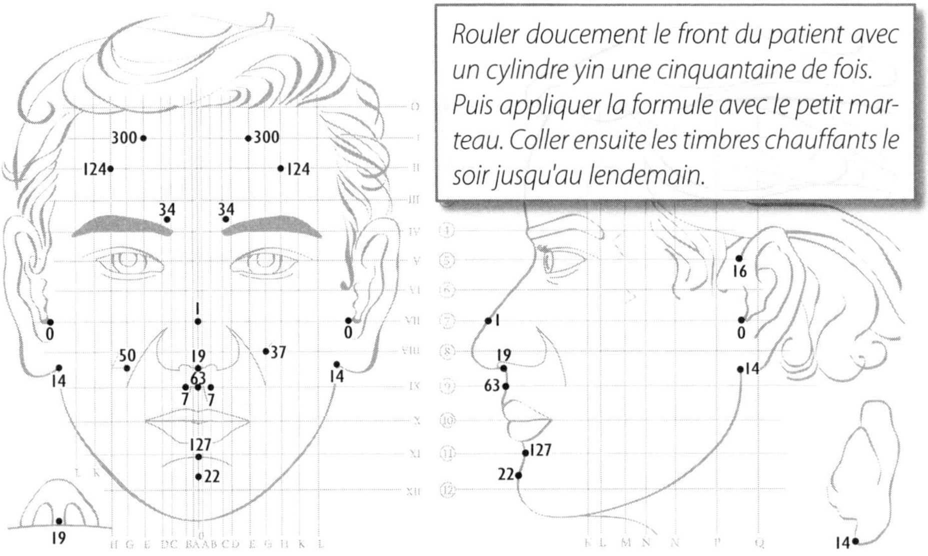

MUSCLES (DOULEUR)

156. 29. 222. 17. 7. 38. 19. 61. 37. 189. 8. 405.

Exercer aussi un massage en roulant une petite boule yang dans la zone des 37 et 39.

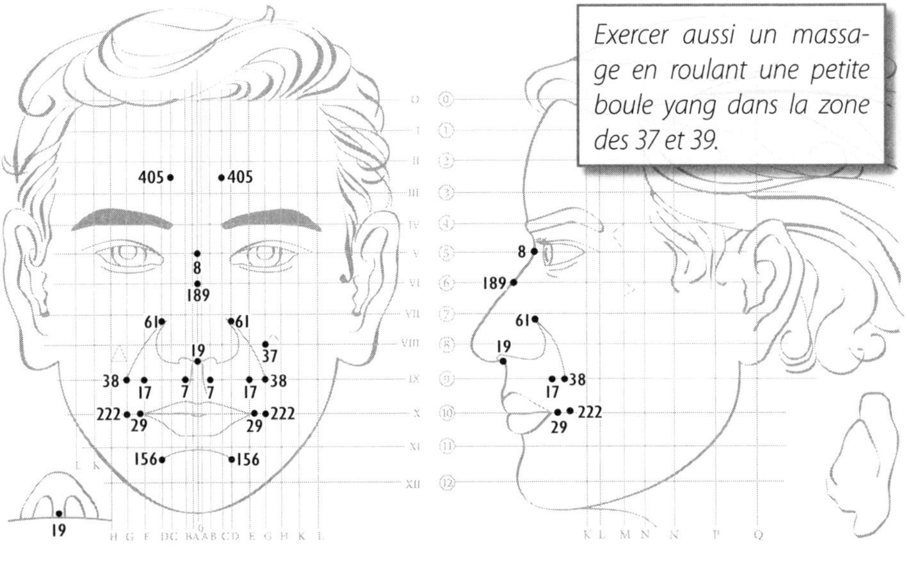

MÉMOIRE (PERTES DE)

127. 1. 34. 106. 107. 103. 300. 0.

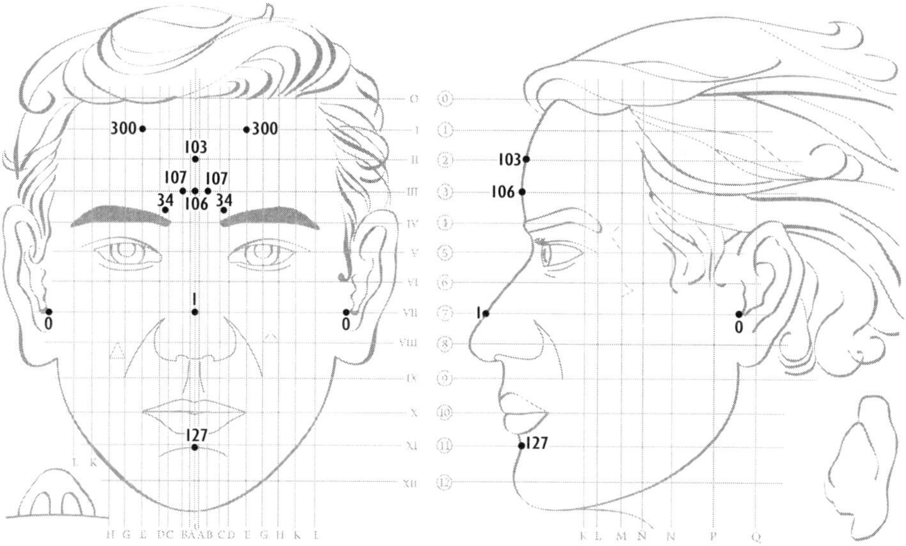

VERRUES

127. 17. 38. 19. 143. 41. 50. 37.

Appuyer autour de la verrue avec le détecteur afin de la concentrer et chauffer au moxa BQC.

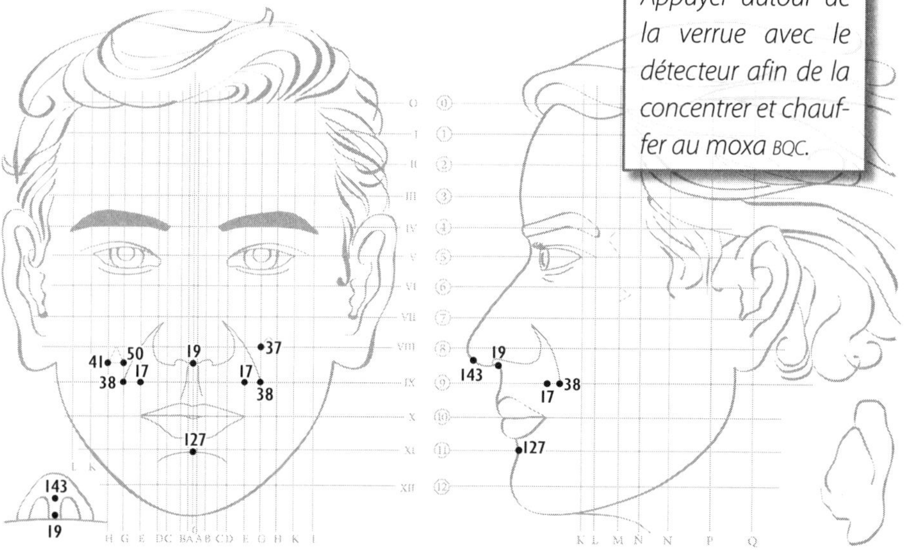

MUSCLES (DOULEUR), INFLAMMATION DES ARTICULATIONS

16. 61. 19. 50. 38. 156.

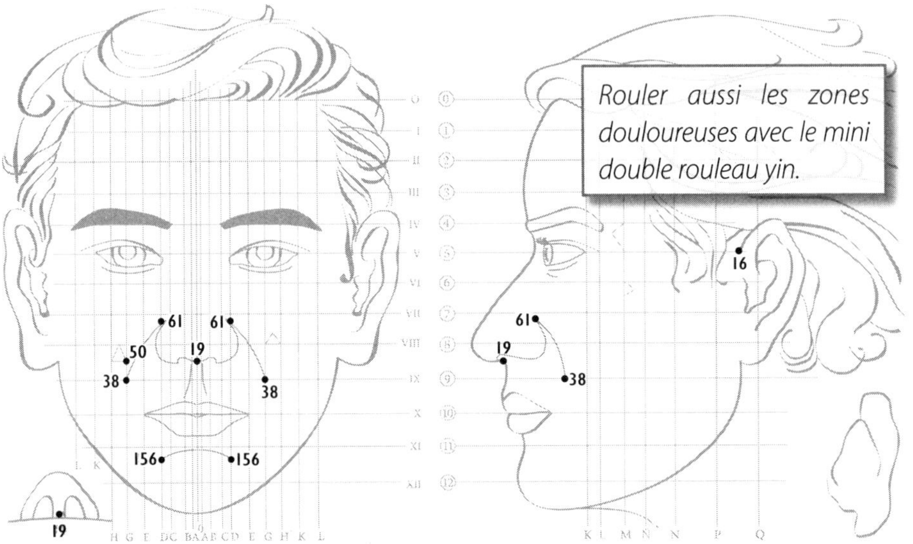

MIGRAINES

124. 180. 61. 50. 41. 51.

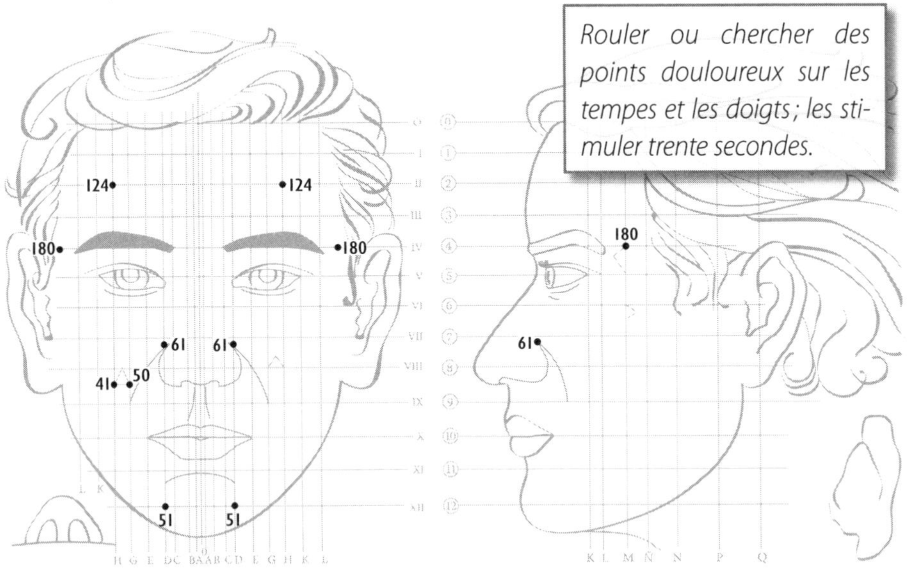

ODONTOLOGIE

26. 180. 188. 196. 16. 57. 0. 61. 45. 3. 14. 51.

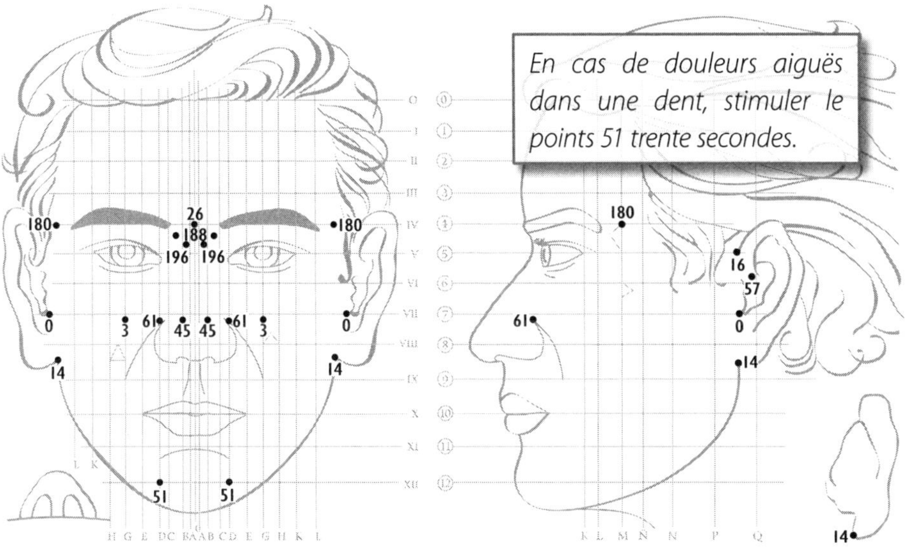

En cas de douleurs aiguës dans une dent, stimuler le points 51 trente secondes.

POIDS (PERDRE DU)

124. 34. 26. 61. 74. 64. 50. 41. 17. 29. 85. 87. 0.

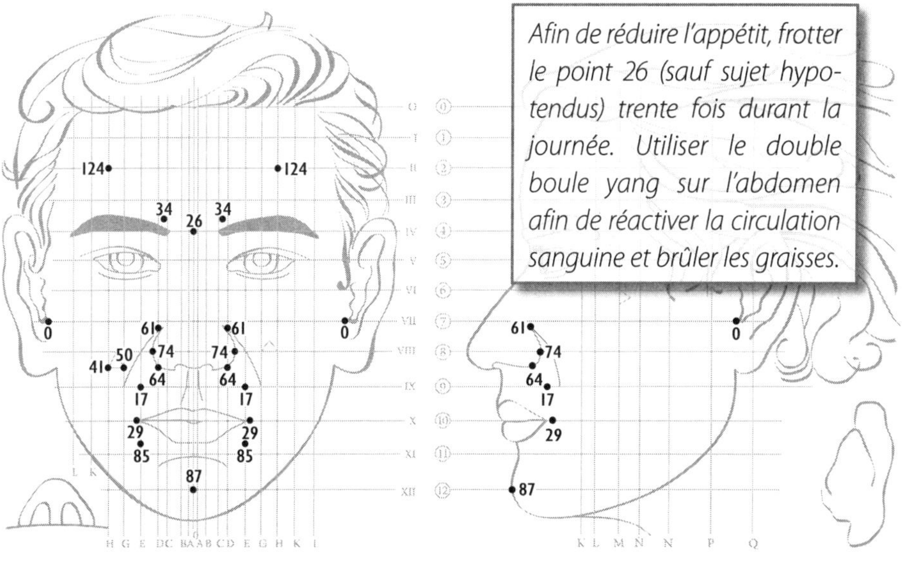

Afin de réduire l'appétit, frotter le point 26 (sauf sujet hypo-tendus) trente fois durant la journée. Utiliser le double boule yang sur l'abdomen afin de réactiver la circulation sanguine et brûler les graisses.

PROSTATE (TROUBLES DE LA)
365. 87. 127. 7. 39. 41. 37. 19. 126.

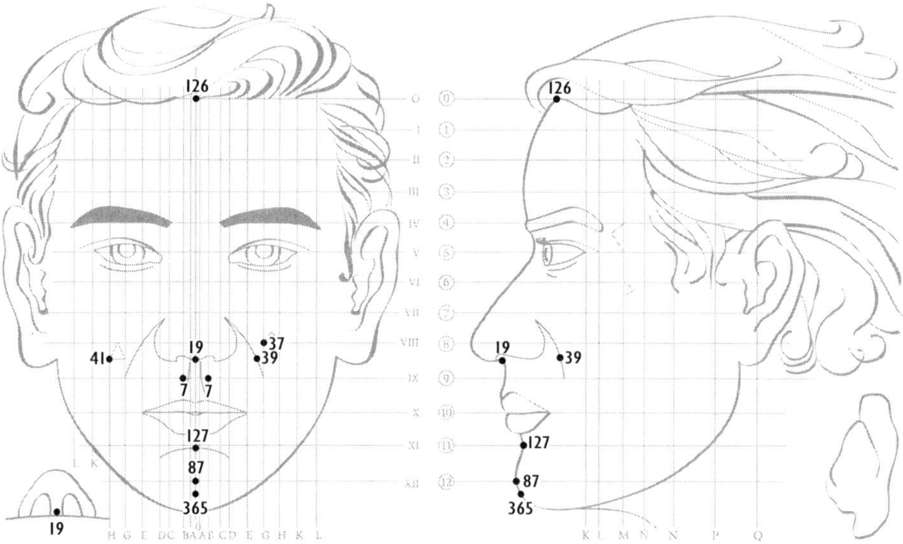

DYSPNÉE, RESPIRATION DIFFICILE
73. 3. 28. 61. 57. 269. 189.

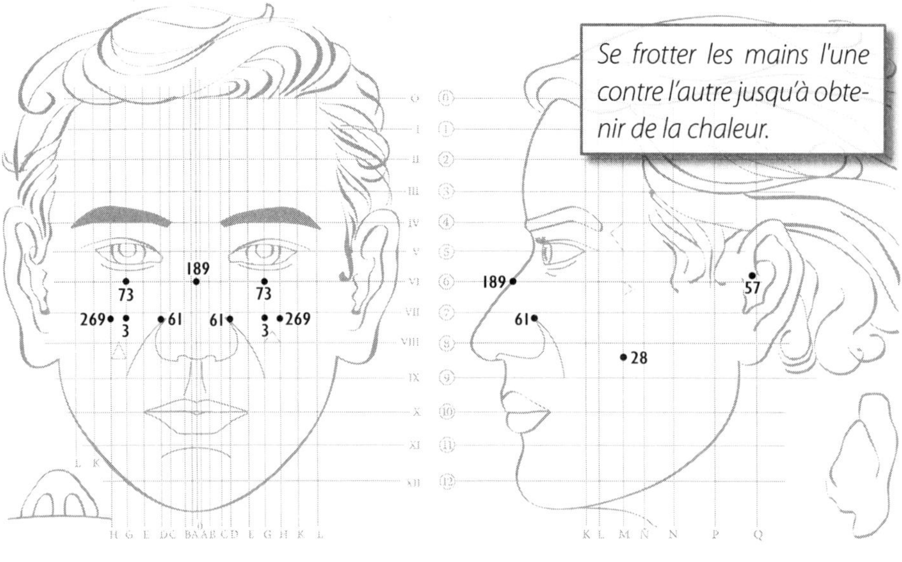

REVITALISER
22. **127**. **63**. 19. 0. 50. 37. 1. 73. 189. **103**. 300.

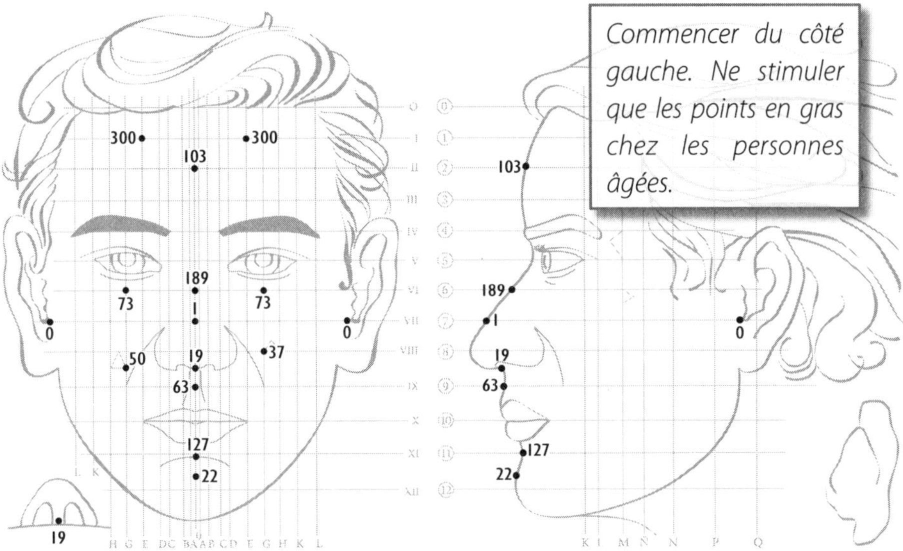

Commencer du côté gauche. Ne stimuler que les points en gras chez les personnes âgées.

TALON (DOULEUR)
127. 286. 461.

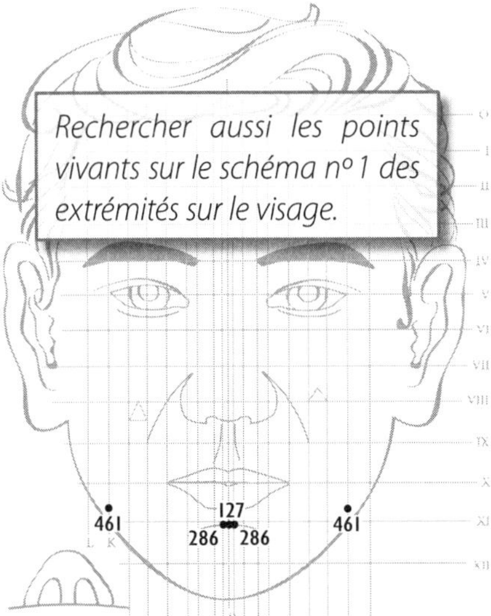

Rechercher aussi les points vivants sur le schéma nº 1 des extrémités sur le visage.

SACRUM (DOULEUR)
379. 377. 21.

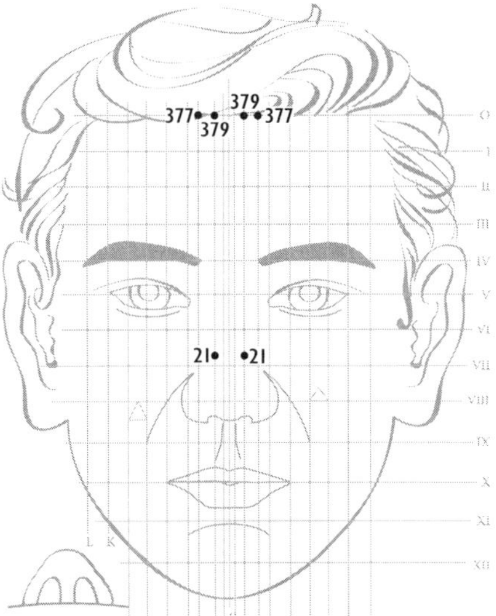

SINUSITE

209. 491. 467. 61. 38. 17.

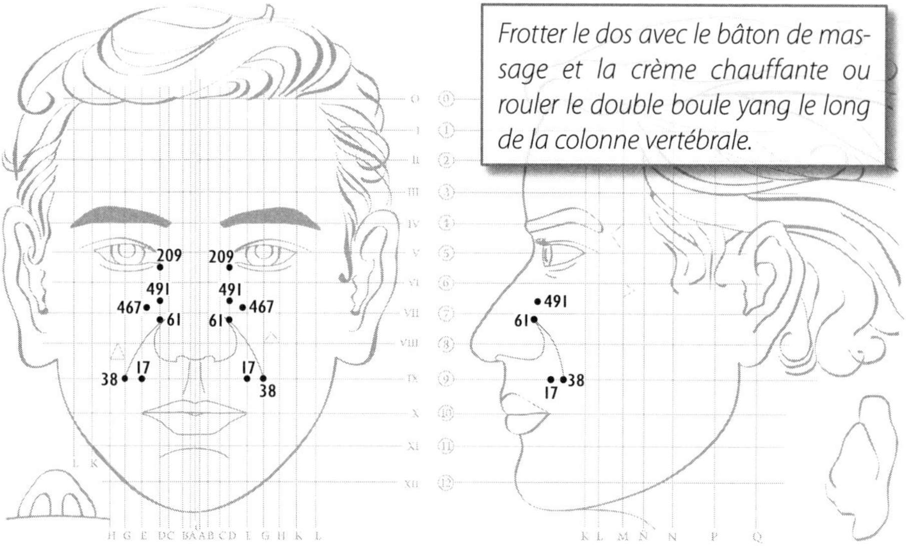

Frotter le dos avec le bâton de massage et la crème chauffante ou rouler le double boule yang le long de la colonne vertébrale.

TABAGISME

300. 103. 106. 1. 50. 19. 37. 14. 127. 22. 0.

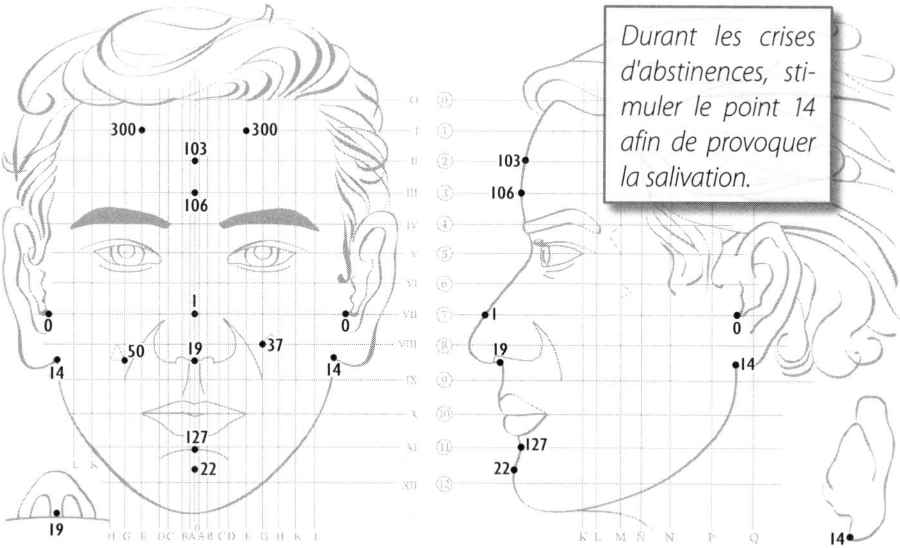

Durant les crises d'abstinences, stimuler le point 14 afin de provoquer la salivation.

TEMPÉRATURE (AUGMENTER)
156. 132. 3. 290. 34.

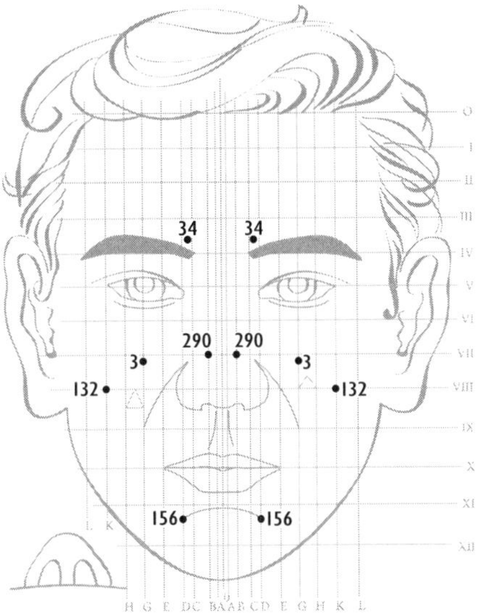

THORACIQUE (TOUX ET DOULEUR)
561. 360. 332. 310.

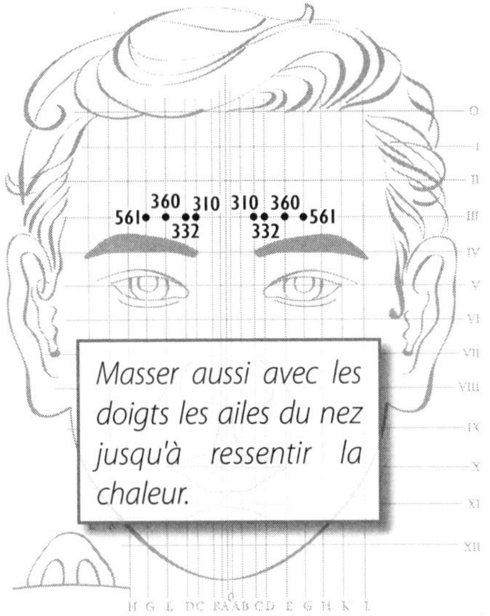

TRANSPIRATION EXCESSIVE
179. 188. 283. 8. 59. 60. 3.

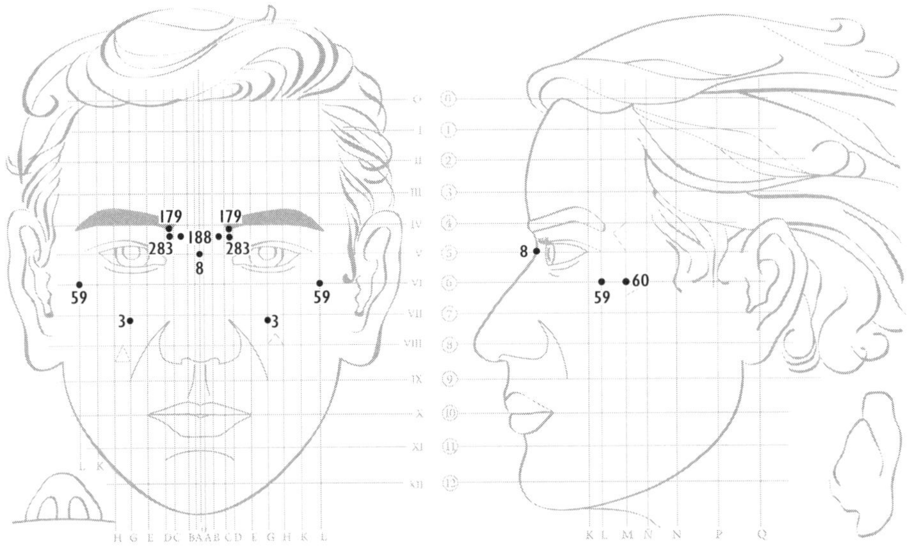

VISION (TROUBLES DE LA)

175. 197. 300. 6. / 3. 73. 130. 102.

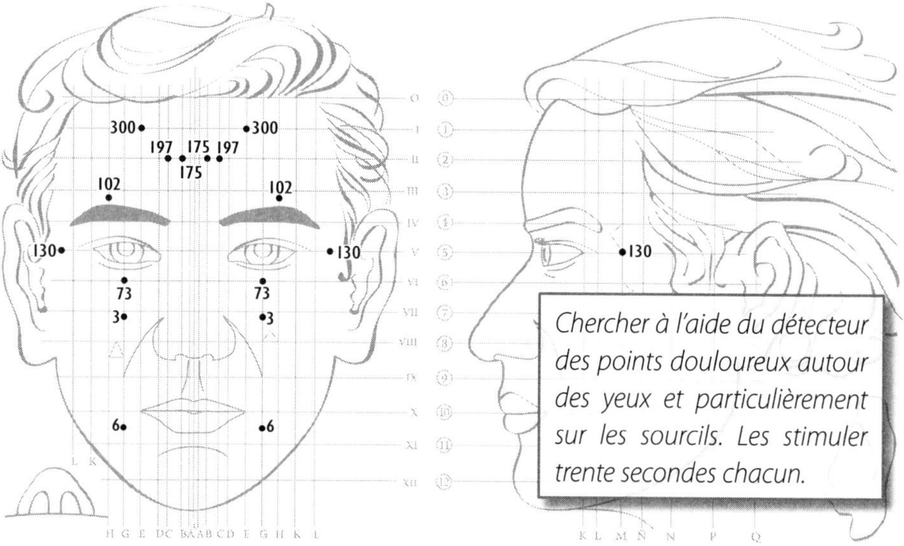

Chercher à l'aide du détecteur des points douloureux autour des yeux et particulièrement sur les sourcils. Les stimuler trente secondes chacun.

TUMEURS ET NODULES BÉNINS

41. 143. 127. 19. 37. 38. / 104. 61. 17. 38.

Valable pour des tumeurs internes ou externes. Stimuler les points BQC *et coller les timbres chauffants dessus afin que l'effet dure toute la nuit.*

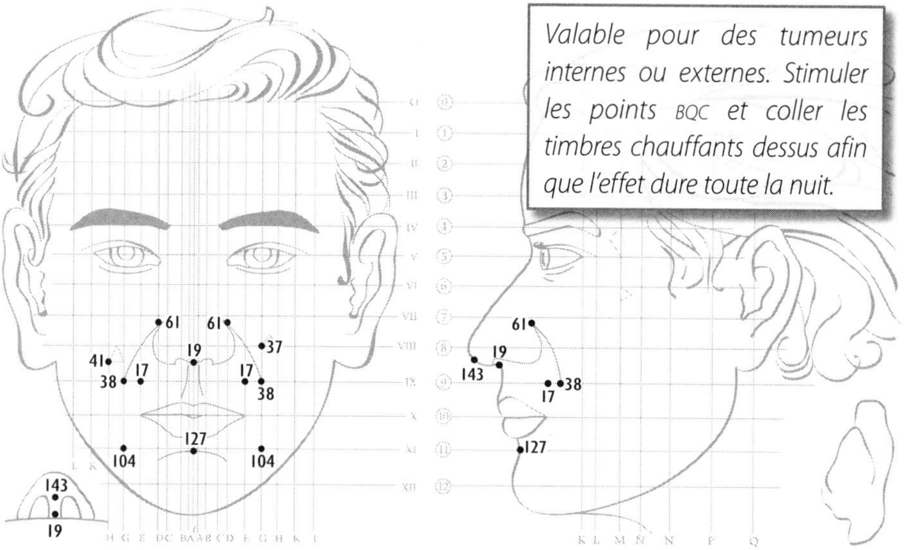

SUFFOCATION

26. 50. 7. 37. 156.

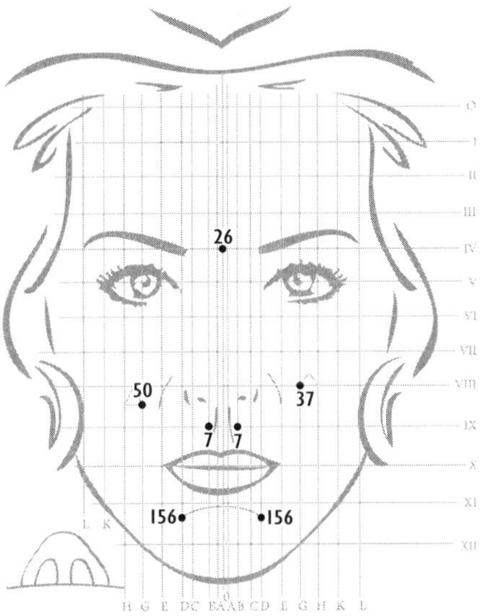

SEINS (RAFFERMIR)

179. 102. 73. 50. 60. 37. 106. 103.

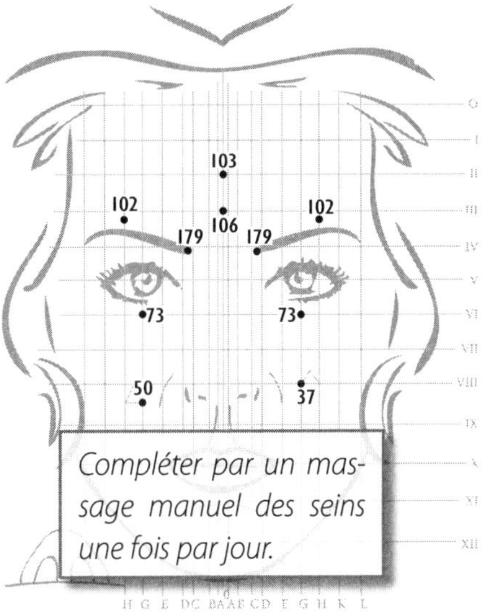

Compléter par un massage manuel des seins une fois par jour.

VERTIGES

127. 43. 0. 130. 126.

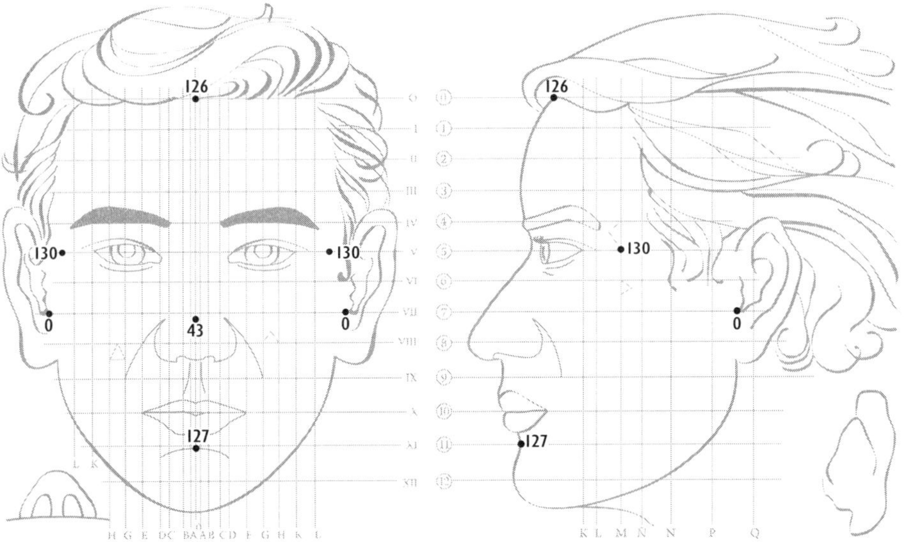

MÉNOPAUSE, BOUFFÉES DE CHALEUR
26. 50. 37. 7. 156.

Éviter le point 26 en cas d'hypotension. Rouler un outil yin sur le visage comme le double mini cylindre yin n° 308 afin de soulager la sensation de chaleur.

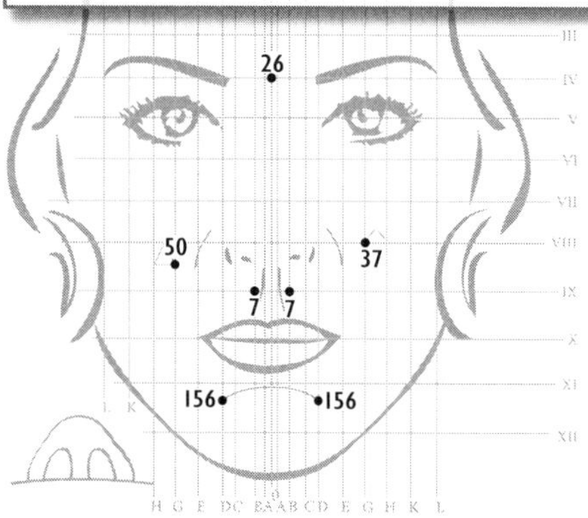

OSTÉOPOROSE
300. 45. 3. 13. 73. 127. 22. 0.

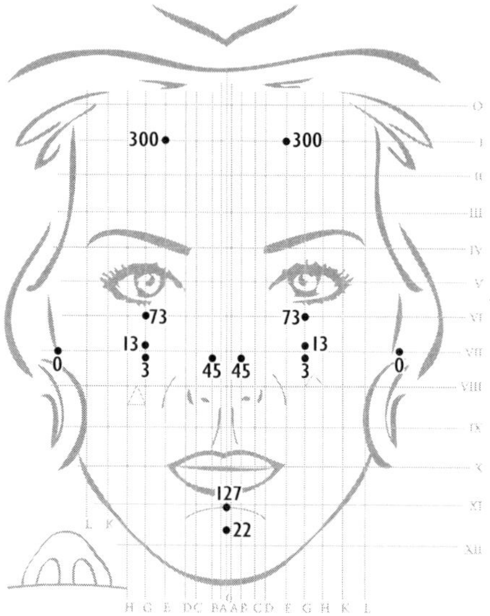

DIABÈTE
7. 113. 26. 50. 37. 63. 45. 300. 38. 60.

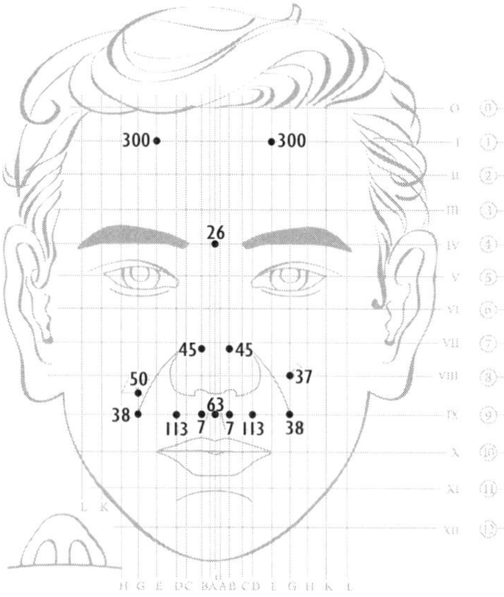

Stimuler les points puis coller dessus des timbres chauffants. Repasser la formule avec le petit marteau. Laisser agir toute la nuit. Après un mois de traitement (trois fois par semaine minimum), vérifier les effets grâce à des analyses.

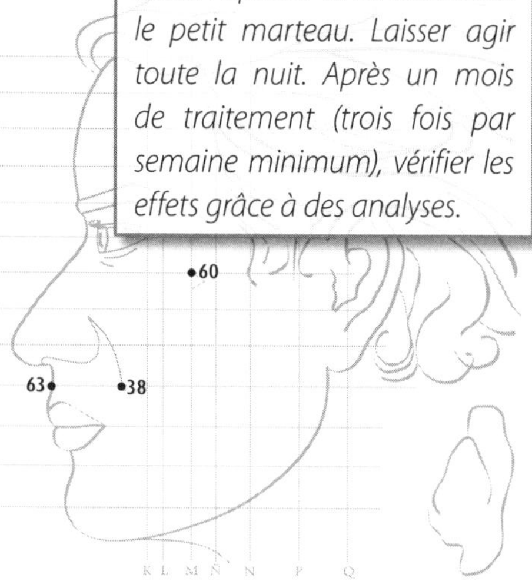

PRÉPARATION INTELLECTUELLE

0. 300. 103. 106. 107. 34. 1. 127.

Utiliser aussi le râteau yin n°416 pour masser le cuir chevelu cinquante fois afin de stimuler l'irrigation sanguine cérébrale.

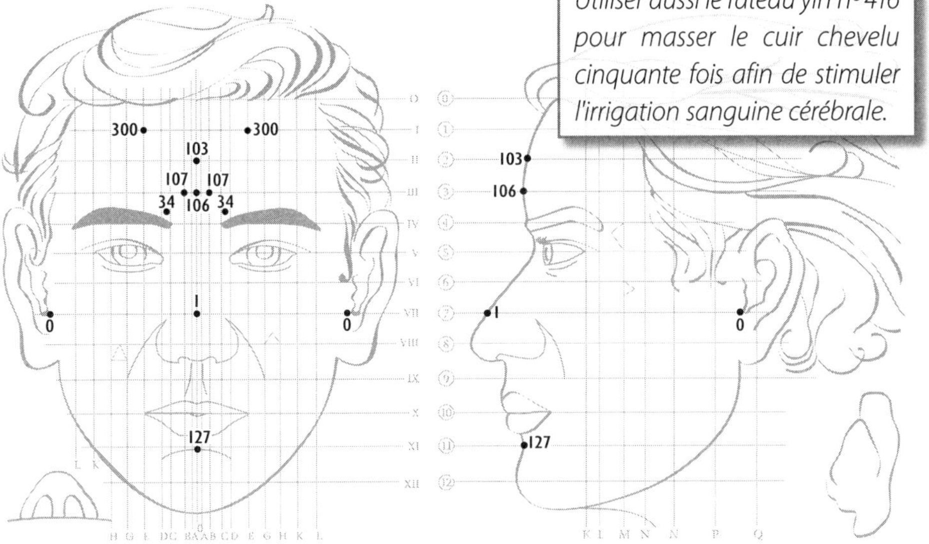

PIEDS (DOULEURS)

127. 156. 34. 300. 50. 0.

Chercher aussi des points vivants sur les mains et les stimuler avec le gros détecteur.

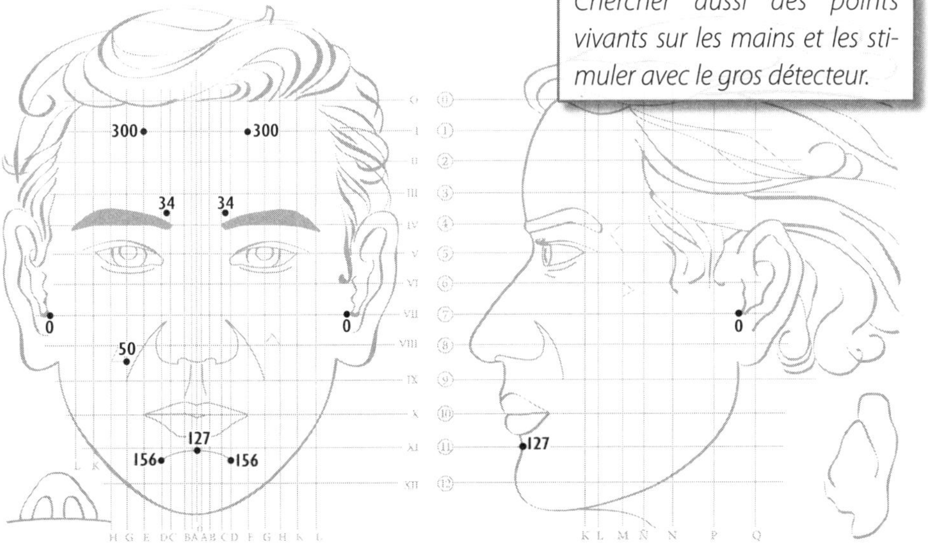

Traitements multiréflexologiques sur la main

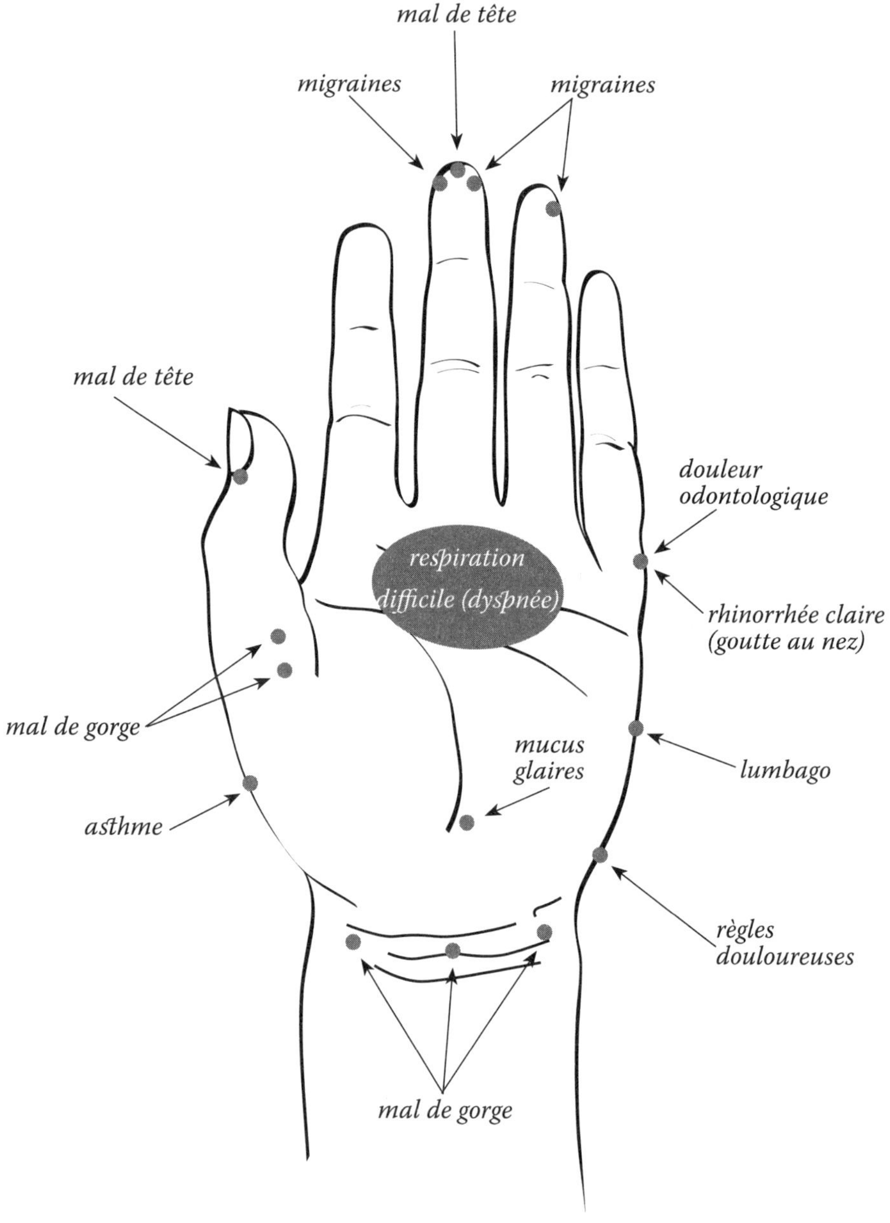

Traitements multiréflexologiques sur la jambe

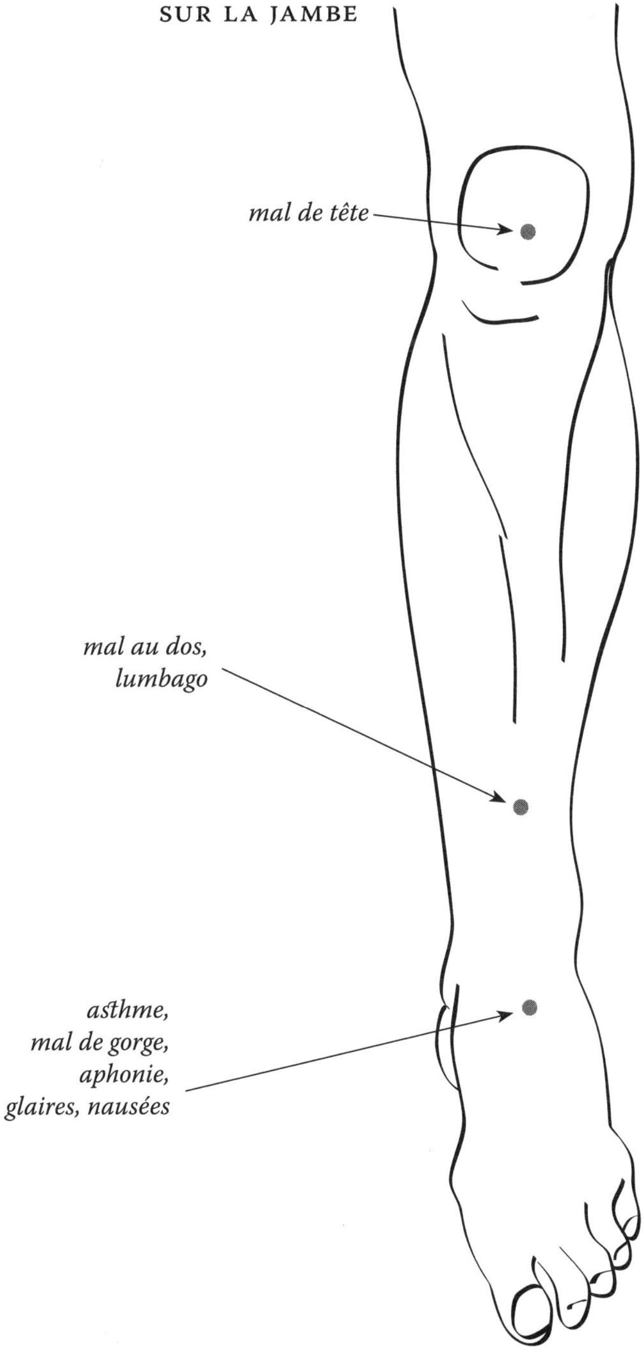

Effets et indications des principaux points BQC

Tous les points BQC du Dien Chan trouvent leur sens sur au moins l'un des schémas réflexologiques du visage. Ils appartiennent souvent à plusieurs schémas et prennent ainsi un sens multiréflexologique. Même si nous devons commencer la pratique du Dien Chan par l'utilisation des schémas de réflexion, cela serait n'utiliser qu'une facette de la méthode. C'est la combinaison des points BQC avec les techniques de stimulation sur les schémas qui lui donne une toute autre dimension.

J'ai observé et noté durant mes années de recherches, les effets de chacun des points BQC et ai pu ainsi établir des listes d'effets et d'indications pour lesquelles ils sont effectifs.

Je vous propose donc une liste de tableaux contenants leurs effets et indications. Les contre-indications sont assez rare car les points BQC sont auto-régulateurs, cependant certains d'entre eux sont puissants et pourraient altérer l'équilibre du corps. Il est important de retenir que les femmes enceintes doivent éviter la stimulation des points BQC ou des points vivants autour de la bouche. De même, les patients souffrant d'un dérèglement de la pression sanguine et suivant un traitement médicamenteux doivent éviter tous les points BQC ayant une action sur la tension artérielle.

Chaque tableau contient entre crochets les coordonnées du point BQC cité, les principaux organes auxquels il fait référence et une liste d'effets ainsi qu'une autre d'indications pour lesquels ils sont effectifs.

0	*[7, PQ]* « Reteneur-Reset ». Dos, Estomac, Mains, Oreilles, Organes reproducteurs, Pieds, Surrénales, Yeux.
Effets	*Indications*
- Arrête les hémorragies. - Contracte l'utérus. - Favorise la digestion. - Renforce la libido. - Renforce les défenses immunitaires. - Retient (le point 19 expulse). - Réchauffe et tonifie. - Réduit les sécrétions. - Régulation de la pression artérielle. - Régulation du rythme cardiaque. - Régulation du système nerveux. - Soulage la douleur. - Stimule l'énergie ancestrale (Qi).	- Brûlures. - Choc médicamenteux. - Douleur d'estomac. - Douleur lombaire. - Éjaculation précoce. - Éruptions cutanées. - État asthénique. - Hypertension. - Indigestion. - Insomnie. - Leucorrhée. - Libido basse. - Mictions fréquentes. - Paralysies. - Sciatique. - Tabagisme. - Tachycardie. - Transpiration des pieds et des mains. - Troubles auditifs. - Troubles oculaires. - Troubles ORL.
Contre-indications : hypotension.	

1 *[VII, 0]* « Réchauffeur ». Lombaires. Reflet de Ming Men, la « porte de la vie ».

Effets	*Indications*
- Hypertenseur artériel. - Renforce l'érection. - Réchauffe et tonifie. - Réduit les pertes de liquides de l'organisme (sang, lymphe, liquide interstitiels et cérébro-spinal). - Réduit les sécrétions. - Régulation du rythme cardiaque. - Régulation du système nerveux. - Soulage la douleur de dos.	- Diarrhée. - Difficultés respiratoires. - Douleur d'estomac. - Douleur lombaire. - Douleurs abdominales. - Fatigue du système nerveux. - Fatigue physique. - Hémorroïdes. - Leucorrhée. - Rhume. - Règles abondantes. - Règles douloureuses. - Sciatique. - Tachycardie.

Contre-indications : hypertension.

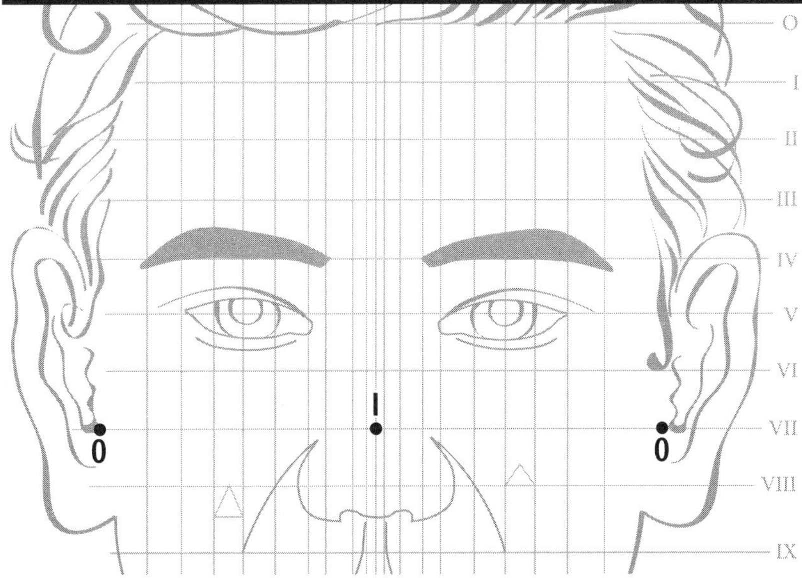

3 *[VII-VIII, G]* « REFROIDIT LA TÊTE ET RÉCHAUFFE LES PIEDS ». CŒUR, FOIE, POITRINE, POUMONS, TEMPES.

Le point 3⁻ pour le cœur et effet humidifiant. Pour le foie avec un effet dessiccatif, le point 3+. Indiqué en cas d'attaque cardiaque combiné avec le point 269⁻.*

Effets	*Indications*
- 3+ sèche, 3- humidifie. - Calme les nerfs. - Combat la tristesse. - Diminue la température corporelle. - Diminue l'énergie (Qi). - Diurétique. - Hypotenseur artériel. - Régule les sécrétions. - Soulage la douleur des tempes. - Soulage la douleur intercostale.	- Angine pectorale. - Constipation. - Douleur de poitrine. - Douleurs dentaires. - Douleur sur la poitrine (après un coup). - Hypertension. - Inflammation de la gorge. - Insomnie. - Maux de tête. - Nez bouché. - Paralysie faciale. - Respiration chaude. - Rhume avec fièvre. - Sinusites. - Toux. - Transpiration des pieds et des mains. - Troubles cutanés. - Troubles oculaires. - Troubles urinaires. - Visage enflé.

Contre-indications : hypotension.

* Qui provoque ou favorise la dessiccation, ou qui, appliqué sur une plaie, absorbe le pus et exerce un effet astringent sur les tissus.

5 *[VIII, D]* Fesses, Nerf facial V.

Sur les ailes du nez, au-dessus de la ligne 8 de la carte des points BQC *sur le profil.*

Effets	*Indications*
- Anti-inflammatoire. - Calme les nerfs. - Désintoxiquant. - Soulage la douleur d'estomac.	- Boutons aux fesses. - Douleur d'estomac. - Goitre bénin. - Inflammation du col de l'utérus. - Paralysie faciale. - Sciatique.

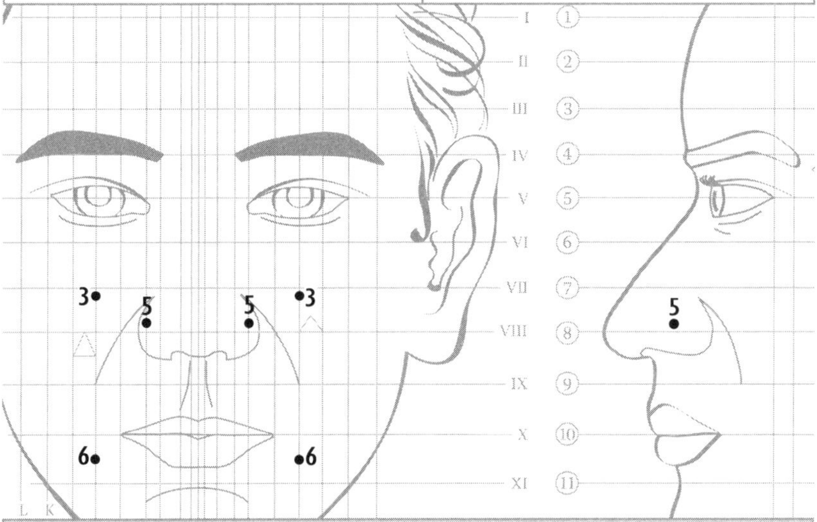

6 *[X-XI, G]* « Hypertenseur artériel ». Cœur, Mollet.

Effets	*Indications*
- Améliore la vision. - Arrête les hémorragies. - Augmente la libido. - Détend les muscles. - Tonifie le cœur.	- Crampes. - Fatigue physique. - Hypotension. - Troubles oculaires.

Contre-indications : hypertension.

7 *[IX, B]* Glandes sexuelles, Nerf crânien pair XII, Organes reproducteurs, Pancréas, Prostate.

Appartient à un schéma de réflexion du système reproducteur localisé entre le nez et la lèvre supérieure de la bouche.

Effets	*Indications*
- Améliore la circulation du sang.	- Allergies nasales.
- Anti-inflammatoire.	- Diabète.
- Augmente la libido.	- Difficultés de la parole.
- Augmente les défenses immunitaires.	- Douleurs abdominales.
- Augmente les sécrétions vaginales.	- Goitre bénin.
- Désintoxiquant.	- Kyste de l'ovaire.
- Réchauffe et tonifie.	- Leucorrhée.
- Régule les hormones.	- Libido basse.
- Soulage la douleur abdominale.	- Otites.
- Soulage la douleur de la cuisse.	- Règles longues et irrégulières.
- Stimule l'énergie ancestrale (Qi).	- Sinusites.
- Sèche les mucosités.	- Stérilité.
- Vasodilatateur.	- Troubles de la prostate.

Contre-indications : pendant la grossesse.

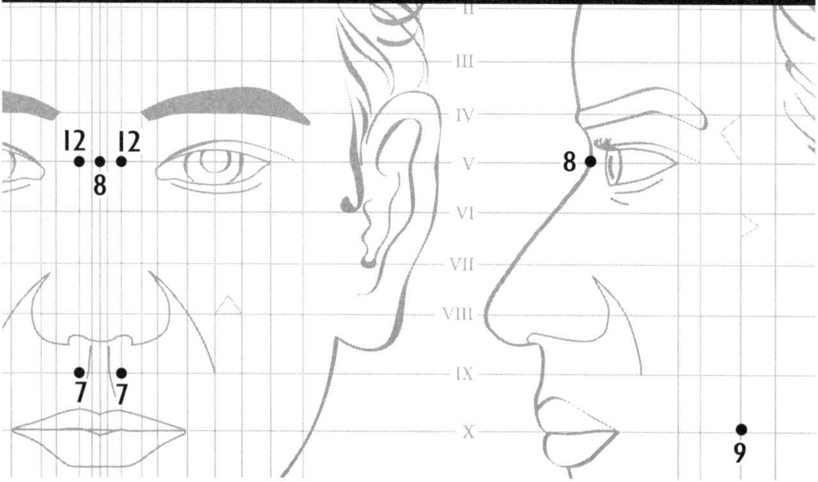

8	*[V, 0]* CERVICALES, CŒUR, DENTS, GORGE, LANGUE, MAXILLAIRE, THYROÏDES.
Effets	*Indications*
- Calme les nerfs. - Diminue la température corporelle. - Régulation du rythme cardiaque. - Régule la transpiration. - Soulage la douleur dentaire. - Stimule l'énergie ancestrale (Qi).	- Cauchemar. - Difficultés de la parole. - Douleur de la mandibule. - Douleurs cervicales. - Douleurs dentaires. - Douleurs dorsales. - Éjaculation inconsciente. - Goitre bénin. - Hypertension. - Inflammation de la gorge. - Inflammation de la langue. - Insomnie. - Troubles oculaires.
Contre-indications: hypotension.	

9	*[10, M]* GENOU, NERF FACIAL V, NERF FACIAL VII.
Effets	*Indications*
- Soulage la douleur de côté. - Soulage la douleur du genou.	- Troubles des nerfs du visage V et VII.

12	*[V, B]* GORGE.
Effets	*Indications*
- Calme les nerfs. - Diminue la température corporelle. - Régulation du rythme cardiaque. - Régule la thyroïde. - Soulage les maux de gorge.	- Douleurs dentaires. - Goitre bénin. - Inflammation de la gorge. - Inflammation mammaire. - Torticolis. - Troubles oculaires.

14 *[8-9, P-Q]* GORGE, OREILLES, PAROTIDES, THYROÏDES.

Chercher le point douloureux juste à la jonction de l'oreille avec la joue.

Effets	*Indications*
- Anti-inflammatoire. - Augmente le nombre de globules rouges du sang. - Calme les nerfs. - Diminue la température corporelle. - Favorise la digestion. - Hypotenseur artériel. - Provoque la salivation. - Soulage la douleur.	- Anorexie. - Difficulté à avaler. - Douleur de la mandibule. - Douleur d'estomac. - Hypertension. - Indigestion. - Inflammation dentaire. - Inflammation du visage. - Insomnie. - Leucorrhée. - Maux de tête. - Paludisme. - Perte de l'appétit. - Rhume avec fièvre. - Troubles ORL.

Contre-indications : hypotension.

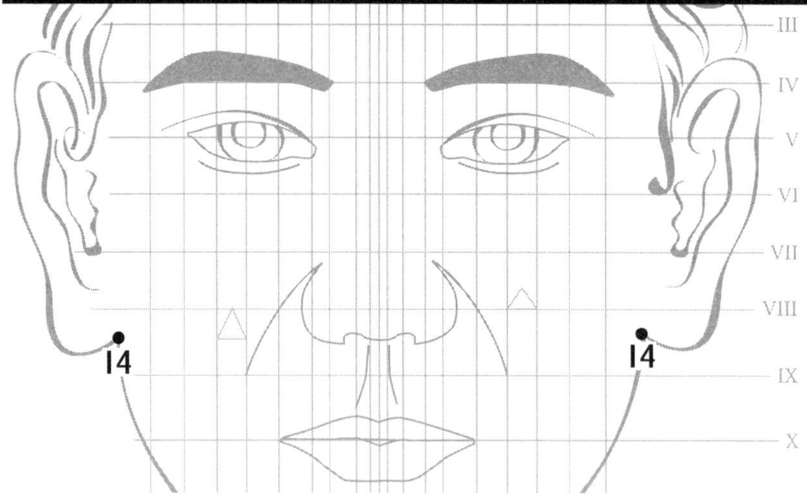

15 *[8, P-Q]* COLONNE VERTÉBRALE, GENCIVES, MAXILLAIRE, OREILLES.

Point BQC situé juste derrière le lobe de l'oreille. Soulage la sensation de froid le long de la colonne vertébrale.

Effets	*Indications*
- Anti-inflammatoire. - Calme les nerfs. - Diminue la température corporelle. - Hypotenseur artériel. - Irrigue le cerveau. - Réduit les sécrétions. - Soulage la douleur.	- Acouphène. - Douleur de la mandibule. - Douleurs dentaires. - État grippal. - Fièvre. - Insomnie. - Otites. - Paludisme. - Paralysie faciale. - Transpiration excessive. - Troubles auditifs.

Contre-indications : hypotension.

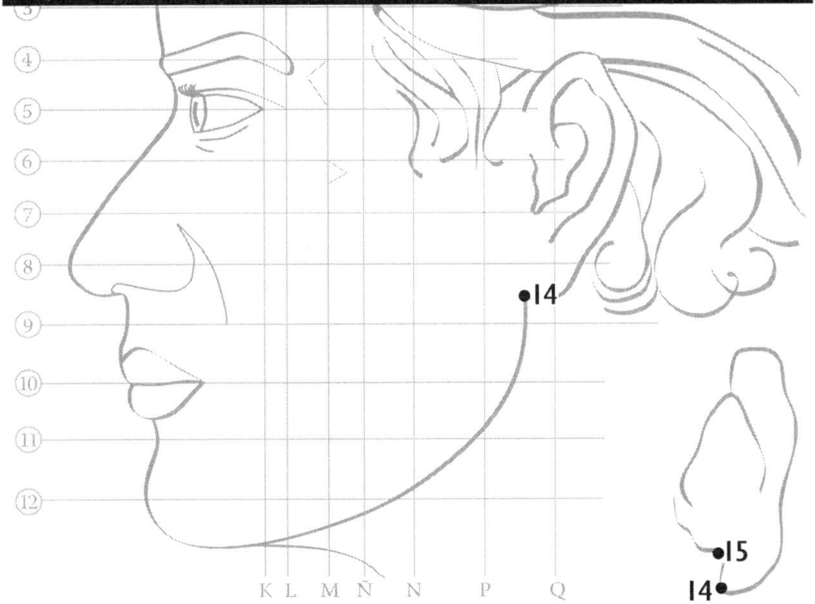

16 *[5, P-Q]* Cœur, Oreilles, Yeux.

Juste à la jonction de l'oreille avec la tempe. Pour arrêter une hémorragie, appuyer en même temps le point 16 et le point 61 avec le pouce et l'index.

Effets	*Indications*
- Adoucit la peau.	- Blocage des bras.
- Anti-inflammatoire.	- Conjonctivites.
- Arrête les hémorragies.	- Douleurs dentaires.
- Calme les nerfs.	- Fièvre.
- Diminue la température corporelle.	- Hypertension.
- Hypotenseur artériel.	- Hémorragies internes et externes.
- Relaxe les muscles.	- Insomnie.
- Réduit les sécrétions.	- Maux de tête.
- Soulage les douleurs oculaires.	- Piqûres d'insectes.
	- Rhume.
	- Tensions du cou, de la nuque et des épaules.
	- Transpiration des pieds et des mains.

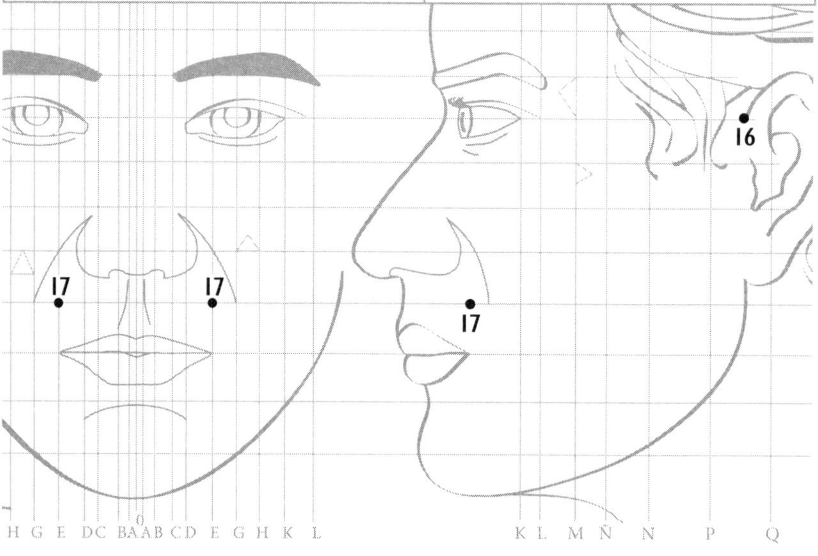

17 *[IX, E]* « Corticoïdes ». Côlon, Hanches, Muscles, Reins, Surrénales.

À l'intersection de la verticale de la commissure de la bouche avec la ligne IX. Il peut parfois être très proche ou même confondu avec le point 38.

Effets	*Indications*
- Anti-inflammatoire. - Antiallergique. - Arrête les hémorragies. - Dissout les flegmes. - Favorise l'élasticité musculaire. - Réchauffe. - Régulation de la pression artérielle. - Régule les sécrétions. - Soulage la douleur de la cuisse. - Soulage la douleur intestinale. - Soulage la douleur lombaire. - Stimule l'énergie ancestrale (Qi). - Tonifie les reins.	- Allergies nasales. - Apathie. - Arthroses. - Brûlures. - Colites. - Diarrhée. - Eczéma. - État asthénique. - Faiblesse des reins à cause de la graisse. - Frilosité. - Herpès zostère. - Hypotension. - Infections. - Nez qui coule. - Prurit. - Rhumatismes. - Règles abondantes. - Stress. - Toux avec expectorations. - Transpiration excessive. - Troubles gynécologiques.

Contre-indications: infections, tumeur à l'estomac.

19 *[VIII-IX, 0]* « ADRÉNALINE ». CŒUR, CÔLON, ESTOMAC, FOIE, NEZ, POUMONS, VAISSEAU GOUVERNEUR YANG, ZONE ABDOMINALE.

Point très efficace pour réanimer ou expulser tout objet coincé dans la gorge ou sous la peau. Combiné avec le point 61⁻ il régule le cœur. Au moment de l'accouchement il provoque les contractions.

Effets	*Indications*
- Augmente la libido. - Augmente les sécrétions du gros intestin. - Dilatation du col de l'utérus. - Décontractant musculaire. - Éclaircit la pensée. - Hypertenseur artériel. - Réchauffe. - Régulation du rythme cardiaque. - Régule la respiration. - Stimule l'énergie ancestrale (Qi). - Tonifie le sang.	- Choc médicamenteux. - Constipation. - Douleur d'épaule. - Douleur lombaire. - Dyspnée. - Dépression du système nerveux. - Épilepsie. - Étouffement. - Évanouissement. - Hoquet. - Hémorroïdes. - Impuissance. - Mictions fréquentes. - Nez bouché. - Somnolence. - Tabagisme. - Vomissements.

Contre-indications : hypertension, pendant la grossesse.

20 *[V, A]* Cervicales, Gorge, Thyroïdes, Yeux.

Effets	*Indications*
- Anti-inflammatoire. - Régulation du rythme cardiaque. - Régulation du système nerveux. - Soulage la douleur.	- Inflammation de la gorge. - Inflammation des amygdales. - Insomnie. - Toux.

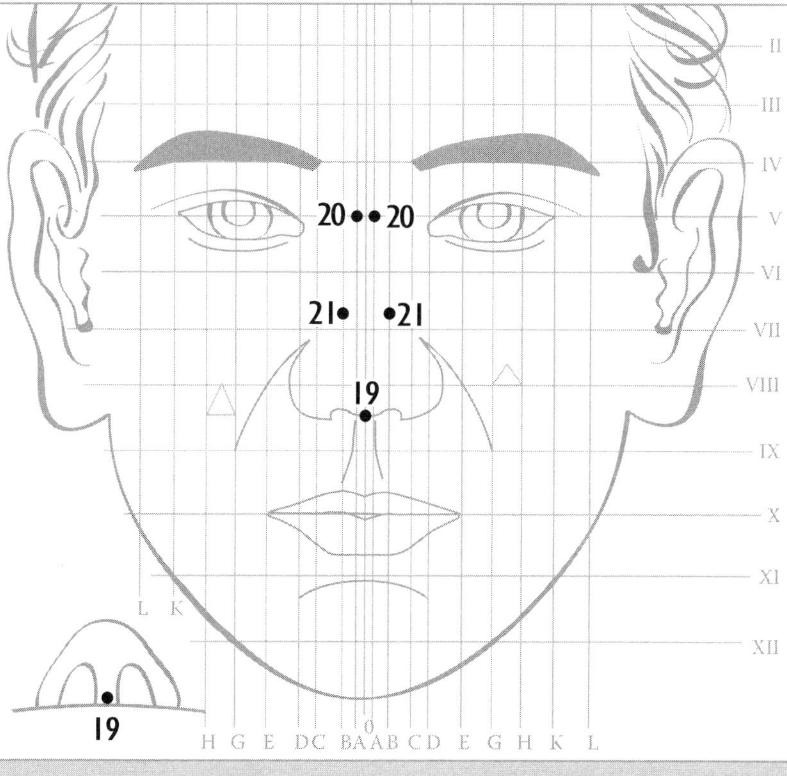

21 *[V-VII, B]* Estomac, Reflet du méridien VII-23.

Effets	*Indications*
- Diminue la température corporelle. - Favorise la digestion. - Anti-inflamatoire.	- Douleur d'estomac. - Douleurs dentaires. - Fièvre. - Indigestion. - Mictions fréquentes.

22 *[XI-XII, 0]* Dents, Intestin grêle, Région pelvienne, Utérus, Vessie.

Efficace en cas de cystite associé au point 17.

Effets	*Indications*
- Renforce les défenses immunitaires. - Régule les sécrétions. - Soulage la douleur abdominale. - Soulage la douleur de la vessie. - Soulage les douleurs de la région pelvienne. - Stimule l'énergie ancestrale (Qi). - Tonifie la vessie.	- Apathie. - Asthme. - Descente d'organes. - Diarrhée. - Douleur de coccyx. - Douleur de la mandibule. - Douleur d'estomac. - Douleurs dentaires. - Douleur à cause d'une sciatique. - Fatigue physique. - Flatulences. - Inflammation du col de l'utérus. - Leucorrhée. - Nez bouché. - Règles abondantes. - Règles longues et irrégulières. - Troubles digestifs. - Troubles urinaires.

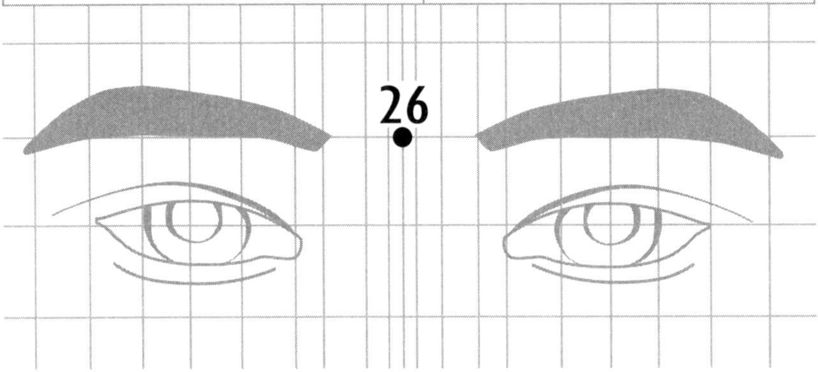

26

[IV, 0] « CALMANT ». CERVICALES, GORGE, HYPOPHYSE, REFLET DU 67V D'ACUPUNCTURE, SINUS, SYSTÈME PARA-SYMPATHIQUE.

Caresser ce point seulement 30 fois afin d'éviter les pertes de mémoire.

Effets	*Indications*
- Analgésique.	- Asthme et dyspnée.
- Antiseptique.	- Boulimie.
- Antispasmodique.	- Bronchites chroniques.
- Calme les nerfs.	- Brûlures.
- Combat la faim.	- Crise alcoolique.
- Diurétique.	- Difficulté à bouger les mains.
- Favorise l'élimination de l'alcool.	- Douleur dans la cavité oculaire.
- Fluidifie les sécrétions.	- Douleur dans le pli du genou.
- Régulateur hormonal.	- Douleur lombaire.
- Régulation de la pression artérielle.	- Démangeaisons.
- Régulation du rythme cardiaque.	- Épilepsie.
- Régulation du système nerveux.	- Fièvre.
- Régule la libido excessive.	- Hoquet.
- Régule la respiration.	- Hypertension.
- Somnifère.	- Insomnie.
- Soulage la douleur.	- Maladie de Parkinson.
- Soulage la douleur du coude.	- Maux de tête.
	- Mictions difficiles.
	- Morsures de serpents.
	- Nez bouché.
	- Piqûres d'insectes.
	- Tachycardie.
	- Troubles du nerf intercostal.
	- Vertiges.
	- Vomissements.

Contre-indications : hypotension, ne pas l'associer avec le point 6.

29 *[X, E-G]* Reins. Soulage la sensation de peau rigide.

Les points 29 et 222 peuvent être superposés selon la taille de la bouche.

Effets	*Indications*
- Diminue l'énergie (Qi). - Diurétique. - Hypotenseur artériel. - Soulage la douleur de l'annulaire. - Soulage la douleur du pli du genou.	- Douleurs épidermiques. - Hypertension. - Mictions difficiles. - Paralysie faciale. - Sciatique. - Urine trouble.

34 *[III-IV, C-D]* Cœur, Épaules, Nerf optique II, Pieds.

Associé au point 124, c'est un puissant calmant et antidépresseur.

Effets	*Indications*
- Améliore la vision. - Calme les nerfs. - Régulation du rythme cardiaque. - Relaxe les muscles. - Soulage la douleur.	- Douleur dans la plante du pied. - Douleur dans les doigts du pied. - Douleur d'estomac. - Douleur d'épaule. - Douleurs dentaires. - Hoquet. - Insomnie. - Maux de tête. - Neurasthénie. - Tachycardie. - Tensions musculaires. - Troubles oculaires. - Vomissements.

37 *[VIII, G]* Méridien de la rate, Nerf trijumeau, Partie haute de l'estomac, Rate.

En cas d'hémorragie stomacale, combiner avec les points 16, 61 et 50. Soulage la sensation de rigidité cutanée.

Effets	*Indications*
- Améliore la circulation du sang. - Arrête les hémorragies. - Combat les soucis. - Détend les muscles. - Détend les tissus. - Favorise la digestion. - Fluidifie les mucosités. - Renforce les défenses immunitaires. - Régule les mictions. - Soulage la douleur de goitre.	- Anémie. - Asthme. - Courbatures. - Douleur du goitre. - État asthénique. - Excès de sécrétions dans la gorge. - Extrémités lourdes. - Fourmillement. - Hémorragie interne. - Névralgie faciale. - Paresthésie. - Règles abondantes. - Rétention de liquides. - Toux. - Troubles du nerf trijumeau. - Troubles urinaires.

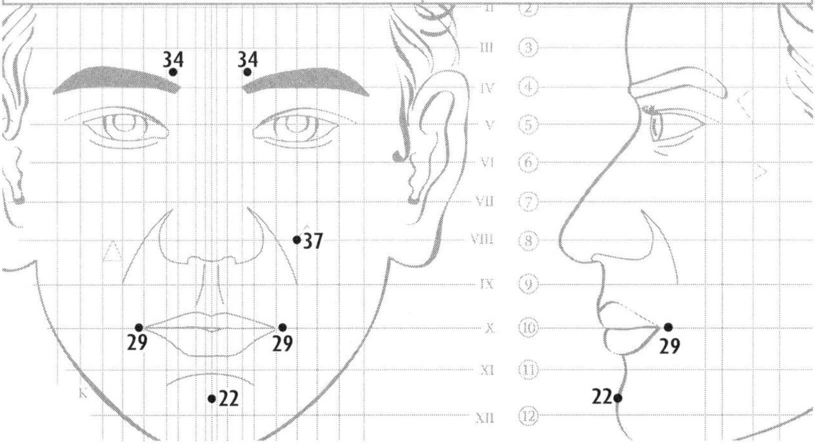

38

[IX, G] « Antibiotique et Lubrifiant ». Côlon, Côtes, Genou, Majeur, Muscles, Reins.

En cas de troubles articulaires, l'associer au point 17. Selon la taille de la bouche il peut être superposé au point 17.

Effets	*Indications*
- Anti-inflammatoire.	- Arthroses.
- Augmente les sécrétions du gros intestin.	- Constipation.
- Augmente les sécrétions vaginales.	- Douleur au genou.
- Désintoxiquant.	- Douleur au pouce.
- Laxatif.	- Douleur lombaire.
- Lubrifiant articulaire.	- Fièvre.
- Soulage la douleur du genou.	- Infections.
- Soulage la douleur intercostale.	- Mictions difficiles.
	- Otites.
	- Sécheresse vaginale.
	- Troubles de la peau.

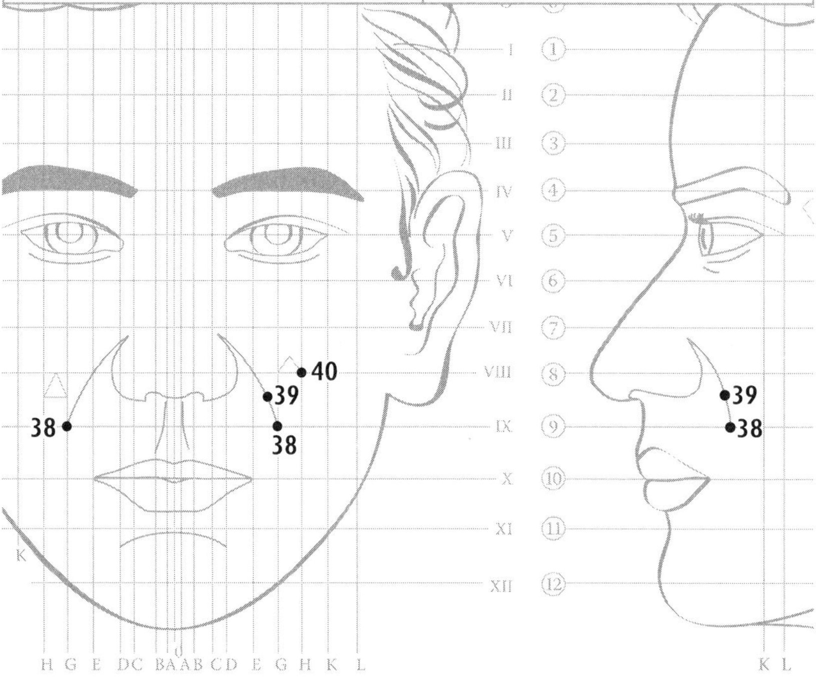

39 *[VIII-IX, E-G]* Côlon, Estomac, Index, Méridien de l'estomac, Nerf trijumeau, Seins, Thyroïdes.

Associé au point 73, il aide à lutter contre la masthose après l'accouchement. Combiné au point 37, il facilite la digestion.

Effets	*Indications*
- Anti-inflammatoire. - Diminue la température corporelle. - Favorise l'appétit. - Favorise la digestion. - Hypotenseur artériel. - Soulage la douleur d'estomac. - Soulage la douleur de l'index. - Stimule le lait maternel.	- Acné. - Anorexie. - Douleur de l'index. - Douleur des cuisses. - Douleurs dentaires. - Fièvre. - Gingivite. - Goitre bénin. - Hypertension. - Insuffisance de lait. - Lèvres enflées. - Nez bouché. - Paralysie faciale. - Sinusites. - Troubles digestifs. - Troubles du nerf trijumeau. - Troubles du nez.

40 *[VIII, H]* Rate.

Effets	*Indications*
- Hypotenseur artériel. - Réduit les sécrétions de la gorge. - Régule les mictions. - Soulage la douleur de goitre.	- Asthme. - Douleur du goitre. - Hypertension. - Respiration bruyante. - Troubles urinaires.

41 *[VIII-IX, H]* VÉSICULE BILIAIRE.

Reste douloureux malgré l'ablation de la vésicule biliaire (organes fantômes). Associé au point 50, il fait baisser le cholestérol.

Effets	*Indications*
- Améliore la vision.	- Allergies.
- Combat l'indécision.	- Arthroses.
- Hypotenseur artériel.	- Bouche pâteuse.
- Réduit les réactions allergiques.	- Brûlures.
- Régule la sécrétion du suc gastrique.	- Constipation.
- Régule le cholestérol.	- Douleur cervicale.
- Soulage la douleur.	- Douleur dans les côtes.
- Soulage la douleur dans les épaules.	- Douleur dans les tempes.
- Soulage la douleur de côté.	- Douleur des cuisses.
- Soulage la douleur de la nuque.	- Douleur d'épaule.
- Soulage la douleur de l'index.	- Démangeaisons.
- Soulage la douleur du foie.	- Insomnie.
- Soulage la douleur d'estomac.	- Migraine.
	- Sciatique.
	- Troubles auditifs.
	- Troubles hépatiques.
	- Troubles oculaires.

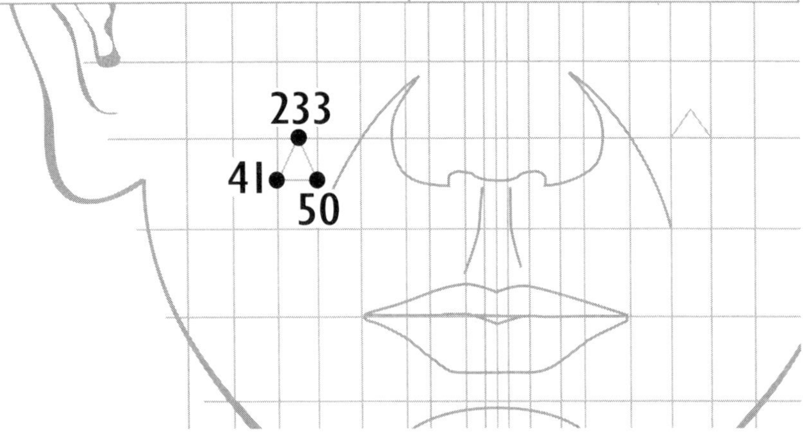

43 *[VII-VIII, 0]* Coccyx, Dents, Lombaires, Reins.

Effets	*Indications*
- Augmente la libido. - Renforce les dents. - Renforce les gencives. - Réchauffe. - Soulage la douleur lombaire. - Stimule l'énergie ancestrale (Qi).	- Colique néphrétique. - Diarrhée. - Douleur lombaire. - Douleurs abdominales. - Faiblesse sexuelle. - Fatigue physique. - Froid dans les extrémités. - Gingivite. - Hémorroïdes. - Incontinence nocturne. - Leucorrhée. - Mictions fréquentes. - Perte séminale. - Règles douloureuses. - Sciatique. - Troubles dentaires.

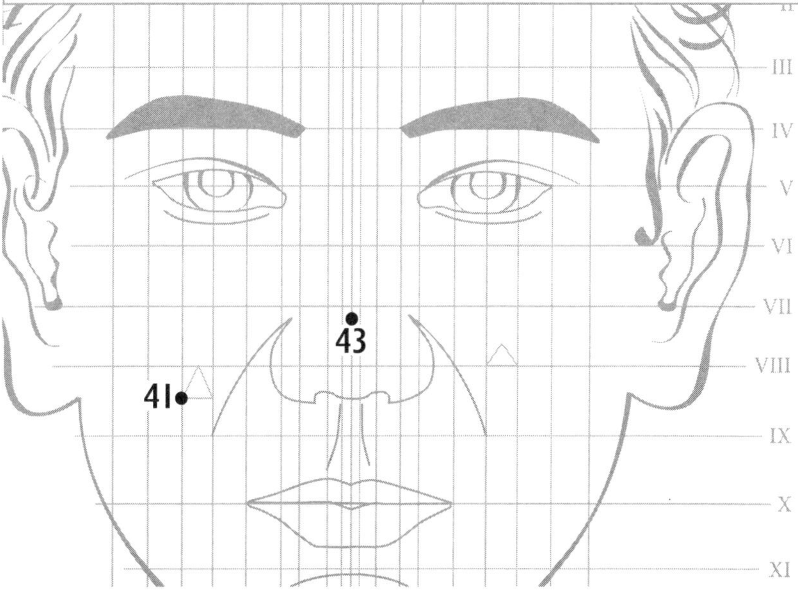

45 *[VII-VIII, B]* COCCYX, ESTOMAC, LOMBAIRES, NERF FACIAL VI, OREILLES, REINS.

Nous observerons que le point de gauche est un petit peu plus bas que celui de droite comme le reflet anatomique des reins.

Effets	*Indications*
- Calme les nerfs. - Favorise l'élasticité musculaire. - Soulage la douleur d'estomac. - Soulage la douleur lombaire. - Tonifie la fonction sexuelle. - Tonifie les reins.	- Apathie. - Asthme. - Douleur dans les os. - Douleur lombaire. - Douleurs dentaires. - Énurésie. - Froid dans les extrémités. - Gastrite. - Impuissance. - Incontinence. - Maladie de Parkinson. - Otites. - Surdité provoquée par un trouble du rein. - Troubles digestifs. - Troubles gynécologiques. - Troubles oculaires.

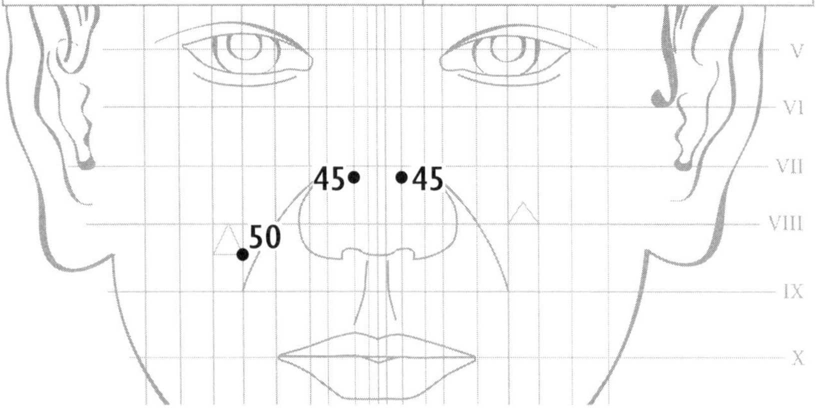

50 *[VIII-IX, G]* FOIE, JAMBES, MÉRIDIEN DU FOIE.	
Effets	*Indications*
- Anti-inflammatoire. - Antiallergique. - Arrête les hémorragies. - Antirabique. - Désintoxiquant. - Favorise l'élasticité musculaire. - Favorise la digestion. - Favorise la flexibilité des tendons. - Hypertenseur artériel. - Régulation de la pression artérielle. - Régulation du système nerveux. - Régule la vésicule biliaire. - Régule le cholestérol. - Régule la transpiration. - Régule le transit intestinal. - Renforce le tendon de la jambe. - Renforce les défenses immunitaires. - Soulage la douleur. - Soulage la douleur du foie. - Stimule l'énergie ancestrale (Qi).	- Arthroses. - Calculs dans le foie. - Douleur cervicale. - Douleur dans les côtes. - Entorses. - Épilepsie. - Gaz dans l'estomac. - Goitre bénin. - Hypotension. - Hémorroïdes. - Indigestion. - Insomnie. - Nez bouché. - Paralysie faciale. - Règles abondantes. - Sinusites. - Tendinites. - Torticolis. - Toux allergiques. - Transpiration des pieds et des mains. - Trouble du nerf trijumeau. - Troubles hépatiques. - Troubles oculaires. - Troubles veineux.
Contre-indications : hypertension.	

51 *[XII, D]* Pieds.

Effets

- Diminue la température corporelle.
- Diminue l'énergie (Qi).
- Hypotenseur artériel.
- Régulation de la pression artérielle.
- Régulation du système nerveux.
- Soulage la douleur dans les mains.
- Soulage la douleur dans les pieds.
- Soulage la douleur dentaire.
- Soulage le mal de tête.

Indications

- Asthme.
- Douleur dans la cavité oculaire.
- Douleurs dentaires.
- Extrémités endormies.
- Fourmillement.
- Hypertension.
- Insomnie.
- Maux de tête.
- Toux.

Contre-indications : hémorroïdes, hypotension.

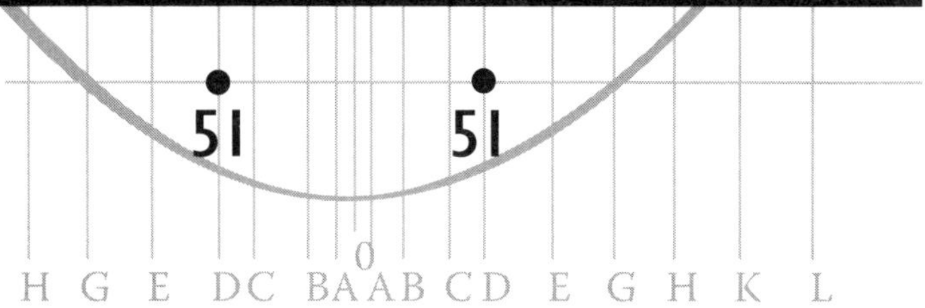

57 *[5-6, P-Q]* Cœur.

Beaucoup plus efficace à gauche pour traiter les troubles du cœur.

Effets

- Hypotenseur artériel.
- Réduit le rythme cardiaque.
- Soulage la douleur dentaire.

Indications

- Douleurs dentaires.
- Ébriété.
- Goitre bénin.
- Hypertension.
- Maux de tête.
- Nez bouché.
- Respiration difficile.
- Tachycardie.

60 *[6, M]* Avant-bras, Cœur, Front, Langue, Petit doigt, Poitrine, Poumons, Seins, Vessie, Yeux.

Effets	*Indications*
- Améliore la vision. - Anti-inflammatoire. - Combat l'anxiété. - Diminue la température corporelle. - Désintoxiquant. - Régulation du rythme cardiaque. - Régulation du système nerveux. - Régule la respiration. - Régule la transpiration. - Soulage la douleur. - Tonifie le sang.	- Cystites. - Douleur de l'avant bras. - Douleur des seins. - Douleur d'estomac. - Dyspnée. - Eczéma. - Fatigue physique. - Goitre bénin. - Hypertension. - Insomnie. - Maladie de Parkinson. - Masthose. - Maux de tête. - Mictions nocturnes. - Nez bouché. - Paresthésie. - Perte de mémoire. - Tabagisme. - Tremblements des mains. - Troubles du nerf intercostal. - Troubles urinaires. - Vertiges.

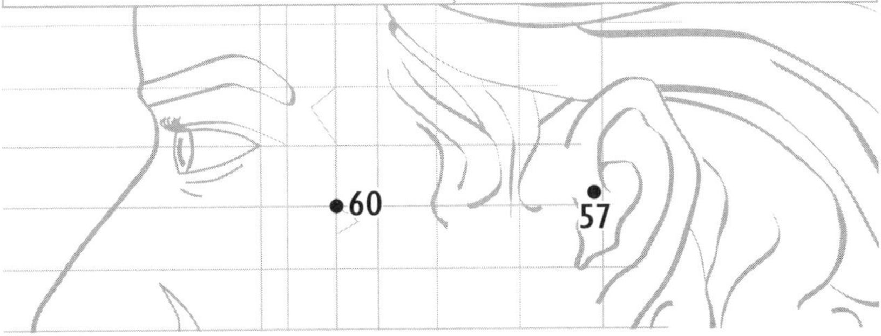

61 *[VII-VIII, D]* Cœur, Épigastre, Estomac, Foie, Nerf trijumeau, Pouce, Poumons, Rate, Reflet du 11P.

Sur le visage, pas sur le nez, là où se rejoignent le rictus et le début de la courbe de l'aile du nez. Le point 61^- peut fatiguer le cœur. Associé au point 16, il arrête les hémorragies et régule les tendons. Soulage les démangeaisons dans la zone du ventre.

Effets

- Anti-inflammatoire.
- Arrête les hémorragies.
- Assouplit les veines.
- Calme les spasmes.
- Combat la tristesse.
- Décontractant musculaire.
- Désintoxiquant.
- Favorise l'élasticité musculaire.
- Fluidifie les sécrétions.
- Hypotenseur artériel.
- Provoque la sécrétion de béta-endorphines.
- Réchauffe.
- Régulation du rythme cardiaque.
- Régule la transpiration.
- Soulage la douleur.
- Soulage la douleur d'estomac.
- Stimule l'énergie ancestrale (Qi).

Indications

- Asthme et dyspnée.
- Chair de poule.
- Crampes abdominales.
- Difficultés respiratoires.
- Douleur au pouce.
- Eczéma.
- Fièvre.
- Goitre bénin.
- Hémorragie nasale.
- Herpès.
- Hoquet.
- Hypertension.
- Inflammation de la gorge.
- Inflammation du col de l'utérus.
- Leucorrhée.
- Migraine.
- Nez bouché.
- Syndrome d'abstinence (drogués).
- Toux.
- Troubles des muqueuses.
- Troubles du nerf trijumeau.
- Ulcère du duodénum.
- Vomissements.

62 *[11, M]* Cœur.

Effets	*Indications*
- Hypertenseur artériel. - Régulation du rythme cardiaque. - Stimule l'énergie ancestrale (Qi).	- Difficultés respiratoires. - État asthénique. - Fatigue physique. - Hypertension. - Troubles cardiaques.

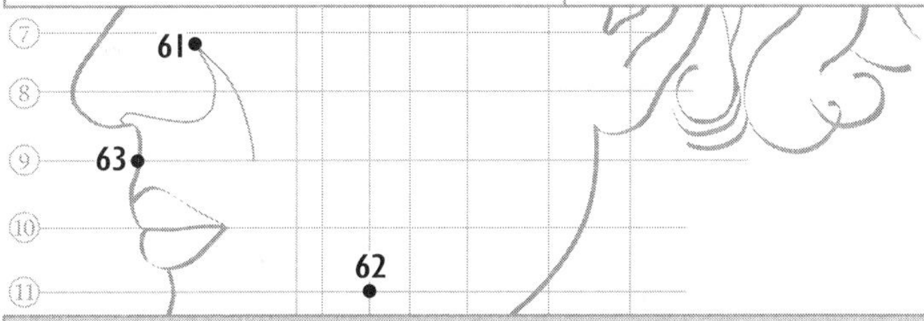

63 *[9, 0]* Côlon, Estomac, Nez, Nuque, Pancréas, Rate, Utérus.

Effets	*Indications*
- Favorise les contractions vaginales. - Favorise l'érection. - Renforce la libido. - Renforce les défenses immunitaires. - Réchauffe les organes internes. - Régule la production de salive. - Régule les contractions musculaires. - Soulage la douleur de dos. - Soulage la douleur du col de l'utérus. - Soulage la douleur d'estomac.	- Bouche amère. - Bouche sèche. - Diabète. - Douleur d'estomac. - Épilepsie. - Évanouissements. - Frigidité. - Hypotension. - Impuissance. - Libido basse. - Règles longues et irrégulières. - Troubles de l'utérus et du vagin. - Troubles du nerf trijumeau. - Vertiges.

Contre-indications : pendant la grossesse.

64 *[VIII-IX, D]* Aine, Estomac, Gorge, Hanches, Langue, Nerf glossopharyngeal IX.

Effets	*Indications*
- Anti-inflammatoire. - Désintoxiquant. - Fluidifie les sécrétions. - Régule la production de salive. - Régule les mouvements et la sensibilité de la langue. - Régule les mouvements et la sensibilité du pharynx. - Soulage la douleur de l'aine. - Soulage la douleur d'estomac.	- Asthme. - Difficultés respiratoires. - Douleur dans la hanche. - Douleur de gorge. - Douleur de la langue. - Douleur d'estomac. - Décalcification des hanches. - Gastrite. - Paralysies des membres inférieurs. - Sciatique.

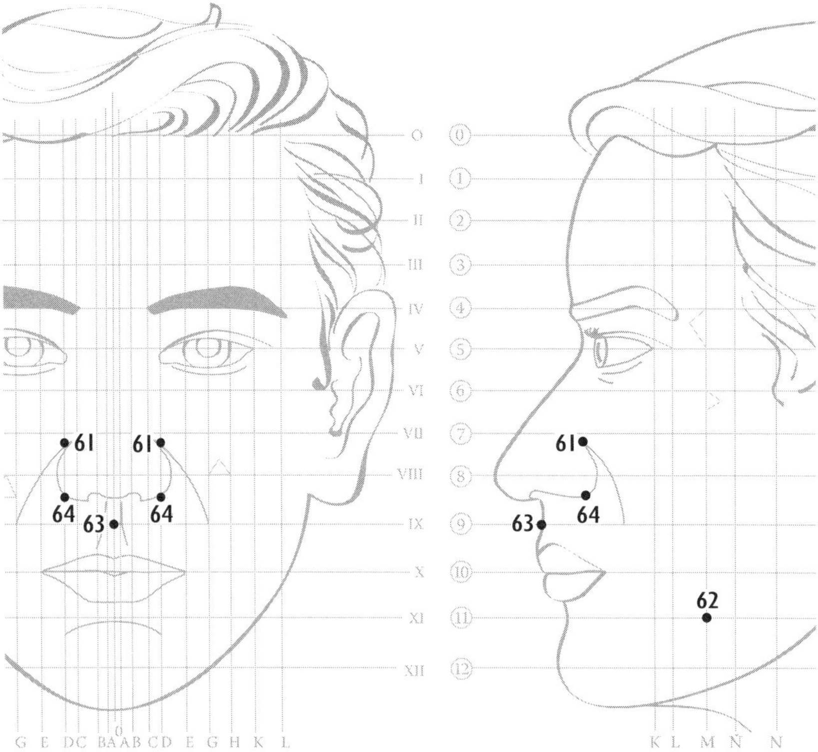

65 *[IV, C]* Cerveau, Cervicales, Cou, Épaules, Méridien de la vessie, Nez, Oreilles, Ovaires/Testicules, Sinus, Yeux.

Effets	*Indications*
- Améliore la vision. - Irrigue le cerveau. - Régulation du système nerveux. - Soulage la douleur dans les épaules. - Soulage la douleur de la vessie. - Soulage la douleur de l'oreille. - Soulage les douleurs cervicales. - Stimule le cerveau.	- Cystites. - Douleur cervicale. - Douleur de la mandibule. - Douleur d'épaule. - Évanouissements. - Incontinence. - Maux de tête. - Migraine menstruelle. - Nez bouché. - Otites. - Paupières lourdes. - Perte de mémoire. - Règles longues et irrégulières. - Torticolis. - Troubles de la prostate. - Troubles ORL.

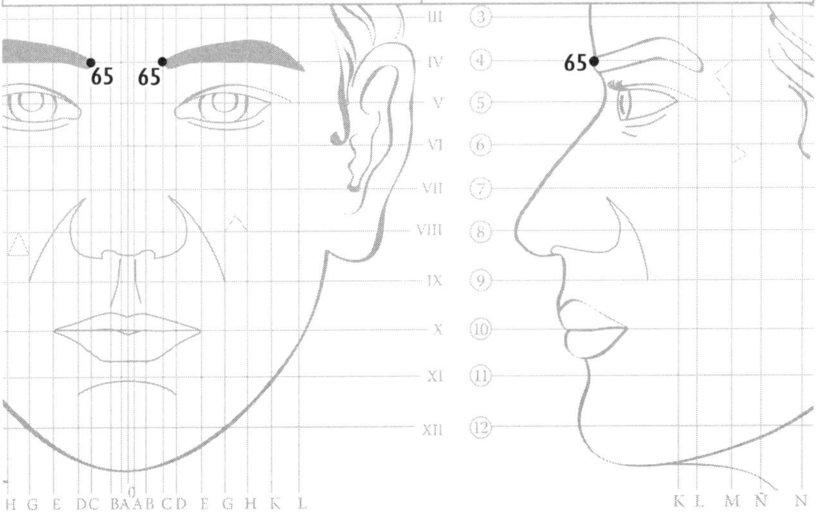

73 *[VI, G]* Bras, Cœur, Dos, Épaules, Ovaires/Testicules, Pieds, Poitrine, Poumons, Reins, Seins, Tête, Vessie, Yeux.

Sur l'os orbital.

Effets	*Indications*
- Débouche la trompe de l'utérus. - Réchauffe. - Soulage la douleur. - Stimule le lait maternel. - Stimule l'énergie ancestrale (Qi).	- Calculs des reins. - Douleur dans la cavité oculaire. - Douleur dans les reins. - Douleur de poitrine. - Douleur d'épaule. - Froid dans la tête. - Insomnie. - Masthose. - Mictions difficiles. - Mictions nocturnes. - Toux sèche. - Troubles de la prostate. - Troubles oculaires.

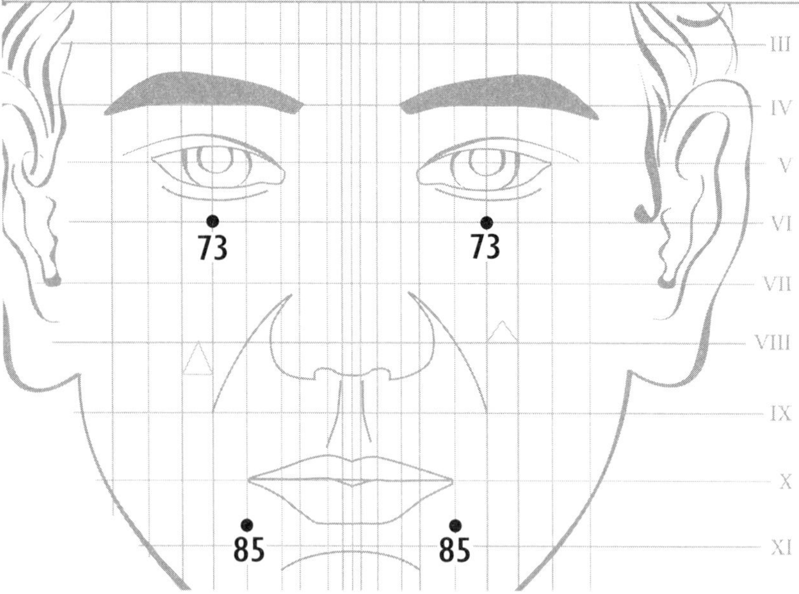

85 *[X-XI, E]* Petit doigt, Urètre, Vessie.

Associé au point 87, il facilite la miction.

Effets	*Indications*
- Diminue la température corporelle. - Diurétique. - Draine l'organisme. - Désintoxiquant. - Fluidifie les sécrétions. - Hypotenseur artériel. - Régule la respiration. - Régule le cholestérol. - Soulage la douleur. - Soulage la douleur de la vessie. - Soulage la douleur de l'auriculaire.	- Acouphène. - Alcoolisme. - Brûlures. - Calculs dans l'urètre. - Cellulite. - Cystites. - Douleur dans le mollet. - Douleur de l'auriculaire. - Hypertension. - Mictions troubles. - Rétention de liquides. - Tabagisme. - Toux sèche. - Troubles urinaires.

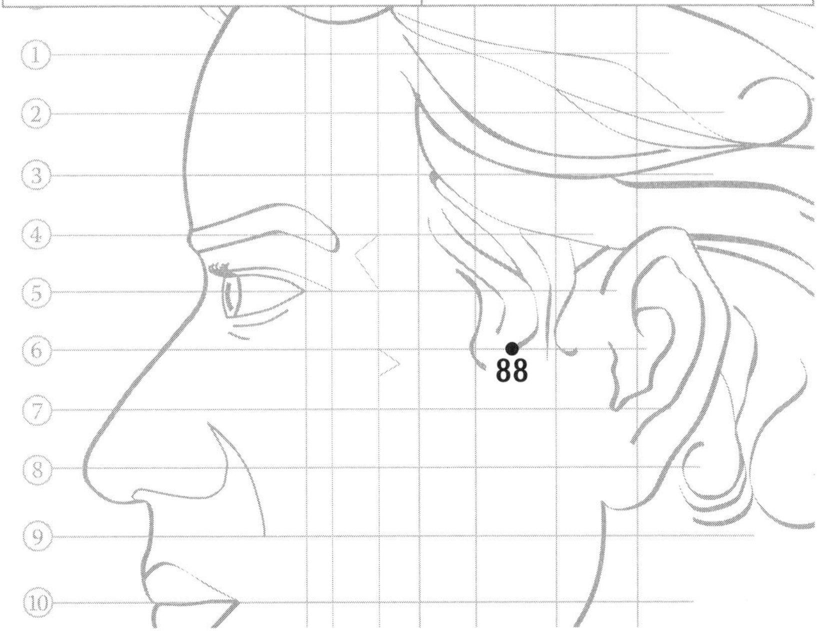

87 [XII, 0] Nuque, Occiput, Ovaires/Testicules, Prostate, Tête, Utérus, Vessie.

Effets	*Indications*
- Antispasmodique. - Contracte l'utérus. - Diminue la température corporelle. - Diminue l'énergie (Qi). - Dégage la respiration. - Hypotenseur artériel. - Régule les mictions.	- Calculs dans la vessie. - Crampes. - Douleur cervicale. - Douleur dans la plante du pied. - Douleur de la taille. - Douleurs abdominales. - Fièvre. - Froid aux pieds. - Impuissance. - Incontinence. - Maux de tête. - Mictions fréquentes. - Mictions nocturnes. - Règles douloureuses. - Rétention de liquides. - Spasmophilie. - Torticolis. - Trouble de la ménopause. - Troubles psychiques.

88 [6, N-P] Épaules, Nerf crânien VII.

Situé dans le petit trou de l'articulation de la mandibule, sur les tempes.

Effets	*Indications*
- Soulage les douleurs d'épaule.	- Acouphène. - Douleurs dentaires. - Paralysie faciale. - Troubles de l'épaule.

97 *[III-IV, D-E]* Bras, Coude, Omoplates, Pieds, Pouce du pied, Sinus, Trompes utérines, Yeux.

Effets	*Indications*
- Améliore la vision. - Débouche la trompe de l'utérus. - Régule le transit intestinal. - Soulage la douleur dans le bras. - Soulage la douleur dans les pieds. - Soulage la douleur dans les épaules.	- Constipation. - Douleur dans les doigts du pied. - Douleur d'épaule. - Nez bouché. - Paralysies des membres inférieurs. - Sinusites. - Tendinite du coude « *tennis elbow* ». - Troubles des trompes utérines.

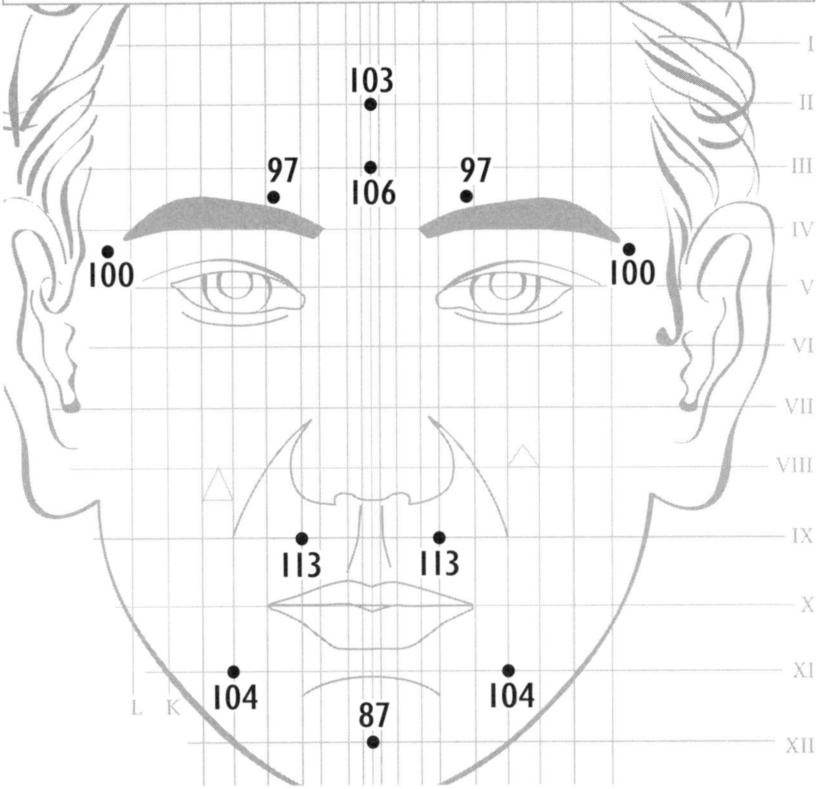

100 *[4-5, L-M]* NUQUE, OCCIPUT, POIGNETS, YEUX.	
Effets	*Indications*
- Diminue la température corporelle. - Régulation de la pression artérielle. - Régulation du rythme cardiaque. - Régulation du système nerveux. - Soulage la douleur de la nuque. - Soulage la douleur des tempes. - Soulage la douleur du poignet.	- Bouche amère. - Douleur au genou. - Douleur du poignet. - Fatigue cardiaque. - Fièvre. - Goitre bénin. - Hypertension. - Hyperthyroïdie. - Insomnie. - Migraine. - Paralysie faciale. - Torticolis. - Troubles oculaires. - Vertiges.

103 *[II, 0]* CERVEAU, COLONNE VERTÉBRALE, FOIE, FRONT, GLANDE PINÉALE, HYPOPHYSE, YEUX.	
Effets	*Indications*
- Combat l'anxiété. - Éclaircit la pensée. - Régulation du système nerveux. - Régule les sécrétions. - Soulage la douleur de dos. - Soulage le mal à la tête. - Stimule la concentration et la créativité. - Stimule la mémoire. - Stimule l'énergie ancestrale (Qi).	- Descente d'organes. - Douleur zénithale. - Épilepsie. - État asthénique. - Hémorroïdes. - Neurasthénie. - Perte de mémoire. - Tabagisme. - Traumatisme crânien léger. - Troubles oculaires.

104 *[XI, G]* Appendice, Côlon, Pieds.

Le point 104+ reflète l'appendice.
Le point 104- reflète le gros intestin.

Effets	*Indications*
- Libère les gaz de l'intestin. - Soulage la douleur dans les pieds. - Soulage les douleurs de l'intestin.	- Appendicite. - Flatulences. - Inflammation des pieds.

106 *[III, 0]* Cervicales, Cœur, Colonne vertébrale, Front, Gorge, Nuque, Omoplates, Sinus, Troisième œil, Yeux.

Effets	*Indications*
- Combat l'anxiété. - Régule le rythme cardiaque. - Régule les contractions musculaires. - Régule la transpiration. - Soulage la douleur dentaire. - Soulage les douleurs cervicales.	- Douleur de la mandibule. - Douleurs cervicales. - Douleurs dentaires. - Goitre bénin. - Insomnie. - Nez bouché. - Transpiration excessive. - Troubles cardiaques.

113 *[IX, D]* Nerf pneumogastrique, Ovaires/Testicules, Pancréas, Prostate, Utérus.

Effets	*Indications*
- Favorise la digestion. - Renforce les défenses immunitaires. - Soulage la douleur de la cuisse.	- Asthme. - Colites. - Diabète. - Indigestion. - Sciatique. - Troubles de la ménopause. - Troubles de la prostate. - Troubles du pancréas. - Troubles gynécologiques.

124 *[II, H]* Cerveau, Rate, Vésicule biliaire.

Le point 124⁻ correspond à la rate et peut étourdir. Le point 124⁺ correspond à la vésicule biliaire. Associé au point 34, il calme le stress et la dépression. Reflet du point 40 (la rate).

Effets	*Indications*
- Réduit les réactions allergiques. - Régule le système nerveux. - Régule la transpiration. - Soulage la douleur. - Stimule l'énergie ancestrale (Qi).	- Allergies nasales. - Asthme. - Douleur lombaire. - Douleurs dentaires. - Dépression du système nerveux. - Hémorragie nasale. - Insomnie. - Maux de tête. - Psoriasis. - Sueurs froides. - Syndrome d'abstinence (drogués). - Troubles de la peau.

Contre-indications : hypotension.

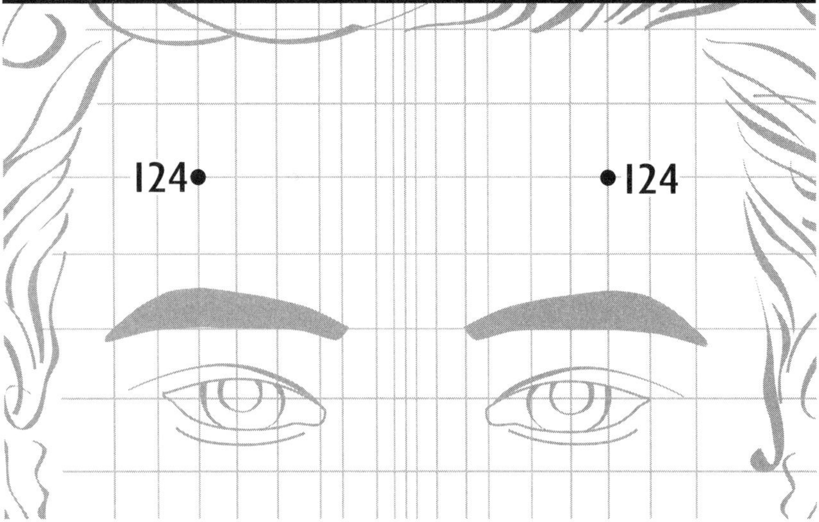

126 *[0, 0]* Anus, Cerveau, Colonne vertébrale, Coccyx, Nez, Prostate, Rectum, Tête, Vessie.

Effets	*Indications*
- Favorise la digestion.	- Allergies nasales.
- Hypertenseur artériel.	- Asthme.
- Provoque l'éructation.	- Douleur de coccyx.
- Régule les mictions.	- Douleur lombaire.
- Régule les sécrétions.	- Douleur zénithale.
- Stimule l'énergie ancestrale (Qi).	- Hypotension.
	- Hémorroïdes.
	- Mictions fréquentes.
	- Mictions nocturnes.
	- Rhume.
	- Sinusites.
	- Troubles digestifs.

Contre-indications : hypertension.

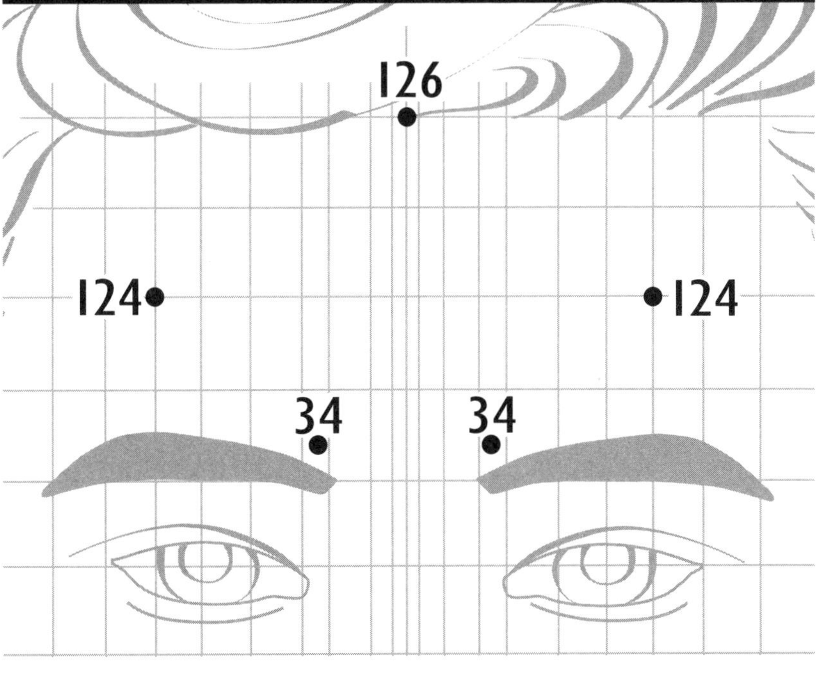

127 *[XI-XII, 0]* ABDOMEN, CHEVILLE, INTESTIN GRÊLE, REFLET DE QIHAI, RÉGION PELVIENNE, TALONS, UTÉRUS, VAISSEAU CONCEPTION.

Associé au point 0, il rééquilibre le corps, au point 156, il détend la nuque.

Effets	*Indications*
- Calme les nerfs. - Réchauffe l'abdomen. - Régule le transit intestinal. - Soulage la douleur abdominale. - Soulage la douleur des gencives. - Soulage les douleurs de la région pelvienne. - Stimule l'énergie ancestrale (Qi).	- Asthme. - Choc médicamenteux. - Claquement des dents. - Coliques. - Douleur au talon. - Douleur cervicale. - Douleur de l'épigastre. - Douleurs abdominales. - Douleurs dentaires. - État asthénique. - Indigestion. - Insomnie. - Leucorrhée. - Maux de tête . - Paralysie faciale. - Refroidissement du ventre. - Rigidité du cou. - Règles douloureuses. - Syndrome d'abstinence (drogués). - Transpiration des pieds et des mains. - Troubles du nerf trijumeau. - Ver solitaire.

130 *[5, M]* Mains, Poignets, Yeux.

Effets	*Indications*
- Améliore la vision. - Contracte la pupille. - Soulage les douleurs sur le méridien de la vésicule biliaire.	- Douleur dans les pieds. - Douleur dans les tempes. - Inflammation du bras. - Maux de tête. - Migraine. - Otites. - Troubles du métacarpe. - Troubles oculaires.

132 *[VIII, K]* Peau, Poumons, Rate.

Effets	*Indications*
- Fluidifie les mucosités.	- Asthme. - Diarrhée. - Toux avec mucosités. - Troubles de la peau.

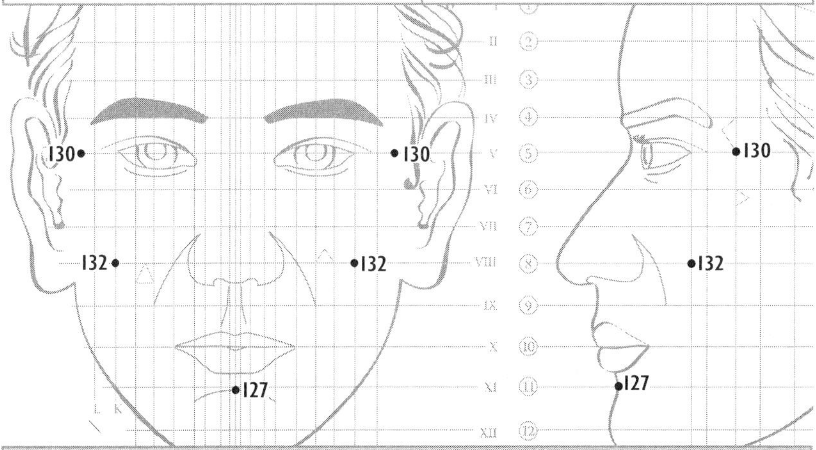

139 *[3-4, Q-R]* Genou, Nuque, Oreilles.

Effets	*Indications*
- Relaxe la nuque. - Relaxe le genou.	- Douleur au genou. - Troubles auditifs.

143 *[sous le nez, 0]* Côlon, Coccyx, Rectum.	
Effets	*Indications*
- Diminue la température corporelle. - Diminue l'énergie (Qi). - Favorise la transpiration. - Hypotenseur artériel. - Régule le transit intestinal.	- Constipation. - Douleur de coccyx. - Fièvre. - Hypertension. - Hémorroïdes. - Sciatique. - Troubles de la ménopause.
Contre-indications : hypotension.	

156 *[XI-XII, D]* Cœur, Côlon, Épaules, Mollet, Nerf spinal XI, Nuque, Ovaires/Testicules, Prostate.	
Effets	*Indications*
- Favorise l'élasticité musculaire. - Renforce les défenses immunitaires. - Renforce le tendon de la jambe. - Régulation de la pression artérielle. - Régule la menstruation. - Soulage la douleur dans les épaules. - Soulage la douleur de la nuque. - Soulage la douleur du genou.	- Crampes dans le mollet. - Douleur au genou. - Douleur dans les sourcils. - Hernie inguinale. - Hypertension. - Jambes lourdes. - Nez bouché. - Règles douloureuses. - Tachycardie. - Torticolis. - Transpiration des pieds et des mains. - Troubles de la prostate. - Troubles gynécologiques.

180 *[4, M]* Plexus solaire, Pouce, Tempes.

Effets	*Indications*
- Anti-inflammatoire. - Favorise la transpiration. - Hypotenseur artériel. - Relaxe le plexus solaire.	- Conjonctivites. - Douleur au pouce. - Douleurs dentaires. - Fièvre. - Grippe sans transpiration. - Hypertension. - Inflammation de la gorge. - Inflammation des amygdales. - Toux. - Yeux rouges.

188 *[IV-V, B-C]* Aisselles, Dents, Mandibule supérieure, Nuque.

Effets	*Indications*
- Améliore l'irrigation sanguine cérébrale.	- Cataracte. - Douleur odontologique. - Évanousissements. - Troubles oculaires.

189 *[XI, 0]* Cœur, Colonne vertébrale, Sternum, Vertèbres T9/10.

Effets	*Indications*
- Antispasmodique. - Relaxe le plexus solaire. - Soulage la douleur de dos. - Stimule l'énergie ancestrale (Qi).	- Asthme. - Douleur de dos. - Douleur thoracique. - Douleur zénithale. - Dyspnée. - Épilepsie. - Fatigue cardiaque. - Troubles dentaires.

197 *[II, C]* Côtes, Genou, Nerf olfactif, Yeux.

Effets	*Indications*
- Améliore la vision. - Diminue l'énergie (Qi). - Soulage la douleur du genou.	- Allergies nasales. - Douleur au genou. - Troubles du nez. - Troubles oculaires.

222 *[X, G]* Côlon, Genou.

Effets	*Indications*
- Hypotenseur artériel. - Soulage la douleur de l'auriculaire. - Soulage la douleur du pli du genou. - Soulage la douleur lombaire.	- Diarrhée. - Douleur de dos. - Douleur de l'auriculaire. - Douleurs abdominales. - Troubles du nerf trijumeau. - Troubles du rein.

233 *[VIII, G-H]* Foie.

Effets	*Indications*
- Améliore la circulation du sang. - Désintoxiquant. - Draine l'organisme. - Réchauffe. - Régule le cholestérol. - Régule la transpiration. - Renforce les défenses immunitaires.	- Alcoolisme. - Douleur dans les côtes. - Enflures abdominales. - Hémorroïdes. - Toxicomanie. - Transpiration excessive. - Troubles de la vésicule biliaire. - Troubles hépatiques.

269 *[VII-VIII, H]* Cœur, Poumons.

Effets	*Indications*
- Régulation du rythme cardiaque.	- Douleur thoracique. - Grippe avec toux. - Hypertension. - Troubles cardiaques.

287 *[VIII-IX, B]* Nez, Ovaires/Testicules.

Effets	*Indications*
- Augmente la libido. - Régule la menstruation. - Régule le Qi. - Régule les sécrétions nasales. - Régule les sécrétions vaginales.	- Absence de menstruation. - Contraceptif. - Douleur dans l'aine. - Hémorragies internes et externes. - Impuissance. - Pertes blanches. - Sinusites. - Troubles du nez. - Troubles sexuels féminins.

290 *[VII, B]* Méridien du triple réchauffeur.

Effets	*Indications*
- Détend les muscles. - Régule la production de salive. - Régule le muscle sterno-cléido-mastoïdien. - Régule les mictions. - Régule la transpiration. - Soulage la douleur de la nuque.	- Anémie. - Mictions fréquentes. - Œdèmes. - Torticolis. - Troubles digestifs.

300 *[I, E]* Lombaires, Reins.

Effets	*Indications*
- Combat la peur. - Favorise l'érection. - Renforce la libido. - Soulage la douleur de l'index. - Soulage la douleur de l'oreille. - Soulage la douleur lombaire. - Tonifie les reins.	- Douleur lombaire. - Fatigue physique. - Frigidité. - Impuissance. - Mictions nocturnes. - Tabagisme.

310 *[III, C]* CHEVILLE, DENTS, MOLLET, OMOPLATES.	
Effets	*Indications*
- Régulation du système nerveux. - Soulage la douleur dans les épaules.	- Douleur d'épaule. - Douleur dans la partie haute du dos. - Douleurs dentaires. - Insomnie. - Rhume.

342 *[I, 0]* CÔLON, COLONNE VERTÉBRALE, LOMBAIRES, UTÉRUS.	
Effets	*Indications*
- Réchauffe la plante des pieds.	- Douleur lombaire. - Flatulences. - Froid aux pieds.

365 *[XII-XIII, 0]* ANUS, DOIGTS DU PIED, NUQUE, OCCIPUT, TÊTE.	
Effets	*Indications*
- Hypertenseur artériel. - Régule les contractions musculaires. - Régule le transit intestinal. - Régule les sécrétions. - Stimule l'énergie ancestrale (Qi).	- Constipation. - Cystites. - Diarrhée. - Douleur dans les fesses. - Douleur dans les jambes. - Douleur dans les pieds. - Douleur lombaire. - Hémorroïdes. - Sciatique. - Troubles de l'anus. - Troubles de l'utérus et du vagin.

405 *[II-III, C]* ESTOMAC, REFLET DU MÉRIDIEN III-36.

Effets	*Indications*
- Anti-inflammatoire. - Diminue l'énergie (Qi). - Favorise la digestion. - Soulage la douleur du genou.	- Anorexie. - Douleur d'estomac. - Douleur dans les jambes. - Douleur le long du méridien de l'estomac. - Indigestion. - Jambes lourdes. - Trouble du genou.

461 *[10-11, K]* GENOU, TALONS.

Effets	*Indications*
- Hypotenseur artériel. - Régulation de la pression artérielle.	- Douleur dans les talons. - Douleur dans le pli du genou. - Entorses. - Hypertension. - Sciatique.

Contre-indications : hypotension.

467 *[VI-VII, D-E]* POUMONS.

Effets	*Indications*
- Améliore la respiration. - Fluidifie les sécrétions. - Stimule l'énergie ancestrale (Qi).	- Allergies nasales. - Asthme. - Sinusites. - Toux avec mucosités.

477 *[III-IV, B-C]* CERVEAU, ÉPAULES.

Effets	*Indications*
- Irrigue le cerveau. - Stimule l'énergie ancestrale (Qi).	- Douleur dans les orteils. - Douleur dans les pieds. - Goitre bénin. - Maux de tête.

558 *[0, G]* COLONNE VERTÉBRALE, YEUX.

Effets	*Indications*
- Améliore la vision. - Soulage la douleur de dos.	- Douleur de dos. - Troubles oculaires.

560 *[0, E]* COLONNE VERTÉBRALE, YEUX.

Effets	*Indications*
- Favorise l'élimination de l'alcool. - Soulage la douleur lombaire. - Soulage les douleurs oculaires.	- Douleur de coccyx. - Douleur de dos. - Douleurs ophtalmologiques. - Hémorroïdes. - Incontinence. - Troubles de la prostate. - Troubles urinaires.

567 *[2, Q-R]* MUSCLES, OREILLES.

Effets	*Indications*
- Soulage le mal à la tête.	- Douleur de la cuisse. - Maux de tête. - Sciatique. - Troubles auditifs.

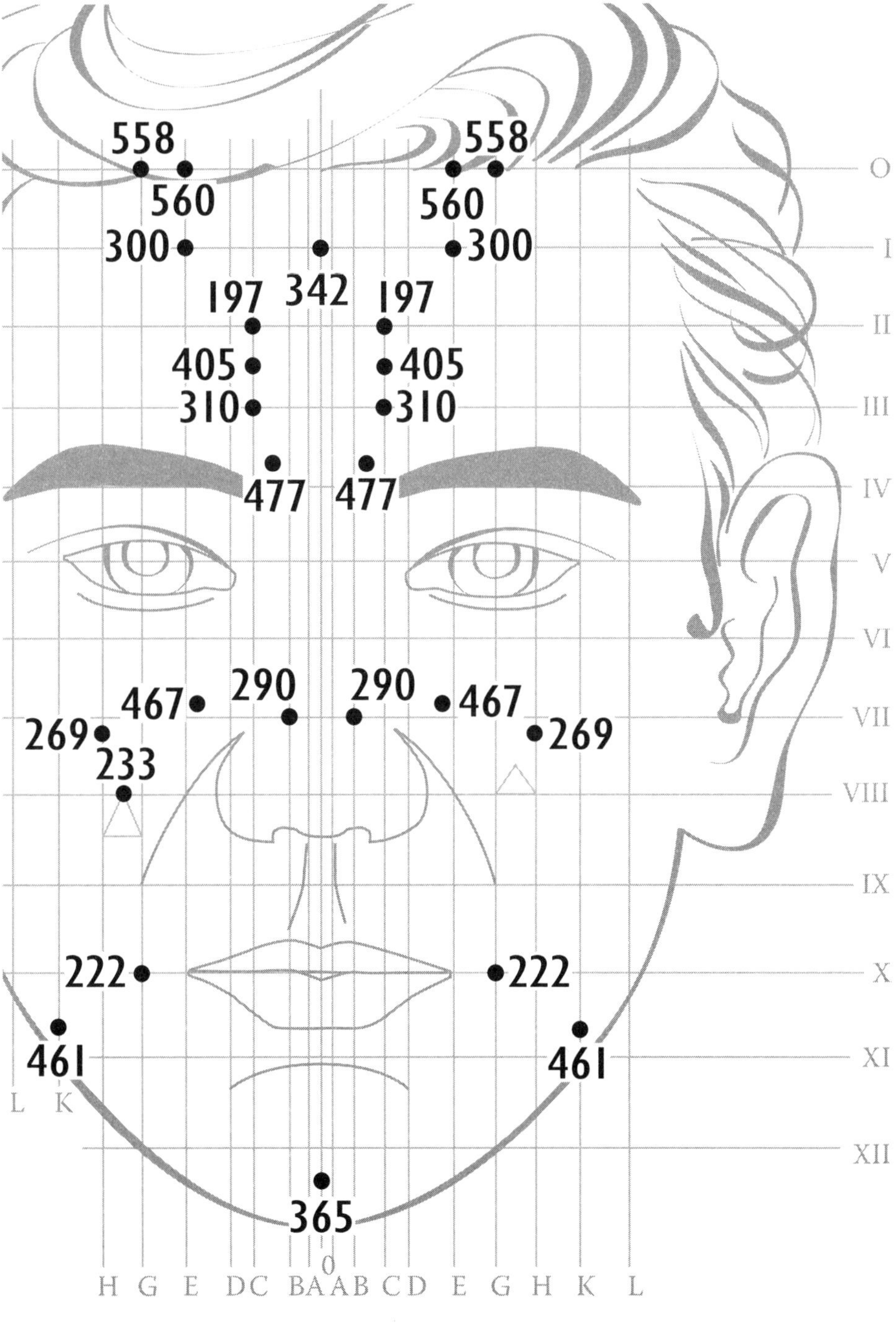
558
558
560
560
300
300
342
197
197
405
405
310
310
477
477
290
290
467
467
269
269
233
222
222
461
461
365
O
I
II
III
IV
V
VI
VII
VIII
IX
X
XI
XII
L K
0
H G E DC BA AB CD E G H K L

Conclusion

La physique relativiste moderne, les lois de la mutation universelle et le caractère unitaire du raisonnement moniste sont des bases théoriques constamment appliquées dans le Dien Chan. Le succès d'un traitement multiréflexologique réside dans l'art de combiner les schémas, les techniques de stimulation et les outils. L'écoute constante du patient est primordiale et le thérapeute pourra vérifier en pratique que la combinaison outil/schéma dépend de l'observation et du dialogue permanent avec lui. Les mimiques et grimaces provoquées par nos stimulations nous seront extrêmement utiles. C'est le patient qui se rend compte si nous utilisons la combinaison optimale pour son cas.

La pratique du Dien Chan se nourrit de toutes les connaissances accumulées par le thérapeute. Cependant, lors d'un traitement de Dien Chan, le plus savant des thérapeutes devra au début mettre de côté tout son savoir pour s'ouvrir à la réalité de l'instant présent et imaginer la manière de procéder qui correspond le mieux au patient et à son état présent. Ne jugeons pas l'état général du patient, mais écoutons et observons chaque parole, chaque détail. La modération est l'un des éléments essentiels au Dien Chan, toute sur-stimulation pouvant amener l'effet inverse. Il est important que le patient soit consciemment à écoute de son corps et communique avec le thérapeute.

L'effet des stimulations se prolongeant au-delà du traitement, nous arrêterons quand on atteindra 80 % d'amélioration. Un traitement journalier ou à chaque réapparition des symptômes est nécessaire

pour une disparition totale de l'affection. Le Dien Chan est très efficace pour tous les problèmes fonctionnels du fait qu'il régule l'organisme dans sa globalité. Il nous permet de réduire la douleur des pathologies d'ordre structurel ou organique. Que ce soit pour diagnostiquer ou traiter, le Dien Chan est un excellent complément de la médecine occidentale et orientale. Par sa simplicité de mise en œuvre, il a pour but de permettre à chacun de réguler le fonctionnement de son organisme dans la globalité des paramètres auxquels il est soumis. Le Dien Chan nous offre la possibilité de proposer des soins plus complets en le combinant avec d'autres thérapies. Il se nourrit des connaissances que nous pouvons avoir en médecine traditionnelle chinoise ou occidentale. Ses principes d'activations et ses outils peuvent s'utiliser dans d'autres techniques réflexologiques ou de massage, et leurs donnent une dimension thérapeutique multi-directionnelle. Beaucoup de thérapeutes occidentaux exercent aujourd'hui le Dien Chan en complément afin de soulager rapidement les douleurs de leur patients et aussi vérifier leur diagnostic.
Pour le profane, la simple étude des premiers schémas de réflexion sur le visage lui permet déjà un grand nombre de soins et l'invite ensuite à étudier d'autres disciplines. Le Dien Chan permet d'éviter l'auto-médication afin de soulager et de soigner soi-même ses maux quotidiens et ceux de ses proches. Cela peut être à la fois une première approche du monde thérapeutique, un excellent moyen d'aller vers les autres, ou bien un complément qui donnera une nouvelle dimension à la pratique du thérapeute.
Grâce à cette méthode multiréflexologique, je veux permettre à chacun de pouvoir vivre dans la joie et la santé. Protéger son corps des déséquilibres fonctionnels, prévenir le développement de maladies graves et soulager les premiers signes d'affection de son organisme en apprenant à écouter son corps. Je souhaite donner à celui qui pratique le Dien Chan santé et confiance en lui. Très rapidement, dès les premiers résultats positifs en auto-traitement, l'étudiant en Dien Chan aura envie de partager cette méthode avec les autres.
Ainsi le Dien Chan, au-delà de la santé individuelle, a pour vocation de soigner l'humanité en développant en chacun de nous la capacité et la volonté de prendre soin les uns des autres.

Remerciements

C'est pour moi une immense joie de pouvoir diffuser largement, en français, toute l'histoire, la théorie et les principales applications de ma méthode multiréflexologique : le Dien Chan. Bien que j'aie été seul à élaborer cette méthode, c'est grâce à l'enthousiasme de mes patients et à la ferveur de mes élèves que le Dien Chan connaît une ampleur internationale.

Je tiens à remercier Monique Sénémaud, qui a présenté et soutenu ce projet auprès des Éditions Grancher ; Michel Grancher et Émilie Morin, des Éditions Grancher.

Mes félicitations à Patryck Aguilar Cassarà, qui a permis le développement du Dien Chan en Espagne et en France avec Anna Roca Carrasco en animant le CLUBQC qui organise des cours, produit le premier livre destiné aux élèves en français et en espagnol, qui anime le site internet et organise des voyages d'étude au Vietnam pour étudier le Dien Chan dans le centre Vietydao de Saïgon.

Je remercie aussi mes fils, Bùi Minh Tâm, Bùi Minh Trí et Bùi Minh Luan, qui pratiquent chaque jour le Dien Chan dans le centre de Vinathérapie et qui enseignent aussi le Dien Chan en Europe.

Le Docteur Jean-Pierre Willem, fondateur de « Médecins aux pieds-nus », qui m'invita en France en 1992 pour donner le premier cours de Dien Chan. Nhuan Le Quang et Marie France Muller qui ont divulgué ma méthode en France sous le nom « Dien cham » à partir de l'année 2000. Van Que Nguyen, qui a été le premier à traduire mes cours en français et en allemand en 2001, et Nguyen Van Ri, le dessinateur qui a donné formes aux magnifiques schémas du Dien Chan à ses débuts. Madame Nguyen Thi Thiet qui organisa pour moi les premiers cours de Dien Chan en Allemagne.

Remerciements aussi à ceux qui se sont joints à la réalisation de ce projet: Tran Thanh Truc qui m'a servi d'interprète lorsque mon anglais et mes bribes de français me faisaient défaut, Simone Gowy et Laure Audigier qui ont su transcrire et assembler mes dernières idées. Je garde toujours une pensée pleine d'émotion pour tous mes élèves et patients qui ont partagé mon bonheur de l'expérience et de la connaissance du Dien Chan, ainsi qu'à vous, chers lecteurs qui allez découvrir la multiréflexologie BQC et la partager avec votre entourage.

Pr Dr Bùi Quôc Châu

Saïgon, Juin 2009

INDEX DES TRAITEMENTS

Curriculum Vitæ scientifique

Professeur et Docteur Bùi Quôc Châu
Directeur du centre Vietydao-Vinatherapy
Ho Qi Minh (Saigon) - Vietnam
Né le 3 Avril de 1942 à Vinh Long – Sud Vietnam.

ÉTUDES

1965 - 1980	Recherches sur la médecine traditionnelle et l'acupuncture. Reçoit les Enseignements de Lê van Kê, Khuong duy Dam, Tran dac Thuong.
1965 - 1969	Études universitaires de droit, lettres et philosophie.

EXPÉRIENCE PROFESSIONNELLE AU VIETNAM

1977 - 1983	Spécialité en acupuncture au Centre de désintoxication de drogués à Binh Trieu, Thu Duc, H.C.M. Ville.

ENSEIGNEMENT

1981-2009	Avec ses élèves collaborateurs vietnamiens et d'autres nationalités, il a formé plus de 15 000 spécialistes en Dien Chan au Vietnam et dans 35 pays. (Vietnam, France, Espagne, Hongrie, Allemagne, Italie, Tchécoslovaquie, Suisse, Belgique, Hollande, Danemark, Norvège, Suède, Israël, États-Unis, Canada, Cuba, Argentine, Mexique, Russie, Pologne, Martinique, Chine, Laos, Thaïlande, Taiwan, Bahrein, Sri Lanka, Japon, Ile de la Réunion, Australie, Angleterre, Nouvelle-Zélande, Togo, Inde, Cambodge).

PRATIQUE MÉDICALE

1981- 2009	Plus de quatre millions de malades ont été traités avec succès pour plusieurs troubles dans le “centre de Vinatherapie” à Hô Chí Minh ville et autres régions du Vietnam.

DÉCOUVERTES ET INVENTIONS

1970	Le Yin-Yang Qi-gong, méthode respiratoire vietnamienne qui permet la régulation du Qi yang et du Qi yin et la résolution de nombreux troubles fonctionnels.
1979	Invention de la technique pour trouver des points réflexes dans le corps.
1980	Découverte des schémas du Dien Chan et des premiers points de réflexion dont le point n° 1 sur le nez et sur le visage. Mise au point de la technique du Dien Chan.
1983	Mise en place des 12 massages matinaux du Dien Chan
1983	Invention de la réflexologie vétérinaire, techniques pour soigner les animaux, comme les chevaux, les vaches, les chiens et les chats avec les schémas de réflexion du Dien Chan.
1983-2009	Élaboration de plus de 88 modèles d’outils pour les traitements utilisant la technique du Dien Chan.
1984	Nutrition diététique vietnamienne.
1985	Nouvelle technique de moxibustion.
1985	Nouvelle technique de désintoxication et guérison de drogués.
1986	Technique contraceptive par le Dien Chan.
1987	Éducation prénatale de futures mamans avec le Yin Yang Qi-Kung.
1987	Technique de développement des facultés mentales et de la capacité de mémorisation.
1988	Nouveaux développements du Dien Chan.
1988-89	Schémas de réflexion sur tout le corps ; extension du Dien Chan en multiréflexologie.
1992	Gymnastique volontaire de méditation.
2006	Six zones réflexes qui correspondent au système lymphatique du corps sur le visage.
2007	Traitement des maladies psycho-somatiques par des techniques énergétiques du Dien Chan.
2008	Schémas de similitudes de forme.
2008	Le Tao de la diététique vietnamienne.

EXPÉRIENCES INTERNATIONALES

1988	La Havane, Cuba, 6 mois.
1990	Moscou, Russie, 2 mois.
1992	Paris, Varsovie, St. Gallaen (Suisse), 8 mois.
1998	Bahreïn.
Depuis 2001	Divers séminaires et cours de Dien Chan dans divers pays d'Europe (de 2-3 mois par an).

PARTICIPATION AUX CONGRÈS

1988	ICMART 88, Prague.
1990	Congrès acupuncture, Rome (Italie).
1990	2° Congrès International d'Acupuncture à Paris (France).
1999	Congrès Peace of Mind sur le mont Abu (Inde) Organisé par l'Université de Brahma Kumaris.
1999	37° Congrès international pour une médecine du nouveau millénaire, Colombo (Sri-Lanka).
	Open International University for Complementary Medicines.
2000	38° Congrès de Médecine Alternative à Colombo (Sri-Lanka)
2004	SITEM : VII Symposium International de Techniques de Massage, Barcelone.
2005	EXPO-MASAJE : Congrès international des techniques de massage, Madrid.

TITRES INTERNATIONAUX

1988	Membre honorable de l'Association Acupuncture Vétérinaire de Cuba.
2000	Docteur de sciences (Honoris Causa) par The Open International University for Complementary Medicine (Colombo Sri Lanka).
2001	Docteur en médecine complémentaire, "Star of Asia" attribué aux esprits brillants dans le monde (Colombo Sri Lanka).
2001	World Famous Doctor Beijing (Chine).
2003	Diplôme de Reconnaissance pour ses bonnes actions à la population mondiale (Centre Albert-Schweitzer-Haus, Allemagne).

REVUES VIETNAMIENNES

Depuis 1980	Des centaines d'articles dans des journaux et des revues sur le Dien Chan et ses outils, sur la diététique vietnamienne et sur le Yin-Yang Qi-gong.

REVUES INTERNATIONALES

1985	« A new acupuncture method: face diagnostic and cybernetic therapy » dans "American Journal of acupunture", vol. 13, n°4, 12/1985, USA.
1986	« Facio diagnosis and cyberneto therapy » dans "The Pacific journal of Oriental Medicine", vol.3, n°2, Automne 1986, USA.
1987	« Le Dien Cham ou la facio réflexologie », revue Médecines Naturelles, numéro de septembre 1987.
1988	« Le visage », New Time en Russie n°50, traduit en 10 langues, distribué dans 114 pays.
1989	« La face cachée de la reflexologie », journal Le Lien, France, n°23.
1990	« Merveilleux succès du Pr Châu », TPYA n°201 (21148)-01/09/1990 – (Travail magazine, Russie).
1992	« Facythérapie et tradition vietnamienne », Revue française "Énergie Santé" n°19, automne 1992.
1992	Revue "Thérapies naturelles" n°101, oct. & nov. 1992.
	Les radios V.O.A., BBC, RFI ont parlé plusieurs fois du Dien Chan.
1992	« Yin-Yang Qi-Gong », "Énergie Santé", hiver 1992.
2004	Revue "Muy Saludable", Ediprem ; Comunicación (Espagne).
2005	Revue "Línea Saludable", RBA éditeurs (Espagne).
2006	Revue suisse "Recto Verseau".

OUVRAGES PUBLIÉS

23 ouvrages publiés en vietnamien entre 1984 et 2008.

FORMATIONS INTERNATIONALES

Depuis l'année 2000, le Professeur Bùi Quôc Châu, fut invité à plusieurs reprises en Europe afin de donner des formations de Dien Chan en France, en Allemagne et en Espagne.

Le CLUBQC organise en Europe et au Vietnam des formations suivant un programme commun et en partenariat avec le Pr Châu, Bùi Minh Tâm, Bùi Minh Trí et Bùi Minh Luan du centre Vietydao de Saïgon.

Bibliographie

Ouvrages français

- *Précis de la vraie acupuncture Chinoise - Doctrine, Diagnostic* – Thérapeutique Soulié de Morant, Édition Mercure de France, Paris 1934.
- *Le Guide Médicis du Radiesthésiste* – Maurice Germain Nicolas, Éditions Médicis, Paris 1948.
- *Acupuncture* – Coux, Édition Maloie, Paris 1955.
- *Stimulothérapie Cutanée* – J. Daniaud, 1964.
- *Traité D'auriculothérapie* – Paul F. M. Nogier, Édition Maisonneuve, 1967.
- *Bio-énergétique et Médecine Chinoise* – Duron, Sainte Ruffine, Édition Maisonneuve, Paris 1973.
- *Précis d'acupuncture Chinoise - Académie de Médecine traditionnelle chinoise* – Édition en Langues étrangères, Pékin 1977.
- *Analgésic acupuncture* – J. Bossy, L. Roccia, Nguyễn Tài Thu, Édition Masson, Paris 1982.
- *Bases Neurobiologiques des réflexothérapies* – J. Bossy, Édition Masson, 1983.
- *Le Tao de la Physique* – Fritjof Capra, Édition Sand, Paris 1985.
- *Pratique du Massage Chinois* – Dr Chen You Wa, Marabout, Éditions Robert Laffont SA, Paris 1987.
- *YiKing - Pratiques et interprétations* – Sam Reifler, Traduction de Zeno Bianu, Édition Albin Michel, 1982.
- *Traité théorique et pratique de Podoréflexologie* – Rolland Fietta, Édition Roger Jollois, 1995.
- *Atlas Anatomique stratifié des points d'acupuncture* – Gao Hualing, Éditions en Langues étrangères, Pékin 1999.

- *Le Dien Cham, une étonnante méthode vietnamienne de Réflexologie Faciale* – Marie-France Muller & Nhuan Le Quang, Éditions Jouvence, 2000.
- *Recherche sur L'identité de la culture vietnamienne* – Trần Ngọc Thêm, Édition Thế Giới, 2001.
- *ABC de la Réflexologie Plantaire* – Denis Lamboley, Éditions Grancher, 2002.
- *Anatomie et Physiologie - Normales et Pathologiques* – Ross et Wilson, traduit de l'anglais par Roger Perelman, Édition Maloine, Paris 2003.
- *Réflexologie des mains (Hand reflexology)* – Michael & Louise Keet, traduit par Jean Brunet, Éditions le Courrier du Livre, 2004.
- *Encyclopédie des points qui guérissent* – Dr Roger Dalet, Éditions Jouvence, 2005.
- *ABC de la réflexologie oculaire* – Corinne Maréchal, Éditions Grancher, 2008.
- *ABC de la Digitopuncture* – Dr Jean-Claude Trokiner, Éditions Grancher, 2009.

Ouvrages anglais

- *An outline of Chinese acupuncture* – Academy of Traditional Chinese medicine, Pekin Foreign Language Press, 1975.
- *Japanese acupuncture* – Hashimoto 1966.
- *Points of Chinese acupuncture* – Lavier, translated by Chanec Llor, Health Science Press, Philadelphia 1973.
- *Is acupuncture for you ?* – Worsley, Harper and Row, New York 1973.
- *Chinese acupuncture* – Wu, Hui, Peing Health Science Press, Rustington, England 1962.
- *Integrating chinese and western medecine - A Handbook for Practitioners* – Zhang Junwen, Bai Yongquan Chen Longshun, Foreign Languages Press, Benijing 1993.
- *Alternative Medicine - The Definitive Guide* – Compliled by The Burton Goldberg Group, Future Medicine Publishing, Inc, Tiburon, California. 1997.
- *Speaking of Acupuncture* – Nilesh Baxi & C.H. Asrani, Published by Sterling Publishers Pvt.Ltd, New Delhi, 2001.
- *Complete family health guide - New medicine. How to intergrate complementary & conventional medecine for the safest and most effective treatment* – Editor in chief Professor David Peters, First published in Great Britain in 2005.

TABLE DES MATIÈRES

RÉDACTION : Professeur Docteur Bùi Quôc Châu,
Patryck Aguilar Cassarà & Anna Roca Carrasco

CONTENUS TECHNIQUES : Professeur Docteur Bùi Quôc Châu,
Bùi Minh Tâm, Bùi Minh Trí, Bùi Minh Luan, Van Que Nguyen
& Patryck Aguilar Cassarà

TRADUCTIONS ET CORRECTIONS : Van Que Nguyen, Tran Thanh Truc,
Simone Gowy, Laure Audigier & Monique Sénémaud

ILLUSTRATIONS : Bùi Quôc Châu, Nguyen Ri & Van Que Nguyen

CENTRE VINATHÉRAPIE DU PROFESSEUR DOCTEUR BÙI QUÔC CHÂU
16 Ky Con - P.7 Phu Nhuan - Ho Chi Minh Ville - Vietnam
Tél. : +84 839 904 662 - www.dienchan.com - vietydao@dienchan.org

Le catalogue complet des outils et des conseils d'utilisation sont disponibles sur www.dienchan.org

www.dienchan.org - info@dienchan.org

CPI
Bussière

Cet ouvrage a été imprimé en France par
CPI Bussière
à Saint-Amand-Montrond (Cher)
en septembre 2009.
N° d'impression : 91427.
Dépôt légal : septembre 2009.